Barbara Preitler
Ohne jede Spur …

»edition psychosozial«

Barbara Preitler

Ohne jede Spur …

Psychotherapeutische Arbeit mit Angehörigen
»verschwundener« Personen

Psychosozial-Verlag

Gefördert mit freundlicher Unterstützung
des Bundesministeriums für Bildung, Wissenschaft und Kultur in Wien.

Bibliografische Information Der Deutschen Bibliothek
Die Deutsche Bibliothek verzeichnet diese Publikation in der Deutschen
Nationalbibliografie; detaillierte bibliografische Daten sind im Internet
über <http://dnb.ddb.de> abrufbar.

Inhalt

Schlussfolgerungen 228

Literatur 231

Anhang 243

Abkürzungen 280

Danksagung

Mein erster Dank gilt meinen Eltern und Geschwistern, die mich auf meinem, nicht immer geradlinigen, akademischen Werdegang unterstützt und begleitet haben.

Dieses Buch habe ich mit der Unterstützung und Ermutigung von Dr. Karl Fallend begonnen – herzlichen Dank dafür.

Prof. Dr. Klaus Ottomeyer hat mich mit seinem Wissen und vielen wichtigen Hinweisen bei der Erstellung dieser Arbeit unterstützt. Vor allem in der Endphase war diese Unterstützung von besonderer Wichtigkeit. Herzlichen Dank dafür.

Bedanken möchte ich mich auch bei meiner Supervisorin, Dr. Gerda Mehta-Klammer. Die fachkundige Begleitung meiner psychotherapeutischen Arbeit ist auch in die vorliegende Arbeit eingeflossen.

Mein besonderer Dank gilt meinen Patienten und Patientinnen, die mir erlaubten, Anteil an ihrem Schicksal zu nehmen. Ich habe in der psychotherapeutischen Arbeit viel von ihnen lernen können.

Mein Dank und meine Sorge gilt Menschen in Sri Lanka, die mir in vielen Gesprächen von ihrer Lebenssituation erzählt haben und mir so ein tieferes Verständnis der Problematik ermöglichten.

Einleitung

Das wissenschaftliche Interesse an der Arbeit mit Angehörigen von »Verschwundenen« begleitet mich seit mehr als zehn Jahren. Ausgangspunkt war meine psychotherapeutische Arbeit mit extrem traumatisierten Flüchtlingen in Wien und die Begegnung mit schwer traumatisierten Kriegsüberlebenden in Sri Lanka. Fast alle haben zu Angehörigen den Kontakt verloren und wissen nichts über deren Schicksal.

Meine eigene Ratlosigkeit und Hilflosigkeit gegenüber dem Leid, das durch dieses Nicht-Wissen verursacht wird, hat mich motiviert, mich dem Thema des »Verschwindenlassens« genauer und wissenschaftlich zu nähern.

Welch große Dimension diese Thematik der »verschwundenen« Angehörigen hat, wurde erst langsam deutlich. Und so streift diese Arbeit auch viele großen Krisen, Kriege und Katastrophen der jüngeren Geschichte, da sie immer auch mit dem »Verschwinden« von Personen untrennbar verknüpft sind.

Im ersten Kapitel gehe ich der Frage nach der psychischen Entwicklung von menschlicher Beziehung und Bindung, und darauf aufbauend, der Reaktion auf Verlust, nach. Trauertheorien und die Komplikationen der Trauer sollen einen theoretischen Blick auf die Dimension des Umgangs mit dem Verlust und der Trauer um »verschwundene« Personen geben.

Im zweiten Kapitel beschäftige ich mich mit den geschichtlichen und geografischen Dimensionen von »Verschwindenlassen«. Seit es Kriege, Bürgerkriege und Diktaturen gibt, ist auch das Phänomen der »Verschwundenen« bekannt und hat immenses Leid verursacht.

Im dritten Kapitel wende ich mich der Frage, wie Menschen mit dem »Verschwinden« ihrer nahen Angehörigen weiterleben können, zu. Ich habe versucht, verschiedene Strategien der Bewältigung zu beschreiben und zu analysieren.

Das vierte Kapitel widmet sich der psychotherapeutischen Arbeit mit extrem traumatisierten Menschen, die sehr oft auch durch das »Verschwinden« von Angehörigen gekennzeichnet ist.

Im fünften und letzten Kapitel stehen zwölf meiner KlientInnen aus der psychotherapeutischen Praxis im Mittelpunkt. In der Analyse ihrer Fallgeschichten wird die Psychodynamik des »Verschwindenlassens« beleuchtet und die möglichen individuellen Strategien, mit dieser Problematik im Prozess der Psychotherapie umzugehen, darzustellen.

Im Jahr 2005 steht erneut Sri Lanka als das vom Tsunami am zweitschwersten betroffene Land im Zentrum der Aufmerksamkeit. Diesmal besteht großes mediales Interesse am Schicksal der Menschen in Sri Lanka. Es war eine

Naturkatastrophe und kein von Menschen selbst verursachtes Desaster, das erneut Tausende Menschen »verschwinden« ließ. Durch die massive Flutwelle, die am 26.12. 2004 unter anderem mehr als 2/3 der Küste Sri Lankas überrollt hat, starben allein in Sri Lanka über 30.000 Menschen. Viele der Toten werden nie gefunden werden, zahllose Leichen wurden ohne Identifizierung beerdigt oder verbrannt. Überlebende waren bereits in den Bürgerkriegsjahren zuvor mit dem »Verschwinden« von Angehörigen konfrontiert und erleben diesen Verlust ohne Abschied und Gewissheit ein weiteres Mal. Der ungelösten Trauer fügt sich erneut das Bangen und Hoffen um einen weiteren Sohn, eine Tochter, einen Partner hinzu.

Diese Arbeit gewinnt damit eine ungewollte Aktualität für die zahlreichen Überlebenden der Flutkatastrophe. Allerdings muss gerade bei den Opfern in Sri Lanka (und vermutlich auch in Aceh in Indonesien) darauf hingewiesen werden, dass es sich um keine einzelne traumatische Situation handelt, sondern um eine weitere traumatische Erfahrung für Menschen, die in Jahrzehnten des Krieges bereits schwere Verluste erlitten haben.

Ich hoffe, mit der vorliegenden Arbeit einen Beitrag zum systematischen Verstehen und zur psychotherapeutischen Behandlung von Menschen, deren Angehörige »verschwunden« sind, leisten zu können.

Klagenfurt im Juli 2006

I.

Reaktion auf Verlust – Trauer

1 Verlust ohne Abschied

Das »Verschwinden« einer Bezugsperson bedeutet immer einen Verlust unter besonders schwierigen Umständen. »Verschwinden« bedeutet so gut wie immer, unvorbereitet von der plötzlichen und erklärlichen Abwesenheit einer oder mehrerer wichtigen Bezugspersonen betroffen zu sein. »Verschwinden« wird vielleicht von politisch aktiven Menschen befürchtet, aber trotzdem erfolgt es auch in diesen Fällen nicht angekündigt. Es gibt keine Möglichkeit zum Abschied. Dabei wäre gerade das bewusste Abschiednehmen wichtig für die Zeit der Trennung – die im Fall des »Verschwindens« meist endgültig ist.

1.1 Die Bedeutung des Abschiednehmens

Um den Tod eines geliebten Menschen akzeptieren zu können, hilft es, den toten Körper zu sehen. Es verhindert Fantasien, dass die Person ja noch am Leben sei und bald wiederkommen werde. Zum anderen ermöglicht dies – gerade bei einem plötzlichen Tod – ein Abschiednehmen von der vertrauten Gestalt, dem Gesicht, der Person als Ganzes (Kübler-Ross, 1984). Erst dann, wenn der physische Tod akzeptiert wird, ist es möglich, eine Person auch »sozial« sterben zu lassen, sie zu betrauern und eine Zukunft ohne diesen Menschen zu planen. In Sri Lanka z.B. sind die Totenrituale, psychologisch äußerst sinnvoll, stark von der Sichtbarkeit des Todes geprägt: Die Toten werden offen aufgebahrt und sind daher für die Familie und für die ganze Gemeinde sichtbar. Es ist üblich, Fotos des Verstorbenen zu machen. Der Tod als Realität des Lebens wird von der Umgebung wahrgenommen; der Abschied bekommt durch die Rituale eine Form und ist damit oft erst möglich. »Der Ausdruck von Gefühlen muss zugelassen und Beruhigungsmittel sollten verboten werden, da sie den Schmerz nur verdecken und zu unnötiger und aufwendiger Trauerreaktion und Trauerarbeit führen«, fordert Kübler-Ross (1984, S. 65).

Angehörige von »Verschwundenen« haben aber keine Möglichkeit eines Abschiedsrituals, einer Beerdigung. Der Ausdruck von Schmerz auf Grund des großen Verlustes kann nicht erfolgen, weil dies ein Zugeständnis an den Tod wäre und gegen die Hoffnung, dass die geliebte Person noch am Leben ist, spräche. David Becker, der als Psychoanalytiker in Chile arbeitete, spricht im Zusammenhang mit struktureller Gewalt, wozu auch »Verschwindenlassen« zählt, sogar von Trauerverbot. »Ein Leben, das durch extremen Mangel, durch ständige Verlusterfahrungen und Beschränkungen gekennzeichnet ist, macht es schwer, zwischen gesunder Trauer und lebensbedrohlicher Depression zu unterscheiden. Um nicht an der Verzweiflung zu ersticken, wird die Trauer unterdrückt« (Becker, 1992, S. 41).

Elena Nicoletti (1988, S. 58) beschreibt den Verlust durch »Verschwindenlassen« als irritiert und unfassbar:

> »From a factual point of view: does a disappearance (…) imply loss? If it does, it has very particular characteristics since to begin with, one does not know what has been lost. The missing person is someone who is not any more where he used to be, no one knows where he is now and his existence is denied. (…) to consider the missing people dead without even giving their names: that is to say, to be missing is like having one's existence denied both as a living and as a dead person.«

1.2 »Verschwindenlassen« – Terror verhindert Trauer

Die Menschenrechtsverletzung »Verschwindenlassen« ist eine massive Form des Terrors gegen die politischen/ethnischen/religiösen Gegner. Dies erschwert die Situation der Angehörigen zusätzlich. Sie sind meist nicht in der Lage, nach dem »Verschwundenen« zu fragen und Recherchen anzustellen. Oft werden sie eingeschüchtert.

Wenn Menschen in einer Bürgerkriegssituation voneinander getrennt werden, sind die Rahmenbedingungen meist anarchisch – es gibt keine oder nur wenige soziale Strukturen, die bei der Suche nach den Angehörigen bzw. nach Informationen über sie helfen würden. Im Gegenteil, meist muss, um überleben zu können, auf diese Suche verzichtet werden.

Statt soziale Unterstützung zu erhalten, wie sie bei einem Todesfall üblich wäre, werden die Angehörigen von »Verschwundenen« oft noch von ihren Verwandten und FreundInnen verlassen.

1.3 Rituale fehlen

Es gab keinen Abschied von der »verschwundenen« Person, und es gibt keinen toten Körper, der begraben werden kann. Keine Dokumente belegen, dass dieser Abschied ein endgültiger ist.

Daher gibt es meist auch keine Rituale, die helfen könnten, den Abschied zu akzeptieren. Auch die soziale Unterstützung der Umwelt, die in vielen Kulturen mit den Trauerritualen einher geht, fehlt gänzlich.

1.4 Der Abschied ist – möglicherweise – nicht endgültig

Die Hoffnung, dass die »verschwundene« Person doch wieder auftauchen könnte, bleibt bestehen.

Dies führt zur Erstarrung und wirft die Frage auf, ob in diesen Fällen überhaupt von Trauer gesprochen werden darf. Vor allem in den ersten Wochen, Monaten und oft auch Jahren wird Trauer als Verrat empfunden, und es wird alles getan, um die Hoffnung auf ein Wiedersehen aufrecht zu erhalten.

1.5 Abwesende Personen im Mittelpunkt der Familie

Damit wird die abwesende – oft schon verstorbene – Person zum Mittelpunkt des Lebens der sozialen Gruppe, der Familie. Psychopathologische Reaktionen sind sehr oft die Folge. »Der Ausnahmezustand wird zur Normalität, die von Tabuisierungen und Verboten gekennzeichnet ist: Genau das, was alle gleichermaßen belastet, darf nicht angesprochen werden, Trauer und Angst dürfen keinen Ausdruck finden. Es entsteht ein innerfamiliäres depressives Gesamtmuster« (Becker, 1992, S. 88).

Die verschwundene Person wird entweder idealisiert oder verteufelt. In der Hochstilisierung zu einem Ideal versuchen die Zurückgebliebenen dem »Verschwundenen« in ihrer Hilflosigkeit, etwas für ihn tun zu können, ein ideales Bild aufrecht zu erhalten und ihn so weiterleben zu lassen.

In der Verteufelung wird die Aggression auf die »verschwundene« Person gerichtet und projiziert. »Wäre er/sie nicht politisch tätig und damit unverantwortlich gegenüber der eigenen Familie gewesen, wäre diese jetzt nicht in dieser schrecklichen Notlage.«

Der Komplexität dieses schwierigen Themas versuche ich mich in dieser Arbeit über Trauer und Trauerprozesse unter »normalen« Umständen – d.h. in diesem Fall über die Umstände des Todes Bescheid zu wissen und den toten Körper nach den kulturell üblichen Ritualen bestatten zu können – zu nähern. Durch das Reflektieren und Verstehen von Trauerprozessen soll verständlich werden, was der Verlust eines geliebten Menschen durch »Verschwinden« bedeuten kann.

2 Die Entwicklung des Menschen zu einem beziehungsfähigen Individuum

Um sich dem Thema der Reaktion auf »Verschwindenlassen« nähern zu können, ist es zuerst einmal notwendig zu verstehen, warum und wie Menschen Beziehungen aufbauen und was der Verlust dieser Beziehungen verursacht.

Menschen können in allen Phasen ihres Lebens von Verlust und Trennung betroffen sein. Lifton (1979, S. 58) meint, dass wir Leben und Tod als Einheit verstehen müssen. Das Erlebnis der Geburt enthält potentiell bereits die Erfahrung von Leben und Tod. »The birth experience activates the infant's innate potential for both life and death imagery and even more, provide the first model for combining these two. Extrauterine life begins with an extrusion.«

Das Leben beginnt mit einer drastischen körperlichen Trennung vom Körper der Mutter. Die Umwelt verändert sich auf einmal dramatisch; viele neue Reize umgeben das neugeborene Kind. Daher wird Geburt als Grund für spätere Angst verstanden.

> »In the separation and encounter with the new environment, the infant might also experience an opening out – a rush of vitality and movement, the beginnings of bodily autonomy. Extrusion and emergence, death equivalents and vitality, the prefiguring of death and renewal – the dialectic is there from the beginning.« (Lifton, 1979, S. 59)

Die Vorstellung vom Tod beruht auf »death equivalents«: Trennung, Desintegration und Stagnation. Diese drei Erfahrungen sind vom Beginn des Lebens an möglich, und sie werden zum Modell für die Gefühle, die später zum Tod erfahrbar sein werden. Alle drei »death equivalents« haben vitale Gegenspieler. Trennung steht Bindung gegenüber, Desintegration der Integration und Stagnation ist der Gegenpol zu Bewegung, Entwicklung.

> »These three parameters relate to specific feelings (…). At the same time they are sufficiently general to apply to the various levels of human experience, from their primarily physiological character at birth to their increasingly elaborate psychic and ethical flowering over the course of life.« (Lifton, 1979, S. 53)

Alle drei Parameter sind ohne ihren jeweiligen Gegenspieler nicht denkbar. Trennung-Bindung sind für Lifton die fundamentalsten Erfahrungen im menschlichen Leben.

Um die psychische Auswirkung von Trennung – und damit auch die Folgen des »Verschwindens« eines Angehörigen – verstehen zu können, ist es wichtig, zuerst die Formen der Bindung an Bezugspersonen zu beleuchten.

Nachdem aber auch die Forschung, die sich mit diesem Thema beschäftigt, in eine soziale Umwelt eingebunden ist, gilt es, diese Ergebnisse kritisch zu betrachten. Im 20. Jahrhundert wurden – allerdings vor allem in einem westlichen Kontext – verschiedene Konzepte der frühen Mutter-Kind- bzw. Eltern-Kind-Bindung postuliert und als jeweils einzig gültigen Weg zum geglückten sozialen Leben beschrieben (z. B. Eyer, 1992). Stand in den 20er und 30er Jahren die möglichst frühe Erziehung zu Disziplin und Ordnung im Mittelpunkt, war es in den Nachkriegsjahren wichtig, die Kinder keinesfalls zu frustrieren. Jeder Schrei sollte gehört werden, und die Mutter sich ausschließlich dem Wohl des Kindes widmen, um ihm nicht schon früh Schäden für das ganze weitere Leben zuzufügen. In den 60er Jahren wurde aber mit der feministischen Bewegung das weibliche Selbstbewusstsein gestärkt und damit die ideale Dyade zwischen Mutter und Kind von Seiten der Frauen in Frage gestellt.

2.1 Die Sicherheit der Mutter-Kind-Beziehung

Erikson verstand unter Grundvertrauen (Basic Trust) das erste kindliche »Gefühl«, dass das Leben zuverlässig ist: Die Mutter oder Bezugsperson reagiert auf Bedürfnisse und befriedigt sie. Werden die Bedürfnisse des Kleinkindes zu oft missachtet oder ist die Reaktion nicht adäquat, bildet sich Grundmisstrauen (Basic Mistrust).

Kinder entwickeln Bindungsverhalten relativ langsam. Dies ermöglicht die Entwicklung der inneren Bilder, um mit Bindung und Trennung umgehen zu lernen. »That imagery in turn provides him with a variety of imaginative possibilities, but also renders him uniquely vulnerable not only to separation from specific nurturing figures but to more indirect suggestions of separation as well« (Bowlby, 1969, S. 60).

Bowlby beschreibt die kindliche Trauer bei Kleinkindern zwischen 15 und 30 Monaten, wenn diese von ihren Müttern getrennt werden, in drei Phasen: Protest – Verzweiflung – Distanz (protest – despair – detachment).

Protest wird meist durch Tränen und Wut ausgedrückt und ist der Versuch, die Mutter zurück zu holen. Verzweiflung tritt nach einigen Tagen auf. Die Kinder werden ruhiger, aber es ist ersichtlich, dass das Kind sich nach der Mutter sehnt und verzweifelt ihre Rückkehr wünscht. In der Distanzierung schließlich hat sich das Kind mit der Unwiederbringlichkeit abgefunden, was aber – wie auch die erste und zweite Phase der Trennung – mit Wut und Aggression verbunden ist.

Aus den verschiedenen geschichtlichen wie auch kulturellen Modellen der Sozialisation lässt sich ein Grundsatz ableiten: Damit sich ein Kind gesund entwickeln kann, braucht es Bindungen, auf die es sich verlassen kann. Emotionelle Bindungen sind für das Leben und Überleben von allen Menschen wichtig. Selbst beim Versuch, den Menschen als ein biologisch determiniertes Wesen zu verstehen, ist Bindung zur Mutter von wesentlicher Bedeutung.

> »A person is a biological organism that develops from the moment of birth in a social context, which begins with the mother-infant band (...). By attaching themselves to caregivers, children put themselves in constant touch with a powerful protector. The assurance of a safe base to which children can return after exploring their surroundings promotes self-reliance and autonomy«,

schreibt B. Van der Kolk (1987, S. 31f.) dazu. Nur wenn das Kind sich in der elterlichen Obhut – wobei hier auch Pflegeeltern im weiteren Sinn gemeint sein können – sicher fühlt, kann es sich mit der Welt vertraut machen.

Daraus folgt aber auch, dass die früheste Traumatisierung, die einem Kind widerfahren kann, der Verlust dieser durch die Bezugspersonen bedingten Sicherheit ist.

Bereits wenn der Blickkontakt mit der Mutter verloren geht, fühlen sich Kinder verunsichert und haben Angst vor Trennung. Solange Kinder keine Vorstellung der Zukunft haben, können sie keine Trennung von ihrer Mutter verkraften. Erst wenn sich die Objektkonstanz entwickelt hat, ist es möglich, die Wiederkehr der Mutter zu erwarten. Allerdings kommt es auf den zeitlichen Rahmen und die Erklärung, die dem Kind für die Trennung gegeben worden ist, an. Winnicott (1971) meint, dass ein Kind, das von der Mutter getrennt ist, dies wie den Tod der Mutter erleben kann. Eine gewisse Zeit vertraut das Kind auf die Rückkehr der Mutter, aber wenn die Toleranzgrenze erreicht ist – und dies kann für ein Kind einige Tage sein, aber bei einem anderen nur einige Minuten – ist die Mutter für das Kind tot. Diese Phase ist mit massiven Gefühlen der Wut, Angst und Verzweiflung verbunden.

2.2 Bindungstheorie nach Bowlby

Bowlby (1958) entwickelte die Bindungstheorie (Theory of Attachment). Er geht davon aus, dass die Beziehung zur liebevollen Mutter bzw. zu einer anderen Bezugsperson Basis aller anderen Beziehungen sei.

> »Im Verlauf einer gesunden Entwicklung führt Bindungsverhalten zur Herausbildung gefühlsmäßiger Bindungen ursprünglich zwischen Kind und Elternteil

und später zwischen Erwachsenen. Die Verhaltensformen und die Bindungen, die dadurch erzeugt werden, bleiben während des ganzen Lebenszyklus anwesend und aktiv.« (Bowlby, 1983, S. 58)

Die »primäre soziale Bindung« (primary social bond) zwischen Mutter und Kind beschreibt Bowlby als eine instinktive Bindung, die als Grundlage für alle weiteren Bindungen gilt. Bowlby's MitarbeiterInnen haben die altersspezifischen Formen der Bindung an eine primäre Bezugsperson untersucht. Ab einem Lebensalter von ca. drei Monaten lernt das Kind zwischen den Personen zu differenzieren, die sich ihm nähern. Mit ca. 7–8 Monaten ist das Kind stark auf eine einzige Person bezogen; mit 18 Monaten haben fast alle Kinder diese Fixierung zugunsten mehrerer Vertrauenspersonen aufgegeben (Schaffer/Emerson, 1964).

Ainsworth (1978), die mit Bowlby zusammenarbeitete, hat untersucht, wie einjährige Kinder reagieren, wenn die Mutter den Raum verlässt und nach einiger Zeit wiederkommt. Später wurde diese Untersuchung auch auf ältere Kinder ausgedehnt.

Drei Formen von typischen Bindungsmustern der Kleinkinder konnten beschrieben werden:

1. *Sichere Bindung*: Die Kinder können ihre Gefühle bei der Trennung von der Mutter/Bezugsperson äußern. Manche dieser Kinder weinen, andere zeigen sich verärgert. Aktiv versuchen die Kinder, die Trennung zu bewältigen, in dem sie die Mutter suchen, nachdenken, die Situation im Spiel bearbeiten. Bei der Rückkehr der Mutter zeigen sie Wiedersehensfreude und suchen den Kontakt zur Mutter, um dann wieder das unterbrochene Spiel fortzusetzen.

2. *Unsicher-ambivalente Bindung*: Die Kinder zeigen bei der Trennung von der Mutter heftigen Schmerz und große Angst. Sie versuchen, die Trennung mit allen ihnen zur Verfügung stehenden Mitteln zu verhindern. Sie sind untröstlich und können sich nach dem Verlassen der Mutter nicht beruhigen. Wenn die Mutter wiederkommt, wollen sie deren ganze Aufmerksamkeit und brauchen diesen Trost für längere Zeit

3. *Unsicher-vermeidende Bindung*: Die Kinder scheinen die Trennung von der Mutter und auch deren Wiederkehr zu ignorieren. Dabei konnte aber im Versuch von Ainsworth eine physische Stressreaktion durch erhöhten Cortisolspiegel und erhöhtem Puls bei diesen Kindern festgestellt werden. Dies weist darauf hin, dass bereits die Kleinkinder versuchen, Angst und Hilflosigkeit zu überspielen (Bowlby, 1983; Rehberger, 2004).

Bowlby sah die ursprüngliche Bedeutung von Bindung in der biologisch sinnvollen Funktion der Überlebenssicherung. Der Mensch braucht lange und tiefgehende Beziehungen, um im sozialen Kontext zu bestehen und um sich zu reproduzieren. Menschliche Beziehungen sind so betrachtet auch in der Evolution sinnvoll. Allerdings ist diese Funktion in der Kulturentwicklung des Menschen in den Hintergrund getreten. Wesentlich ist die reflektive Funktion, sich in die psychische Verfassung anderer einfühlen zu können, geblieben. Dabei begründet das Verstehen anderer Personen auch die Fähigkeit zum Selbstverständnis.

>Verstanden zu werden begründet das Verstehen der anderen. Das Verstehen der anderen bahnt die Wege zum Selbstverstehen. Diese mehrschichtigen Wechselwirkungen zwischen Kind und Betreuer werden stark durch die Bindungsbeziehung in der Dualität mit der Mutter, in der Triangularität mit Mutter und Vater und in der Pluralität der Familie in den Beziehungen zu und zwischen den Geschwistern und Geschwistern und Eltern beeinflusst.« (Rehberger, 2004, S. 27)

Gute Bindung gibt Sicherheit und damit ist das Ziel von gelungenem Bindungsverhalten das Erreichen des Gefühls von Sicherheit.

>In dem Maße, in dem die Bindungsperson die Unsicherheit des Kindes, die sich in Weinen und Anklammern zeigt, durch Aufnehmen, Halten und Trösten und Beruhigen beheben kann, entwickelt das Kind die Erwartung, in der Bindung Sicherheit zu erfahren (…). Sichere Bindung fördert so die Entwicklung einer bleibenden Selbstsicherheit, Selbstachtung und den Erwerb sozialer und instrumenteller Fähigkeiten.« (Rehberger, 2004, S. 28, 30)

Wird hingegen der Wunsch nach Bindung frustriert, kann dies zu steigernder Verunsicherung und Angst oder zur Unterdrückung des Bindungswunsches führen.

Auch Erwachsene zeigen in ihrem Bindungsverhalten die drei oben beschriebenen Muster: sichere Bindung, vermeidendes Bindungsverhalten und ängstlich-ambivalentes Bindungsverhalten (Ainsworth, 1978; Rehberger, 2004).

Bei sicherer Bindung kann ein positives Selbstbild und empathisches Verstehen anderer entwickelt werden. Bindung fördert die Entwicklung von Eigenständigkeit und des eigenen Könnens.

Ein wichtiger Aspekt ist auch die Regulierung der Affekte. Durch sichere Bindung werden Ängste beruhigt, Schmerz durch Trösten gelindert, Ärger anerkannt und zugleich beschwichtigt. Bestätigung positiver Gefühle kann diese steigern.

Durch Bindung wird das Gefühl der Zugehörigkeit zu einer bestimmten Familie, Gruppe, Ethnie bestimmt, und damit können verschiedene Identitäten in familiärer, beruflicher, gesellschaftlicher Hinsicht entwickelt werden.

Der Wunsch nach sicherer Bindung und der zunehmende Wunsch des heranwachsenden Kindes nach Autonomie stellen menschliche Grundbedürfnisse dar und fördern Entwicklung.

»Das Gelingen des Zusammenspiels von Bindungsverlangen und Anerkennung durch (...) andere (Bindung) und Verlangen nach Selbstständigkeit und Unabhängigkeit (Autonomie) von (...) anderen ist zugleich für ein gelingendes und glückliches Leben der Erwachsenen in ihren Beziehungen von hervorragender Wichtigkeit (...). Sichere Bindungserfahrungen tragen zur Bewältigung und Integration der Widersprüchlichkeit in unserer Persönlichkeit bei.« (Rehberger, 2004, S. 32f.)

2.3 Übergangsobjekte und -phänomene

Erlebt das Kind zuerst die Welt als eine zu ihm gehörige Einheit, und damit die »Mutterbrust« als Teil von sich selbst, muss sehr bald die Differenzierung zwischen Ich und Außenwelt erfolgen.

> »The object represents the infant's transition from a state of being merged with the mother to a state of being in relation to the mother as something outside and separate. This is often referred as the point at which the child grows up out of narcissistic type of object-relating. (...) it leaves out the idea of dependence, which is so essential at the earliest stages before the child has become sure that anything can exist that is not part of the child.« (Winnicott, 1971, S. 14f.)

Ein Übergangsobjekt gibt Raum für den Prozess, der notwendig ist, um Unterschiede akzeptieren zu lernen. Übergangsobjekte gehören mir, sind aber Nicht-Ich.

> »Transitional objects serves as an intermediary for the infant's discovery of the difference between inside and outside. It is an actual object but also has symbolic meaning. It is the not being the breast or the mother (...). A fully developed transitional object is temporarily more important than the mother for the child.« (Winnicott, 1971, S. 233, 235)

Wenn dies auf den ersten Blick fast unmenschlich wirkt, wenn ein Objekt wichtiger als die eigene Mutter werden kann, so ist es bei genauerer Betrachtung doch eine massive Entlastung sowohl für das Kind als auch für die Mutter bzw. die Bezugsperson. Das Kind kann sich mit diesem Symbol auf die Suche nach einer weiteren Außenwelt machen, während die Mutter sich ein Stück weit aus der symbiotischen Beziehung zu ihrem Kind lösen kann.

Ein Übergangsobjekt ist gekennzeichnet durch das Recht des Kindes, dieses Objekt ganz sein eigen zu nennen, es lieb zu haben, aber auch Wut und Ärger spüren zu lassen. Das Übergangsobjekt darf von niemandem – außer dem Kind selbst – verändert werden. Es ist ein wirkliches Objekt und keine

Halluzination. Wenn es nach einiger Zeit seine Wichtigkeit verliert, kann es vergessen werden und muss nicht betrauert werden (Winnicott, 1971).

Allerdings kann es in späteren Lebensphasen, wenn es zu schwierigen Trennungsprozessen kommt, wieder wichtig werden:

> »Patters set in infancy may persist into childhood, so that the original soft object continues to be absolutely necessary at bed-time or at time of loneliness or when a depressed mood threatens (…). A need for a specific object or a behaviour pattern that started at a very early date may reappear at a later age when deprivation threatens.« (Winnicott, 1971, S. 8)

Übergangsobjekte können ein Leben lang wichtig bleiben bzw. es in Krisensituationen wieder werden. Greenson beschreibt eine seiner Patientinnen, die sich in der Psychoanalyse beruhigt, indem sie die Textiltapete streichelt. Diese Tapete nimmt für sie die Stelle des Übergangsobjektes aus ihrer Kindheit ein und vermittelt ihr ein Gefühl der Geborgenheit (vgl. Greenson, 1978). In einem zweiten Fallbeispiel schildert er in sehr anschaulicher Form die Reduzierung von Trennungsangst durch die Symbolisierung in einem Übergangsobjekt. Auf die Ankündigung, dass die Psychoanalyse wegen eines Auslandaufenthaltes Greensons für einige Wochen unterbrochen werden wird, reagierte die Patientin zuerst sehr verstört. Dann fand sie ein Objekt, das den Analytiker für sie symbolisiert.

> »(…) I looked like the white knight of her chess set. The realization immediately evoked in her a feeling of comfort, even of triumph. The white knight was a protector, it belonged to her; she could carry it wherever she want, it would look after her, and I could go on my merry way (…) without having to worry about her.« (Greenson, 1978, S. 207)

Auch hier kommt die Entlastung sowohl für die Patientin als auch für den Analytiker zum Ausdruck. Und es bedarf natürlich eines gewissen Grades an Reife, damit die Patientin in der Lage ist, die Trennungsangst mit Hilfe des Übergangsobjektes zu überwinden und ihren Analytiker gehen zu lassen.

2.4 Zwischen Elternhaus und Freunden

Die Gruppe der Gleichaltrigen wird für Jugendliche ein immer wichtigerer Teil ihres Lebens. Sie müssen das Elternhaus verlassen und Autonomie gewinnen. Die Peergroup erlaubt den Übergang zwischen der Rolle des Kindes in der Primärfamilie und der emotionalen Reife.

Für jüngere Kinder werden gleichaltrige Spiel- und Schulkameraden zunehmend wichtiger, wenn auch die Familie nach wie vor die bedeutendste Bezugsgruppe ist. In der Adoleszenz hingegen rückt die Gruppe der Freunde in den Mittelpunkt. Blos (1979) beschreibt die Phase der Adoleszenz als die »zweite große Chance«. Für Jugendliche kann die Gruppe der Gleichaltrigen Defizite und Instabilität der Familie ausgleichen. Es können Rollenmodelle erlernt, erprobt und eingeübt werden. In der Freundesgruppe wird die eigene Person über neue Zugehörigkeit und Akzeptanz definiert – in einer Form wie sie in der Primärfamilie nicht möglich wäre. Dabei fällt es Jugendlichen aus einem intakten und sicheren Elternhaus wesentlich leichter, sich in ihrer Peergroup zu integrieren und dort ihre Identität zu finden.

Die Zeit der Adoleszenz bedeutet einen Wechsel von kindlicher Abhängigkeit hin zu erwachsener Autonomie. In diesem massiven Umbruch wird die Welt oft in absoluten Formen gesehen: Etwas ist entweder gut oder schlecht, aktiv oder passiv, Liebe oder Hass. Zwischenstadien können nicht gesehen und akzeptiert werden (Blos, 1979).

Im Normalfall ist dieses Stadium der Adoleszenz ein Übergangsstadium, das anschließend zu reifer Differenzierung befähigt. In der späten Adoleszenz sollte dieses Stadium der zweiten Ablösung erfolgt sein.

Dort, wo Jugendliche der Erwachsenenwelt misstrauen, entwickeln sich wesentlich stärkere Bindungen in der Peergroup. Die Gewaltbereitschaft von Gruppen, die unter diesen psychologischen Bedingungen leben, reflektiert die Notwendigkeit, die externe Realität zu zerstören, die die Gruppenidentität gefährdet. Durch die Aufgabe von eigener Individualität in der Gruppe kann die Gemeinschaft das Gefühl der Omnipotenz vermitteln (Kernberg, 1984).

Manche Jugendliche fühlen sich nur mehr ausschließlich ihrer Peergroup oder Gang zugehörig und geben für diese Zugehörigkeit andere Bindungen auf und gehen bis in die Selbstdestruktion. »Unable to return safely to the parental fold, they tend to develop clinging and dependent relationships, either with someone of the opposite sex or with gang members of the same sex« (Van der Kolk, 1987, S. 158).

Während betroffene männliche Jugendliche ihre Einsamkeit und ihre Ängste mit Mutproben und antisozialem Verhalten gegen die Außenwelt überspielen, neigen Mädchen eher dazu, sich an einen schwierigen männlichen Partner zu binden, und versuchen hier die Zuwendung zu bekommen, die sie in ihrer Herkunftsfamilie nicht erhalten konnten.

3 Verlusterlebnisse in der Kindheit

Kinder, deren Verbindung zu ihren primären Bezugspersonen ge- oder zerstört worden ist, entwickeln verschiedene Symptome: Sie überreagieren in vielen Situationen und können Angst schwer aushalten. Bei Buben zeigt sich das oft in motorischer Überaktiviertheit. Andere Kinder, Buben und Mädchen, wirken depressiv. Sie sind extrem misstrauisch und klammern sich an die verbliebene oder neue Bezugsperson. In der Gruppe der Gleichaltrigen beteiligen sie sich kaum am Spiel und auch ihre sozialen Kontakte werden nur zögerlich aufgenommen (Van der Kolk, 1987).

Bereits Rene Spitz (1967) und später M. Mahler et al. (1975) und J. Bowlby (1973) haben die traumatischen Folgen für Kinder durch die Trennung von ihren Müttern beschrieben.

Dauert die Trennung von der Mutter bzw. der Bezugsperson zu lange, wird dies als überwältigend und traumatisch erlebt.

Kinder halten sich für den Mittelpunkt der Welt. Das bedeutet aber auch, dass sie sich selbst als VerursacherInnen, dessen was passiert ist, verstehen, und damit oft unter massiven Schuldgefühlen leiden. Dabei erscheint es gerade beim »Verschwinden« eines Elternteils als eine sehr wahrscheinliche Fantasie, dass dies nur eine Form der Strafsanktion ist und Mutter oder Vater nach getaner Buße wieder auftauchen werden, bzw. das Kind fantasiert, dass, weil es böse auf den Vater war, dieser »verschwunden« ist. Straffantasien können das Kind noch weiter verunsichern und belasten: »He may think he is being punished for being bad and the others are going to leave him« (Van Dexter, 1986, S. 161).

3.1 Strategien der Kinder, mit Trennung umzugehen

Je nach Alter der Kinder ist ihre Reaktion auf den Verlust einer nahestehenden Person verschieden geprägt. Eine kurze Übersicht, die auch im Zusammenhang mit dem »Verschwindenlassen« von Angehörigen sinnvoll erscheint, gibt Janice Van Dexter (1986). Sie macht folgende Einteilung:

Kinder im Alter von ca. 4 Monaten bis 2–2 1/2 Jahren reagieren mit anhaltenden Stresssymptomen, während die ca. 2- bis 5-Jährigen sich in Regression zurückziehen. Dies zeigt sich vor allem im »Anklammern« und in den Forderungen, die sie stellen und die nicht zu befriedigen sind.

Diese Beschreibung deckt sich auch mit dem, was ich in Gesprächen mit Frauen in srilankischen Flüchtlingslagern immer wieder gehört habe. Z.B. erzählte eine Frau, die ihre Nichte bei sich aufgenommen hat, dass sie diese kaum allein lassen kann, da das Kind die ständige Nähe der Tante braucht. Die Mutter des Mädchens wurde bei einem Bombenangriff getötet und der Vater ist »verschwunden«.

Über diese Form der Regression berichteten die Frauen in Flüchtlingslagern auch von älteren Kindern bis zu 12 Jahren.

Van Dexter unterscheidet als nächste Gruppe die 5- bis 8-Jährigen. In diesem Alter können die Kinder bereits kognitiv den Verlust besser fassen.

> »At this age the child may hide his feelings. There is a great fear of loss of control, and even though the child may quiere and privately cry deeply, there may be no overt behaviour indicative of grief (…). During this age, the child may try to overcompensate because he feels different from his peers.« (Van Dexter, 1986, S. 160)

In diesem Alter können Fantasien, dass dies alles nicht wahr ist, und die geliebte Person in Wirklichkeit noch am Leben ist, besonders auftreten. Ist ein Angehöriger »verschwunden«, erschweren solche Fantasien die Lösung und den Trauerprozess.

Kinder im Alter zwischen ca. 8–12 Jahren reagieren häufig mit Schock und Verleugnung. Sterblichkeit ist in diesem Alter bereits erfassbar.

> »The child is threatened by the idea of mortality now. He may resist communicating with adults. He may also try to act grown-up in an attempt to conquer the pain and sorrow of his loss and helplessness. Often, in this age group, grief goes unnoticed, especially if the child tends not to act out grief, but withdrawn until, in time he can acknowledge his sorrow and grieve.« (Van Dexter, 1986, S. 160)

Die hier beschriebenen Verhaltensformen sind gerade bei Kindern, die während politischer Unruhen einen oder beide Elternteile verlieren, und dies vielleicht auch noch durch Ungewissheit erschwert ist, ernst zu nehmen. Durch die allgemeine Verunsicherung oder die möglicherweise politische Vereinnahmung der Trauer, wird den Kindern kaum Augenmerk geschenkt. Ihr erwachsenes Verhalten erleichtert es Betreuungspersonen, über ihre Bedürfnisse hinweg zu gehen.

Schließlich beschreibt Van Dexter noch die Gruppe der Teenager. Auch hier steht oft ein nach außen hin erwachsenes und gefasstes Verhalten im Vordergrund.

> »When an adolescent cannot grieve directly, he may exhibit it through exaggerated pseudo-adult behaviours: identification with the dying person; depression and withdrawal; sexual acting out, and care eliciting behaviours designed not

only to secure care but to release tension; selfpunish and sometimes replace the dying person.« (ebd., 1986, S. 160)

In dieser Beschreibung liegt möglicherweise ein Erklärungsansatz, warum es in Bürgerkriegsländern so leicht ist, KindersoldatInnen zu rekrutieren.

Van Dexter beschreibt ihre Arbeit mit trauernden Kindern in der Schule und entwickelt ein Modell, wie SchullehrerInnen mit trauernden Kindern umgehen sollen. Wichtig ist ihr dabei, dass die Schule in dieser Phase der vollkommenen Verunsicherung einen Gegenpol der Sicherheit für die Kinder bietet. Das heißt, dass das Kind weiterhin in den vorhandenen Strukturen der Schulzeit und der geforderten Arbeitsleistung bleiben soll. Dies ist vertraut und gibt Sicherheit. Darüber hinaus meint Van Dexter sollen sich die LehrerInnen in dieser Zeit aber besonders um diese Kinder kümmern, ihnen Raum und Zeit für ihre Trauer geben. »The child needs reassurance that he is loved, that he is not a fault« (ebd., S. 160).

3.2 Sequenzielle Traumatisierung (Keilson)

Hans Keilson's (1979) Arbeit über die sequenzielle Traumatisierung bei Kindern war in mehrerlei Hinsicht bahnbrechend. Er zeigte auf, dass Trauma nicht als Einzelereignis verstanden werden darf, sondern als Prozess, der sich über mehrere Stadien – Sequenzen – zieht, und psychologisches Verstehen all diese Sequenzen berücksichtigen muss.

Er untersuchte in einer Langzeitstudie jüdische Kinder in den Niederlanden, die, getrennt von ihren Familien, den Holocaust überlebt hatten. Dabei entwickelte er ein Modell, das auf drei großen Phasen beruht:

Die prätraumatische Phase, in der es bereits zur Verschlechterung der Situation kommt, und erste Momente der Verfolgung auftreten.

> »Sie enthält alle Ängste mit dem Abbröckeln des Rechtsschutzes und mit dem Tragen des gelben Sternes beginnenden und sich immer schärfer anlassenden Verfolgung (kulminierend in den Razzien und den Deportationen); den Angriff auf die Würde und Integrität der Familie, die Vernichtung der wirtschaftlichen Existenz, die Ghettoisierung, die ängstliche Erwartungsspannung der kommenden Untaten, das plötzliche Verschwinden von Angehörigen, Bekannten, Freunden, Spiel- und Schulkameraden (...) die panische Auflösung der eigenen vertrauten Umgebung.« (Keilson, 1979, S. 56f.)

Die eigentliche traumatische Phase, in der die in der Studie untersuchten Kinder in Verstecken, von den Eltern getrennt, oder im Konzentrationslager lebten.

»In der zweiten traumatischen Sequenz treten die traumatogenen Momente deutlicher zutage (…). Sie enthalten neben der direkten Lebensbedrohung, der Rechtlosigkeit ihrer Situation, dem Ausgeliefertsein an eine feindliche Umgebung, die im stressorischen Sinne zu verstehenden Dauerbelastungen wie Entbehrung, Hunger, Krankheit; ferner eindeutig die psychologischen Erlebnisqualitäten der ›generellen Bedrohlichkeit‹, wie Zermürbung, Infragestellung und Vernichtung mitmenschlicher Verhaltensweisen – gemessen an überlieferten und kulturell gesichert erscheinenden Normen – durch die Konfrontation mit der brutalen Macht, dem Grauen und dem Tod.« (ebd., S. 57)

Die posttraumatische Phase. Im Fall der Untersuchung Keilson's war dies die Nachkriegszeit, in der die Kinder entweder in ihre Herkunftsfamilien zurückkehrten oder sich in einer anderen Form in die Gesellschaft integrieren mussten.

»Das ›Auftauchen‹ oder ›Zurückkehren‹ geschah in eine andere Welt als die, die man verlassen hatte. Das Ende der Lebensbedrohung, der Beginn der Rehabilitationsmaßnahmen, der Versuch der Aufarbeitung der entstandenen Schäden und Lücken führte nur zu oft zu einer Verstärkung der Konfrontation mit den erlittenen Traumata, und dadurch zu neuen Schädigungen.« (ebd., S. 5)

Keilson untersuchte die Kinder in sechs Altersgruppen, basierend auf der Annahme, dass die Trennung von den Eltern und das Überleben unter lebensbedrohlichen Umständen in verschiedenen Entwicklungsphasen jeweils andere Auswirkungen auf die psychische Entwicklung haben wird.

Bei den jüngeren Altersgruppen (0–18 Monate, 18 Monate–4 Jahre) herrschten charakterneurotische Entwicklungen mit Kontaktschwierigkeiten und persönliche und soziale Verunsicherung vor, während bei den Kindern, die bei der Trennung älter waren, chronisch-reaktive Depressionen überwogen. Die prä-pubertäre Gruppe (10–13 Jahre) fällt durch einen hohen Anteil an angstneurotischen Entwicklungen auf, so dass Keilson dies für altersspezifisch klassifiziert.

Emotionelle Störungen, Loyalitäts- und Identitätskonflikte und gestörte Formen der Trauer finden sich bei allen Altersgruppen.

Auch bei Personen, die die traumatischen Erlebnisse, die immer mit der Trennung von den Eltern verbunden waren, gut integrieren konnten, waren bestimmte Lebenssituationen schwierig zu bewältigen.

»Mehrere Nachuntersuchte haben von ihren Empfindungen berichtet, als sie gewahr wurden, dass sie das Alter ihrer umgekommenen Eltern bei der Trennung erreicht hatten. Vor allem in den Tagen nach Geburten erreichte die Erinnerung und Identifikation mit der eigenen Mutter ihre höchste Verwundbarkeit.« (ebd., S. 268)

Altersunabhängig war die Form der Aufnahme der Kinder in der dritten (post-traumatischen) Phase durch die Pflegefamilien. »Aus dem klinischen Teil erhellt, dass die Weise, wie die Waisenkinder in der dritten traumatischen Sequenz in ihren jeweiligen Pflegemilieus aufgefangen wurden, nicht altersgebunden ist. Dies gilt für nicht-jüdische und jüdische Milieus gleichermaßen« (ebd., S. 326).

Daraus lässt sich ableiten, dass es für durch Trennung traumatisierte Kinder jeden Alters von entscheidender Bedeutung ist, Sicherheit und Geborgenheit durch Bezugspersonen vermittelt zu bekommen, um keine schwerwiegenden chronischen Erkrankungen zu entwickeln.

In allen drei Phasen der sequenziellen Traumatisierung ist der Verlust von Beziehung (und dies durchaus auch durch »Verschwinden« des/der Angehörigen) von zentraler Bedeutung. Die Kinder sind von ihren Eltern, Geschwistern, ihrer Großfamilie und ihrer sozialen Umgebung getrennt und in fast allen Fällen ist die Trennung für immer. Sehr oft gibt es keine Hinweise mehr, wann, wo und wie die Angehörigen gestorben sind.

Die daraus resultierende Trauer ist oft pathologisch verlängert und ist auch in der Nachuntersuchung im Jahr 1972 bei den inzwischen Erwachsenen zu finden. Keilson (1979, S. 235f.) illustriert dies mit dem Beispiel der elfjährigen Esther, die Zeugin der Festnahme und Verschleppung ihrer Mutter und ihres Großvaters war, und anschließend von ihrer Tante versteckt wurde:

»Nach Beendigung des Krieges war sie von der Rückkehr ihrer Mutter fest überzeugt. Sie erwartete sie täglich. Die Erwartung wurde bestärkt, als eines Tages ein Onkel und eine Tante aus dem Konzentrationslager zurückkehrten. Sie war so sicher, dass ihre Mutter noch lebte, das sie voll Ungeduld eines Tages ihren Vormund fragte, wann denn ihre Mutter nun endlich käme. Irritiert antwortete ihr Onkel: ›Wie kann ich das wissen. Scher dich weg!‹ Diese Antwort hat sie tief erschüttert. Sie hat sie nie vergessen. Erst viel später begriff sie, dass ihre Frage auch bei ihm einen wunden Punkt traf. Seitdem behielt sie alle Gedanken und Phantasien für sich (...). In den letzten Jahren hat sie Zeiten, in denen sie stundenlang apathisch in ihrem Sessel sitzt. Bei jedem Geräusch schrickt sie zusammen. Selten verlässt sie das Haus; ihre Kinder machen dann die Besorgungen. Dann wieder hat sie Perioden, in denen sie zu einer Tante reist, um mit ihr über ›früher‹ zu sprechen. In ihrem Gefühl ist sie noch stets das Kind, das auf die Heimkehr seiner Mutter wartet. Tagsüber muss sie die Rolle der Mutter spielen, die ihre eigenen Kinder erzieht. Dies Doppelleben fällt ihr schwer. Zeitweilig leidet sie an Erschöpfungszuständen.«

Verlust von Beziehungen in der Kindheit unter traumatischen Umständen verhindert Trauer und kann daher sehr lange nachwirken. Immer wieder sind in Kriegs- und Terrorgebieten Kinder vom plötzlichen Tod und/oder

»Verschwinden« ihrer Eltern betroffen. Selten erhalten diese Kinder adäquate Hilfe bei der Bewältigung dieses Verlusts und in ihrer Trauer.

3.3 Die Wahrheit mit den Kindern teilen

Überlebende Eltern meinen sehr oft, dass sie ihre Kinder schonen, wenn sie ihnen nicht die Wahrheit über das »verschwundene« Familienmitglied sagen. Für die Kinder bedeutet dies aber meist eine wesentlich größere Belastung. In der psychotherapeutischen Arbeit mit Eltern(teilen) kann die Arbeit an der Bereitschaft und Fähigkeit, den Kindern die Wahrheit zu sagen, ein durchaus wichtiger Schritt sein (siehe dazu auch Kapitel V. 5.2).

4 Trauer und Trauerprozesse

Trauern ist ein sehr vielschichtiger Prozess aus Gefühlen, Kognitionen und Handlungen und dient der Bewältigung von Trennungen, Verlassenheit und Verlusten.

> »Worin besteht nun die Arbeit, welche die Trauer leistet? Ich glaube, dass es nichts Gezwungenes enthalten wird, sie in folgender Art darzustellen: Die Realitätsprüfung hat gezeigt, dass das geliebte Objekt nicht mehr besteht, und erlässt nun die Aufforderung, alle Libido aus ihren Verknüpfungen mit diesem Objekt abzuziehen. Dagegen erhebt sich ein begreifliches Sträuben – es ist allgemein zu beobachten, daß der Mensch eine Libidoposition nicht gern verlässt, selbst dann nicht, wenn ihm Ersatz bereits winkt. Dies Sträuben kann so intensiv sein, dass eine Abwendung von der Realität und ein Festhalten des Objekts durch eine halluzinatorische Wunschpsychose zustande kommt. Das Normale ist, dass der Respekt vor der Realität den Sieg behält«,

schreibt Freud (1916, S. 431).

Shapiro spricht hierbei von der Zeit der Trauer als »gefrorene Zeit«. Oder wie Freud: »Wir begraben mit ihm unsere Hoffnungen, Ansprüche, Genüsse, lassen uns nicht trösten und weigern uns, den Verlorenen zu ersetzen. Wir benehmen uns dann wie eine Art von Asra, welche mitsterben, wenn die sterben, die sie lieben« (Freud, 1994, S. 150).

Betroffene Menschen beschreiben diese Zeit als einen Albtraum, aus dem sie nicht und nicht erwachen, eine Zeit, in der sie unfähig sind, sich der Wahrheit zu stellen und damit den normalen Alltag zu bewältigen. Zugleich stoßen trauernde Menschen auch immer wieder auf Unverständnis von Seiten derer, die noch nie einen so nahegehenden Verlust erlitten haben. Und die Trauer dauert lang: »(...) that 2 to 3 years is a common requirement for recovery from the acute phase of bereavement after the death of a spouse«, schreibt Shapiro (1994, S. 48).

Dabei meint sie allerdings keinen plötzlichen und unerwarteten Tod, denn dann kann sich die Trauerphase durchaus noch verlängern.

4.1 Trauerprozess

Viele, zum Teil auch gegensätzliche Gefühle und Gefühlszustände können während des Trauerprozesses auftreten, wobei nicht alle bei jeder trauernden Person vorkommen, und auch zu verschiedenen Zeitpunkten des Trauerprozesses möglich sind:

»Die grundlegenden Gefühlszustände enthalten Schmerz, Sehnsucht nach dem Verlorenen, Hoffnungslosigkeit, Niedergeschlagenheit, Ängste, z.b. Angst, zusammenzubrechen, zu fallen, zu stürzen oder Angst vor bleibender Schwächung oder selbst zu sterben und oft auch Ärger; zum Ausdruck der Gefühlszustände gehören Gebeugtheit, Verschlossenheit, Gelähmtsein (…). Trauernde ziehen sich zurück, sind mit dem Verlorenen in Gedanken, Phantasien und Träumen beschäftigt. Sie beschäftigt immer wieder in ihren Vorstellungen, was sie mit dem Verlorenen erlebt haben. Trauernde können völlig in diese Gedankenwelten versinken. Sie werden dadurch für andere bei starker Trauer schwer erreichbar. Durch Handeln versuchen sie, die Verluste erträglicher zu machen und Gefühlen der Überwältigung und der Hilflosigkeit zu begegnen.« (Rehberger, 2004, S. 18f.)

Es gibt verschiedene Modelle, die versuchen, Trauer als Prozess in Hauptschritte zu untergliedern.

Stellvertretend sollen hier zwei Modelle vorgestellt werden.

4.1.1 6 »R«-Prozess nach T. Rando

Therese A. Rando (1992) beschreibt den Trauerprozess z.b. in sechs Stadien (6 »R«-process):

1. Realisierung des Verlustes
2. Reaktion auf die Trennung durch Schmerz, Identifikation etc.
3. Wiedererinnerung und Wiederbeleben der verlorenen Beziehung
4. Loslassen von der alten Verbindung mit der verlorenen Person und der alten Welt, in der er/sie anwesend war
5. Anpassen an eine neue Welt ohne die alte Welt zu vergessen
6. Investieren in diese neue Welt

Ziel der Trauer ist, die Abwesenheit des geliebten Menschen (oder anderer zu betrauernder Objekte) akzeptieren zu lernen und diese sinnvoll für sich selbst zu integrieren.

»Aus Präsenz wird Absenz, aus offener Gegenwart mit möglicher Zukunft wird abgeschlossene Vergangenheit ohne Zukunft. Es leuchtet ein, dass es in der gelingenden Trauer nicht um die Löschung der symbolischen Repräsentationen der erlebten, emotional bedeutsamen, liebenden Gemeinsamkeit mit einem verlorenen Partner geht oder um das Löschen der Erinnerung an die gelebte Liebe, also um eine innere Loslösung. Die Beibehaltung der liebenden Verbundenheit mit den Verstorbenen erklärt das gelegentliche unerwartete Aufflammen der Trauer.« (Rehberger, 2004, S. 38f.)

4.1.2 Vier Phasen der Trauer nach J. Bowlby

John Bowlby (1983) beschreibt den Prozess der Trauer in vier Phasen und betont, im Gegensatz zu Rando, die Schwierigkeiten, die das Akzeptieren des Verlustes, mit sich bringen.

Phase der Betäubung: Diese dauert von einigen Stunden bis zu einer Woche und kann von massiven Durchbrüchen von extremer Verzweiflung, Schmerz und/oder Wut unterbrochen sein.

Phase der Sehnsucht und Suche: In dieser Phase, die einige Wochen bis zu mehreren Jahren dauern kann, wird – trotz Wissens um den Verlust – nach dem Verlorenen gesucht.

> »Auf der einen Seite steht der Glaube, dass der Tod eingetreten ist, mit all dem Schmerz und der hoffnungslosen Sehnsucht, die das mit sich bringt. Auf der anderen Seite steht der Unglaube, dass er eingetreten ist, begleitet sowohl von der Hoffnung, es sei doch alles gut, als auch von dem Drang, nach der verlorenen Person zu suchen und sie wieder zu erlangen.« (Bowlby, 1983, S. 116f.)

In dieser Phase kommt es auch zu Wut und Zorn, einerseits auf die, die für den Verlust verantwortlich gemacht werden, wie manchmal auch auf die verlorene Person, die sich der Beziehung entzogen hat.

Diese Phase erscheint im Kontext dieser Arbeit besonders bedeutend, da gerade dann, wenn eine Person »verschwunden« ist, die Überprüfung der Realität des Verlustes nicht erfolgen kann.

Phase der Desorganisation und Verzweiflung: Die erfolglose Suche nach dem Verlorenen wird mit Verzweiflung beantwortet.

> »Nur wenn er den Gram, das mehr oder weniger bewusste Suchen und das scheinbar endlose Prüfen, wie und warum der Verlust geschah, sowie die Wut auf jeden, der dafür verantwortlich sein könnte, einschließlich des Toten, ertragen kann, kann er allmählich dahin gelangen, zu erkennen und zu akzeptieren, dass der Verlust tatsächlich von Dauer ist und dass sein Leben neu eingerichtet werden muss.« (Bowlby, 1983, S. 124)

Wenn dies gelingt, kann es bei gelungener Trauer zur *Phase der Reorganisation* kommen. Gefühle, Denkmuster und Verhalten gegenüber der verlorenen Person werden nun unterschieden, zwischen denen, die bei nicht-physischer Anwesenheit nicht mehr angebracht sind (wie z.B. Haushaltspflichten, Hobbys), von denen, die gemeinsame Werte und gemeinsame Ziele waren und sind. Die Erinnerung und die gemeinsame Vergangenheit werden integriert und die Zukunft ohne den verlorenen Menschen geplant.

Trauerprozesse sind aber immer individuell verschieden und hängen von sehr vielen Faktoren ab. Fünf Hauptpunkte können nach Bowlby (1983) klassifiziert werden:

1. Identität und Rolle der zu betrauernden Person
Wenn die Beziehung zwischen der verlorenen und der trauernden Person belastet war, erschwert dies im Allgemeinen den Trauerprozess. Auch wird eine jüngere Person länger betrauert werden müssen, da der Verlust eher unerwartet passiert. Der Tod von Kindern bedeutet für Eltern ein besonders hohes Risiko, dass die Trauer kompliziert und langwierig sein wird (Bowlby, 1983; Rehberger, 2004).

2. Alter und Geschlecht der hinterbliebenen Person
Männer versuchen ihre Affekte im Trauerprozess mehr zu kontrollieren, als Frauen dies tun. Dies führt zu Konzentrations- und Leistungsschwächen. »Mit der stärkeren Affektunterdrückung ist teilweise eine realistischere Anerkennung des Verlusts möglich. Einbußen an Arbeitsfähigkeit sprechen bei Männern für die Unterdrückung ihrer Affekte von Schmerz und Angst«, schreibt dazu Rehberger (2004, S. 40).

Van der Kolk hat in einer Untersuchung von Vietnamveteranen festgestellt, dass das Alter der Männer einen Einfluss auf PTSD hat: Waren die Männer noch Jugendliche, wenn sie im Kampf eingesetzt wurden, entwickelten sie stärkere Bindungen zu den anderen Soldaten ihrer Einheit, und dementsprechend war es für sie um so traumatischer, wenn ein »Buddy« getötet wurde (Van der Kolk, 1985, 1987).

3. Die Ursachen und Umstände des Verlustes
Das Thema dieser Arbeit beschäftigt sich hauptsächlich mit den besonders schwierigen Umständen die der Verlust einer geliebten Person durch »Verschwinden« bedeutet, und die den Trauerprozess damit zumindest erheblich erschwert. Allgemein weisen Studien über Trauer darauf hin, dass Verluste, die plötzlich und mit Gewalt passieren, den Trauerprozess erheblich erschweren.

4. Die sozialen und psychologischen Umstände des Trauernden zur Zeit des Verlusts und danach
Auch dieser Punkt wird in dieser Arbeit noch ausführlich besprochen werden. Die soziale Unterstützung von Trauernden ist wesentlich für das Gelingen eines gesunden Trauerprozesses. Beim »Verschwinden« einer Person ist diese Unterstützung meist nicht gegeben bzw. wird bisherige Unterstützung sogar entzogen.

5. Die Persönlichkeit des Trauernden in Bezug auf seine Beziehungsfähigkeit und seiner Fähigkeit mit belastenden Situationen umzugehen
Positiv auf die Fähigkeit zur Trauer werden sich bestehende stabile Beziehungen auswirken. Hingegen werden Menschen, die bereits mehrmals von traumatischen Verlusten betroffen waren, durch erneute Verluste besonders verwundbar.

>>Das Verstehen der Trauerprozesse setzt die Kenntnis der Art der Affektregulierung bei einer Person voraus, die vor dem Eintritt des Verlusts geübt wird. Aus der Bedeutung des Verlusts, aus der Art und Weise, wie der Verlust erlebt wurde, und aus den Folgen des Verlusts ergeben sich weitere Teilursachen, aus denen Trauer verständlich wird.<< (Rehberger, 2004, S. 72)

4.2 Trauerbewältigung und Dissoziation

J. Kaufman geht davon aus, dass Dissoziationen Teil des normalen Trauerprozesses sind. Der Trauerprozess geht von Verleugnung zum Akzeptieren der Realität des Verlustes durch mehrere Stadien. In diesen Phasen können Anerkennung und Verleugnung gleichzeitig vorhanden sein. >>We partially accept and partially deny a death at the same time (...). Dissociated fragments of the self persist and contain the wounds of death that are not accepted into consciousness<< (Kaufman, 1993, S. 34).

Im Trauerprozess findet ein Wechselspiel der bewussten Anteile, die den Tod leugnen und die ihn als Realität erfassen und akzeptieren, statt. Dabei sind drei Faktoren für die Form der Akzeptanz und Verleugnung wesentlich:
– Welche internalisierten Bilder und Meinungen hat der Trauernde zu Tod und Verlust?
– Die Form der Beziehung zur verstorbenen oder vermissten Person und
– die Umstände des Todes bzw. Verlustes.

Wenn es im Leben des Trauernden bereits alte traumatische Erlebnisse mit Tod und Verlust gegeben hat, erhöht sich die Intensität der Spaltung.

>>The mourning process is always a matter of simultaneously believing that the deceased is alive and not alive. Our understanding of the mourning process needs to grasp the relationship between these two in the mourner. It is not a matter of being ›in denial‹ or not, but a matter of identifying specifically where the denial is and how it is functioning relative to what is recognized.<< (Kaufman, 1993, S. 35)

Symptome, die pathologisch erscheinen, können durchaus normale Trauerreaktionen sein. Kaufman meint, dass selbst das Hören der Stimme des verlorenen Menschen unter bestimmten Umständen als Trauerreaktion, und daher nicht pathologisch zu verstehen ist.

Sind die Umstände des Todes bzw. Verlustes extrem traumatisch, muss Dissoziation in diesem Zusammenhang gesehen werden:

> »Angesichts der heute vorherrschenden Auffassung, dass Spaltung nicht – wie bei Freud – einen Zustand beschreibt, sondern einen eigenständigen Abwehrmechanismus darstellt, scheint der Begriff der ›Dissoziation‹, der sich auch in psychoanalytischen Schrifttum (…) in Verbindung mit Traumen findet, für die Beschreibung der psychischen Folgen zerstörender Traumen geeigneter zu sein als der Spaltungsbegriff.« (Zepf, 2001, S. 341)

In der Arbeit mit Angehörigen von »Verschwundenen« müssen also sowohl die Elemente eines normalen Trauerprozesses wie auch die extreme Traumatisierung, die durch das »Verschwinden« einer wichtigen Bezugsperson ausgelöst wurde, und meist auch andere Formen der Traumatisierung in Betracht gezogen werden.

4.3 Trauervermeidung

Die – sehr ideale – Beschreibung des Trauerprozesses nach Rando (siehe auch I. 4.1) kann an allen sechs Punkten gestört werden und dadurch verzögert sein oder zu Chronifizierungen führen. Rando (1992) weist dabei vor allem auf das Nicht-wahrhaben-Wollen des Verlustes oder Aspekte des Verlustes hin. Um den Schmerz, der zur Trauer gehört, zu vermeiden, versucht der Trauernde sich diesen Gefühlen n icht zu stellen, und hält an der Beziehung zum Verstorbenen fest.

Horowitz beschreibt ein interessantes Phänomen der Vermeidung:

> »An important difference in the scientific analysis of trauma and bereavement phenomena is that Horowitz analyses intrusion-avoidance processes as symptomatic of traumatic reactions, whereas in the bereavement area, they have been regarded as coping strategies, and even as coping styles.« (Stroebe et al. 1998, S. 86)

4.4 Komplizierte Trauer

Trauer kann durch verschiedene lebensgeschichtliche Faktoren des Trauernden und durch die Art des Verlustes kompliziert oder gar verhindert werden.

Rando (1992) beschreibt sieben Faktoren, die ein hohes Risiko von komplizierter Trauer bedeuten.

Vier Faktoren, die direkt Tod oder Verlust zu mit dem tun haben, sind:

1. Ein plötzlicher und unvorhersehbarer Tod, der möglicherweise auch noch durch besondere Gewalt und unter traumatischen Bedingungen passiert;
2. Tod durch eine langwierige schwere Erkrankung;
3. Verlust eines Kindes und
4. der Trauernde glaubt, dass der Tod zu verhindern gewesen wäre.

Die weiteren drei Risikofaktoren beziehen sich auf den Trauernden und die Beziehung zur verstorbenen Person:

5. die Beziehung zur verlorenen Person ist problematisch gewesen;
6. der Trauernde hat bereits frühere traumatische Erlebnisse mit Verlusten erlebt und
7. die trauernde Person bzw. Familie erhält keine soziale Unterstützung.

Für Angehörige von »Verschwundenen« treffen vor allem die hier als erster und siebenter Punkt beschriebenen Faktoren zu.

Fast immer erfolgt das »Verschwinden« einer Person plötzlich und unerwartet, und sehr oft auch unter traumatischen Bedingungen. Die soziale Unterstützung wird den Angehörigen von »Verschwundenen« sehr oft verweigert. Sie haben keine Möglichkeit, ihren Schmerz öffentlich zu machen, ihre veränderte Rolle einzunehmen.

In der Therapie kann es möglich sein, zumindest den persönlichen Abschied von der nahestehenden Person nachzuholen. Sei es, dass das typische Begräbnismahl zubereitet und im Andenken an die verschwundenen Personen gegessen wird, die dafür vorgesehenen Gebetsrituale vollzogen werden oder der Patient in einer Fantasiereise sich in die Begräbnisrituale in der vertrauten Umgebung einfühlt. Hilfreich ist es in diesen Fällen meist, wenn der Patient religiös ist, und daher in irgendeiner Form an ein Weiterleben nach dem Tod glaubt.

4.5 Trauer und PTSD

Stirbt ein Mensch nach einem langen erfüllten Leben, werden die Angehörigen um diesen Menschen trauern, aber sie werden nicht traumatisiert durch den Tod. Umgekehrt gibt es traumatische Ereignisse (z.B. eine Geiselnahme, bei der niemand getötet wird), die sehr wohl zu einer Posttraumatischen Belastungsstörung führen können, aber nicht zu Trauer. Sehr oft aber besteht eine Interaktion zwischen beiden Phänomenen.

In welchem Zusammenhang stehen Trauer und PTSD? Wenn wir uns zuerst einmal die Definitionen ansehen, ergibt sich zunächst ein deutlicher Unterschied: Posttraumatische Störungen definieren wir vor allem über die Diagnosemanuale DSM IV (1994) und ICD 10 (1993) – also als eine relativ klar beschreibbare Störung des psychischen Befindens nach relativ klar definierten Ereignissen (siehe dazu auch Kap. IV. 1.2.1). Trauer hingegen findet sich nicht im DSM IV. Sie ist keine diagnostische Größe, allerdings eine Kategorie, die bei der Diagnoseerstellung mitbedacht werden sollte. »It seems likely that this is a consequence of the general tendency to view bereavement as normal human experience. Nevertheless, there is strong pressure to create a category of pathological grief« (Stroebe et al., 1998, S. 83).

Nach dem Zweiten Weltkrieg und nach dem Vietnamkrieg wurden heimkehrende Soldaten auf Spätfolgen des Krieges untersucht. Männer, die unter chronischen posttraumatischen Störungen litten, hatten oft schwierige frühe Familienverhältnisse, und hatten daher intensive Bindungen an eine einzige Person, ihrem »Buddy« aufgebaut. Die Störung bzw. Zerstörung dieser Beziehung führte zu massiven Leidenszuständen.

Trauer ist von zentraler Bedeutung nach extrem traumatischen Erfahrungen wie der Shoa/dem Holocaust. Viele Überlebende berichteten, dass die Unmöglichkeit der Trauer für ihre Toten als am schwerwiegendsten erlebt wurde. Dieser Aspekt ist auch in der gesamten Holocaust-Literatur gegenwärtig. Die Unmöglichkeit, an einem Grab zu trauern, da die toten Körper nicht beerdigt, sondern verbrannt oder verscharrt worden sind, keine Gedenktage, da nicht klar ist, wann genau die Personen gestorben sind, und auch die Überwältigung angesichts der unzähligen Toten sind immer wieder präsent.

»The ›survivor‹, having unresolved problems of mourning and, in fact, being in a state of pathological mourning, is greatly threatened by any new loss. It is self-evident that the loss of a current love-object mobilizes all the latent conflicts and threatens to overwhelm these patients with depression. As a result, they will typically participate in funerals and bereavements ›without any feelings‹, and tend to deny their losses, (but may develop insomnia, depression, or hypomania and sleeping pill abuse immediately thereafter). At the same time, however, they suffer chronic depression, and the feelings blocked upon bereavement frequently ›spill‹ in an isolated fashion upon encounter with diffuse trivial stimuli. What we have found, however, and this is the reason for our discussing the matter of physical loss, is that in the survivor syndrome every loss of one's physical function, capacity, or attribute is experienced exactly as the loss of a love object and consequently threatens the same kind of overwhelming depressive or psychotic disaster«,

schreibt Henry Krystal bereits 1968 (S. 193).

4.6 Trauer um »verschwundene« Angehörige

Was passiert aber, wenn die Realitätsprüfung nichts als Ungewissheit ergibt? Welche Normalität kann es im Weiterleben von Menschen, deren geliebte Bezugspersonen »verschwunden« sind, geben?

Der Begriff Trauer lässt sich erklären, Prozesse der Trauer sind vielfach beschrieben worden – allerdings setzen sie voraus, dass die Realität des Todes verifizierbar und unumstößlich ist.

Wie bereits eingangs beschrieben, erschwert das »Verschwinden« und die damit einhergehende Ungewissheit über den Verbleib der »verschwundenen« Person und deren Schicksal den Trauerprozess, unabhängig vom Alter der trauernden Person. Innerpsychische Faktoren und die Form der Beziehung spielen wesentliche Rollen bei der Bewältigung bzw. Chronifizierung des traumatischen Verlustes.

5 Trauer braucht sprachlichen Ausdruck, Zeugenschaft und Rituale

Trauer muss sowohl in der Sprache wie in Ritualen ihren Ausdruck finden. Und diese Sprache und Rituale brauchen Zeugen. Aber es braucht auch ganz konkrete Möglichkeiten des Abschieds: Gerade dann, wenn der Tod eines Familienmitgliedes die Angehörigen unvorbereitet trifft, ist es wichtig, dass Abschied vom – jetzt toten – Körper genommen wird (Kübler-Ross, 1969). »If the body is not viewed it may take years longer for the survivors to complete their grief because it is difficult to realize the loved one is truly dead«, schreibt Mary Elisabeth Mancini (1986, S. 147), die sich mit der psychologischen Begleitung von Familien nach plötzlichen Todesfällen beschäftigt. Sie betont die Notwendigkeit, Angehörige zu ermutigen, den/die Tote/n nochmals zu sehen und sich zu verabschieden, auch wenn dies oft sehr schwer fällt.

5.1 Abschiedsrituale

Jede Kultur hat für den Fall, dass eine Person aus der Gemeinschaft stirbt, bestimmte Rituale der Verabschiedung vorgesehen. So verschieden diese Formen weltweit sind, so haben doch alle gemeinsam, dass die Endgültigkeit des Todes in dieser Welt und in dieser Daseinsform sichtbar wird. Die Trauerriten dienen der Stabilisierung der Gesellschaft, die durch den Tod eines ihrer Mitglieder geschwächt worden ist. Die Hinterbliebenen dürfen bzw. sollen ihren Schmerz über den Tod der geliebten Person öffentlich zeigen.

> »Im Ritual der Beerdigung vollzieht sich innerhalb eines kurzen Zeitraums beispielhaft die länger dauernde Trauer des Hinterbliebenen. Das Trauerritual zeichnet den Weg der allmählichen Ablösung vom Toten (…). Die Gemeinde bietet einen Rahmen für die Gefühlsausbrüche, kultiviert sie, übersteigert sie oftmals, begrenzt und kanalisiert sie und gibt sie gemeinsam kund. Die Hinterbliebenen mit ihrem inneren Aufruhr und ihrer äußerlich greifbaren Not, sich endgültig trennen zu müssen, werden durch die Gemeinschaft gestützt, gestärkt, sie erfahren Beistand in der Gemeinschaft. Das Trauerritual gibt den Hinterbliebenen ihre neue Rolle vor, sie werden in ihre Rechte und Pflichten eingesetzt.« (Rehberger, 2004, S. 23)

Dort, wo traditionelle Trauerrituale ihre Funktion weitgehend verloren haben, und durch die Urbanisierung nicht mehr passend sind, entwickeln sich spontan neue Formen, besonders dann, wenn es sich um gewaltsame und plötzliche Verluste handelt. Durch Massenmedien beteiligen sich an diesen Formen der Trauer oft auch Menschen, die nicht unmittelbar betroffen sind, da sie das oder die Opfer gar nicht kannten. An dem Ort, an dem es zur Tragödie kam, werden spontan Blumen, religiöse Symbole wie Kreuze oder nationale Symbole wie Flaggen, Spielzeug und Briefe niedergelegt. »Spontaneous memorials are shrines composed of an eclectic combination of traditional religious, secular, and highly personalized ritual objects (...) [and] provides a method for grieving such personal, social and cultural losses« (Haney et al., 1997, S. 162).

5.2 Rituale für »Verschwundene«

Trauerrituale stellen meist die Beerdigung oder Verbrennung des Körpers der verstorbenen Person in den Mittelpunkt. Daher ist es bei »verschwundenen« Personen schwierig bzw. unmöglich, diese Rituale durchzuführen. Eine Form, wie sie von einer Fischergesellschaft im Pazifik gefunden worden ist, stellt daher eine Ausnahme dar. Aber gerade in Gesellschaften, die auf Grund der geografischen und ökonomischen Bedingungen – auf der Insel leben viele Familien vom Fischfang – oft damit konfrontiert sind, dass es keine Leiche zur Beerdigung gibt, haben, wie dieses Beispiel zeigt, sinnvolle Trauerrituale gefunden.

Bowlby (1983) beschreibt dieses bemerkenswerte Ritual für einen »verschwundenen« Fischer auf der Insel Tikopia, einer kleinen Insel im Pazifik, 100 Meilen südöstlich der Solomonen. Er bezieht sich dabei auf einen Bericht des Kulturanthropologen Firth:

Ein junger Mann war nach einem geringfügigen Streit mit seinem Vater aus dem Haus gerannt, mit seinem Kanu aufs Meer hinaus gefahren und galt seitdem als verschwunden. Über die Gefühle und Handlungen in den ersten Tagen nach diesem Verschwinden erfahren wir aus diesem Bericht nichts. Nach mehreren Monaten wurde die Annahme, dass der junge Mann ertrunken ist, in der Fischergemeinschaft als Gewissheit akzeptiert.

> »Unter solchen Umständen, die nicht selten vorkommen, schreibt die Tradition ein simuliertes Begräbnis vor, bei dem die üblichen Matten und Kleider aus Rindengewebe in einem leeren Grab begraben werden. Dies wird bezeichnet als ›Ausbreiten der Grabtücher‹, um den Verlorenen ›trocken zu machen‹.« (Bowlby, 1983, S. 173)

Ca. ein Jahr nachdem der junge Mann verschwunden war, und in dem seine Familienangehörigen auch die Trauerrituale (Nahrungstabus und Nichtteilnahme an öffentlichen Angelegenheiten) eingehalten hatten, entschied der Vater, dass es nun Zeit sei, die Bestattung abzuhalten.

In dieser Inselgesellschaft, in der immer wieder Männer auf hoher See verunglücken, und daher ihre Körper nicht bestattet werden können, hat sich also ein eigenes Ritual für die Bestattung von Menschen, die im Meer gestorben sind, entwickelt: Sie werden »trocken gemacht«.

Bowlby kommentiert dies so:

> »(...) eine Gesellschaft [fordert] selbst dann, wenn wie in diesem Falle keine Leiche da ist, über die verfügt werden muss, dass eine Bestattung stattfindet. Tatsächlich brachte das Nachdenken über diese Zeremonie der Tikopianer Firth zu der Behauptung, die Hauptfunktion des Bestattungsrituals sei nicht die Beseitigung des Leichnams, sondern der psychologische Nutzen, den es den Hinterbliebenen und der Gesellschaft als Ganzes bringt.« (Bowlby, 1983, S. 175)

5.3 Symbolische Trauerrituale für »verschwundene« Angehörige

Menschen, die als Flüchtlinge in eine andere Kultur gekommen sind, und deren Angehörige zuvor im Heimatland unter traumatischen Bedingungen »verschwunden« sind, verfügen nicht über kulturelle Formen, wie sie rituell mit diesem Verlust umgehen können. Keine Symbole oder Riten helfen, mit dem Schmerz und der Trauer zurecht zu kommen.

Daher reagieren Betroffene oft schon auf die leiseste Andeutung, dass der »verschwundene« Angehörige tot sein könnte, bereits mit massiver Abwehr.

Es ist hilfreich, Abschiedszeremonien für die abwesenden Personen zu vollziehen. Selbst wenn der Tod als Möglichkeit zu schrecklich ist, um dies überhaupt zu erwägen, ist die Tatsache einer langfristigen Trennung augenscheinlich. Da die betreffende Person nicht da ist, und gerade bei Flüchtlingen nicht damit gerechnet werden kann, dass die »verschwundene« Person den Weg ins europäische Exil nachvollziehen wird können, ist es notwendig, zumindest die Realität einer langfristigen Trennung von der geliebten Person zu akzeptieren.

Gelingt es, die positiven Anteile der Beziehung zu beleben und daraus Wünsche des »Verschwundenen« für den Klienten/die Klientin abzuleiten, kann dies zur großen Entlastung für die betroffene Person führen.

Fragen wie »Was möchtest Du dem Vater/der Mutter noch sagen?«, »Welche Pläne hat dein Vater /deine Mutter für dich gemacht?« oder »Was hat der ›Verschwundene‹ für dich und dein Leben gewünscht?« können eigene Lebensmöglichkeiten, die im Trauerverbot erstarrt sind, wieder eröffnen und beleben, wenn es möglich ist, zu internalisieren, dass der »Verschwundene« die besten Wünsche für die Zukunft gehabt hat. Diese Form gilt natürlich in einem besonderen Maße dort, wo ein oder beide Elternteil/e »verschwunden« ist/sind.

Formen des Abschiedes können Briefe oder Reden an das »verschwundene« Familienmitglied sein, oder auch ein gemeinsames Essen der Restfamilie, für das besondere Speisen zubereitet werden.

6 Neu definierte soziale Rollen nach dem Verlust

Im Begräbnisritual werden die sozialen Rollen der Hinterbliebenen neu definiert, und sie werden in diese eingeführt: Aus der Ehefrau, dem Ehemann ist nun die Witwe, der Witwer geworden, aus den Kindern (Halb-)waisen.

Für die Verstorbenen gibt es in vielen Kulturen mit den Gräbern oder Urnengräbern Gedenkstätten, die weiter an die Person und an die Trauer um sie erinnern.

Trauer und Trauerprozesse sind in das jeweilige soziale Umfeld eingebettet. Jede Gesellschaft kennt Formen des Umgangs mit Verlusten und mit Trauer, wobei die Übergangsriten des Trauerprozesses meist in drei Phasen gegliedert sind:

In der ersten Phase wird auf den Verlust reagiert. Es gibt Trennungsriten, in denen die hinterbliebenen Angehörigen für einige Zeit den normalen gesellschaftlichen Pflichten aber auch den Rechten enthoben sind. Dies ist (bzw. war) in unseren europäischen Gesellschaften der Beginn des Trauerjahrs, in dem den Trauernden gewisse Verpflichtungen nicht zugemutet werden, aber gesellschaftliche Vergnügungen, wie z.B. Tanzveranstaltungen, tabu und damit verboten sind.

In der zweiten Phase wird diese Getrenntheit von der übrigen Gesellschaft aufrechterhalten, für eine gewisse Zeit (sehr oft ein Jahr) ist der Alltag der/des Trauernden davon geprägt. Wer um einen nahen Angehörigen trauert, darf (mitunter muss) seine Trauer in der Form der Trauerkleidung sichtbar machen. In Österreich war und ist es zum Teil noch üblich, dass nahe Angehörige ein Jahr lang schwarze Kleidung zum Zeichen ihrer Trauer tragen. In Indien und anderen Teilen Asiens ist es üblich, weiße Trauergewänder zu tragen. Eine südasiatische Witwe trägt einen weißen Sari und schneidet sich ihre Haare ab. In traditionell jüdischen Trauerformen werden die Kleider zerrissen, und es wird öffentlich geweint, während es nicht erlaubt ist, sich selbst zu verletzen oder die Haare abzuschneiden. Das Zerreißen der Kleider findet sich bereits im Alten Testament im Buch Hiob und Samuel: »It allows the mourner to give expression to his deep anger may means of a controlled, religiously sanctioned act of destruction« (Schindler, 1996, S. 123).

Verschiedene Kulturen kennen dann innerhalb dieser Trauerzeit auch verschiedene Abschnitte mit verschiedenen Ritualen, wie z.B. Gedenkgottesdiensten, Ausspeisung für die Armen im Namen des Verstorbenen etc.

Die dritte Phase ist die Wiedereingliederung in die Gesellschaft, allerdings in der nun veränderten Identität.

Trauerrituale sind Übergangsriten, die klar regeln, wie die durch den Verlust entstandene Veränderung im sozialen Leben der unmittelbar Betroffenen und der gesamten Gemeinschaft zu vollziehen ist. Manche Trauerformen sind zeitlich beschränkt, wie z. B. das Tragen von schwarzer Kleidung während des Trauerjahres, andere gelten für immer, wie z. B. die Verpflichtung indischer Witwen, ein Leben lang auf Schmuck und bunte Kleidung zu verzichten.

6.1 Der Verlust des Ehe-/Lebenspartners

Die psychischen Bewältigungsstrategien können nur in der Wechselwirkung mit der jeweiligen sozialen Rolle, die mit der Änderung durch den Tod verbunden ist, verstanden werden. Daher ist ein kurzer Exkurs in die Bedeutung sozialer Rollen und ihre Veränderungen durch politische und soziale Umstände erforderlich.

Wer seinen Lebenspartner verliert, leidet vor allem unter Einsamkeit, was einen zusätzlichen Risikofaktor für Depression darstellt. Witwen und Witwer müssen ihre Identität als Single neu finden.

>»Conjugal bereavement has long been considered among the most stressful of all life events. Given the stress associated with spousal loss, it is not surprising that bereavement greatly increases the risk of psychiatric complications such as depressive symptoms, major depressive episodes and anxiety-related symptoms and disorders.« (Prigerson et al., 1997a)

Bowlby (1983, S. 117) weist darauf hin, dass gerade beim Verlust eines Ehepartners die Phase der Sehnsucht und Suche nach dem verlorenen Partner besonders intensiv ist. »Einige Menschen, deren Partner gestorben ist, sind sich ihres Dranges zu suchen bewusst, andere nicht. Einige geben ihm bereitwillig nach, andere versuchen ihn als irrational und absurd zu ersticken.«

Viele Witwen und Witwer berichten, dass sie sich zu Orten und Gegenständen, die mit dem verstorbenen Partner in Verbindung gebracht werden, hingezogen fühlen, und dass sie diese bewusst aufsuchen.

Maerker et al. (1998) untersuchten 44 Personen zwischen 20 und 55 Jahren, deren Lebenspartner verstorben sind. Sie beschreiben, ähnlich wie Prigerson, dass jüngere Menschen mit massiverer Trauer reagierten als ältere Personen. Dies kann im Zusammenhang mit der Lebensphase verstanden werden, in der der Lebenspartner verloren wurde. Tod wurde von den Jüngeren nicht als Möglichkeit in Betracht gezogen, und dementsprechend waren sie dann vom Tod des Partners überwältigt. Zusätzlich sind junge Menschen oft diejenigen, die für die Familie sorgen, und deren Arbeit und Gehalt den Lebensunterhalt der Familie sichern. »The patient's case was shown to fit well with a model hypothesizing that the loss of a security – increasing partner for on individual with insecure, anxious attachments and self-regulatory deficits could result in symptoms of traumatic grief« (Prigerson et al., 1997b).

6.1.1 Politische Witwen

Ein Beispiel, wie politischer Druck das Rollenverständnis von Witwen verändern kann, beschreibt Mamphela Ramphele. In ihrem Essay »Political Widowhood in South Africa: The Embodiment of Ambiguity« (1997, S. 99ff.) reflektiert sie über die Rolle der Witwen in Südafrika. Normalerweise hat eine südafrikanische Witwe mindestens ein Jahr um ihren Mann zu trauern, während ein Witwer nur sechs Monate offiziell »in Trauer« ist. Für die Frau bedeutet die Trauerzeit den Ausschluss von allen öffentlichen Veranstaltungen, während der Mann nach wie vor seine Stimme in der Gemeinde hat. Frauen müssen auch äußerlich viele Zeichen ihrer Trauer um den verstorbenen Mann tragen: Vielfach ist es üblich, dass Witwen (und Witwer) der Kopf geschoren wird, sie müssen schwarze oder in Asien weiße Kleidung tragen etc. Diese Trauerformen reichen bis hin zu sonst verrückten Äußerlichkeiten: »(...) these may include eating with her left hand, wearing clothes inside out, wearing one shoe, or eating out of a lid instead of a plate« (Ramphele, 1997, S. 100).

Diese traditionellen Rollen der Witwenschaft wurden in Südafrika aber während des Kampfes gegen die Apartheid durch eine neue Rolle erweitert: die politischen Witwen. Darunter wurden die Frauen verstanden, deren Männer während des Kampfes ums Leben gekommen oder für lange Jahre inhaftiert worden waren. Diese politischen Witwen bekamen eine völlig andere Rolle – ihnen wurden die Zeichen der Heldenhaftigkeit ihrer Männer übergeben, sie wurden in den Mittelpunkt gerückt und nicht an den Rand gedrängt. Zeit und Raum für persönliche Trauer wurde ihnen aber nicht eingeräumt.

6.1.2 Nicht Ehefrau – nicht Witwe

Nach dem Vietnamkrieg waren 1.200 US-amerikanische Soldaten als vermisst gemeldet. »Missing in Action – MIA« war und ist die gängige Bezeichnung für diese »Verschwundenen«.

Spolyar (o.A.) beschäftigt sich mit dem Trauerprozess der Frauen dieser MIA. Er beschreibt drei Formen des Versuchs, den ambivalenten Verlust zu verarbeiten: Identifikation, Ersatzhandlungen (substitution) und Feindseligkeit (hostility).

In Gesprächsgruppen mit den Frauen der vermissten Soldaten haben Dorothy Benson et al. (o.A.) drei Gruppen von Frauen identifiziert:

Es gab als erste Gruppe die Frauen, die sich ganz aktiv in der »National League of Families« für das Auffinden ihrer Ehemänner engagierten. Sie reisten nach Südostasien oder zu Friedensverhandlungen nach Europa, schrieben Briefe, ergriffen in der Öffentlichkeit das Wort etc. Diese Frauen haben zum Großteil ihr Leben neu organisiert und neue Selbstsicherheit gewonnen. Pauline Boss ermutigt in Familientherapien die Familienmitglieder, soviel als möglich zu unternehmen, um irgendeine Auskunft über die »verschwundene« Person zu erhalten. »The act of seeking information eases the stress of ambiguity. Once that process is exhausted and no more information is available, that, too, becomes information, and helps people conclude, ›We have done all that we can‹« (Boss, 1999, S. 112).

Damit gleicht diese Gruppe auch suchenden Eltern in ganz Lateinamerika, wie z.B. den Müttern des Plaza de Mayo in Argentinien (siehe dazu auch Kap. III. 1). Diese Frauen waren nicht bereit, ihr Schicksal stillschweigend anzunehmen, sondern haben es öffentlich gemacht, sich zusammengeschlossen und alles getan, um über den Verbleib ihrer Angehörigen Auskunft zu erhalten – in der Hoffnung, sie lebend wieder zu finden, aber auch die Angst überwindend, dass sie mit der schrecklichen Todesnachricht konfrontiert sein könnten. Der gemeinsame Kampf und die daraus resultierende soziale Unterstützung ermöglichen ein Weitergehen im Leben.

Die zweite Gruppe waren die Frauen, die mit der Ambivalenz des langen und möglicherweise vergeblichen Wartens, kämpften. Ihre Männer waren seit mindestens zwei Jahren »vermisst«. Diese Frauen versuchen sich langsam in die Rolle der Witwe hinein zu begeben, und zugleich ist noch die Hoffnung, dass der Ehemann wiederkommt, gegeben.

Die dritte Gruppe, die Benson et al. (o.A.) beschreiben, sind die Frauen, die seit relativ kurzer Zeit mit der Situation des »Verschwindens« ihres Ehemannes konfrontiert sind. Hier herrscht die Hoffnung vor, dass der Mann wiederkommt. Alles andere wird meist kategorisch abgelehnt und zurückgewiesen.

6.2 Der Verlust eines Elternteils oder beider Eltern

Wie ein Kind auf die endgültige Trennung von den Eltern reagiert, ist stark vom Alter und Entwicklungsstand des Kindes abhängig und wurde weiter oben bereits besprochen (siehe dazu Kapitel I. 1–3). Grundsätzlich gilt aber, dass die Bedingungen, die die gesunde Trauer Erwachsener fördern, auch für Kinder gelten.

> »Die erforderlichen Bedingungen sind im Prinzip nicht anders als jene, die für die erwachsene Trauer günstig sind. Die für ein Kind wichtigsten sind:

Erstens sollte das Kind vor dem Verlust eine verhältnismäßig sichere Beziehung zu seinen Eltern gehabt haben;
zweitens sollte (...) das Kind schnell und korrekt über das informiert werden, was geschehen ist, sollte alle möglichen Fragen stellen dürfen und darauf eine möglichst ehrliche Antwort erhalten und sollte an der Trauer der Familie teilnehmen, einschließlich aller Bestattungsriten, die die Familie beschließt;
drittens sollte das Kind die tröstende Anwesenheit des überlebenden Elternteils genießen oder, wenn das nicht möglich ist, einer bekannten und vertrauten Ersatzperson; außerdem sollte ihm versichert werden, dass diese Beziehung bestehen bleibt.« (Bowlby, 1983, S. 355)

6.2.1 Der Verlust eines Elternteils/der Eltern durch politische Repression

David Becker (1992) weist darauf hin, dass der Trauerprozess massiv behindert ist, wenn Menschen durch politische Repression ums Leben kommen. Den Hinterbliebenen werden die sozialen Formen der Rituale und der Unterstützung vorenthalten. Die oben genannten Faktoren sind zumindest in den zweiten und dritten Bedingungen, die für eine gesunde Trauer notwendig sind, nicht erfüllbar.

»Aus der Perspektive des Kindes stellt der Tod des Vaters oder der Mutter ein Ereignis dar, das in einer Kette gewalttätiger Ereignisse steht und alptraumartig wahrgenommen wird. Zunächst verhindert der Schock, später die Angst das Gespräch in der Familie (...). Die Kinder unternehmen verzweifelte Anstrengungen, das Geschehene aus den ihnen zugänglichen Bruchstücken zu rekonstruieren. Ohne ihre Verwirrung wirklich auflösen zu können, nehmen sie die Angst der Erwachsenen wahr, halten ihre eigenen Gefühle zurück und akzeptieren das Schweigen als allgemeines Verhaltensmuster. Auf diese Weise lernen die Kinder, den verlorenen Elternteil mit Chaos und Zerstörung zu identifizieren.« (Becker, 1992, S. 105)

Die Trauer wird dadurch nicht zugelassen, der Trauerprozess auf unbestimmte Zeit verlängert. Manchmal kann erst Jahre später – und dies oft im psychotherapeutischen Raum – über den Verlust geweint werden.

6.2.2 Der Verlust eines Elternteils/der Eltern durch »Verschwindenlassen«

»Verschwindet« ein Elternteil gilt Ähnliches, wie für Eltern, die durch politische Repression getötet worden sind. Allerdings zeigen verschiedene Stu-

dien, die anderen Ortes in dieser Arbeit ausführlich besprochen werden
(Kap. II. 5.3.1), dass Kinder durch das »Verschwinden« eines Elternteils signifikant an pathologischen Störungen und Trauerreaktionen leiden (Becker,
1992; Zvidic/Butollo, 2000).

Es wird von regressivem Verhalten, Schlafstörungen, Depressionen, Bett-
nässen, Aggressivität, Schulleistungsstörungen, antisozialem Verhalten berichtet. David Becker (1992, S. 88) erklärt dies mit dem Ausnahmezustand,
in den die gesamte Familie durch das »Verschwinden« versetzt wird. »Der
Ausnahmezustand wird zur Normalität, die von Tabuisierungen und Verboten gekennzeichnet ist: Genau das, was alle gleichermaßen belastet, darf nicht
angesprochen werden, Trauer und Angst dürfen keinen Ausdruck finden.«

6.3 Der Verlust eines Kindes – »verwaiste« Eltern

Die Reaktionsformen auf den Verlust eines Kindes sind oft ähnlich denen,
wenn ein Lebenspartner verstirbt. Aber es besteht ein wesentlicher Unterschied, auf den Bowlby (1983, S. 163) hinweist.

> »Während nach dem Tod eines Ehegatten Einsamkeit ein vorherrschendes
> Merkmal ist, scheint diese nach dem Tod eines Kindes nicht prävalent zu sein.
> Dementsprechend wird das Gefühl der Einsamkeit nach dem Tode eines Ehe-
> gatten gewöhnlich von der Anwesenheit eines Kindes auch nicht gemildert.«

Allerdings wird der Tod eines Kindes in vielen Studien als besonders kritisch
beschrieben, und auch die Anwesenheit des Partners kann nicht über den
Verlust trösten.

> »The grief of a parent following the loss of a child is an unexpected event and is
> always considered premature and untimely since parents do not expect to out-
> live their children. The loss of a child is the loss of one's own being and a loss of
> the future.« (Leahy, 1992–93, S. 208)

Während die deutsche und englische Sprache sehr wohl Ehepartner, die ihren
Mann oder ihre Frau verloren haben, einen Namen gibt (Witwen/r bzw.
widows/er), und Kindern, die einen oder beide Eltern verloren haben, als
Waisen bzw. als orphans benennt, gibt es für Eltern, die ihre Kinder verlieren,
und auch für hinterbliebene Geschwister keine Bezeichnung. Sind es wieder-
kinderlose Eltern oder »verwaiste« Eltern und Geschwister?

Eine Metastudie über Trauerforschung (Leahy, 1992–93) hat gezeigt, dass
die Trauerreaktion der Eltern nicht mit dem Alter des Kindes korreliert, aber

Mütter insgesamt stärkere und längere Formen der Trauer als Väter zeigten. Trauernde Eltern leiden laut dieser Untersuchung stärker unter Depressionen als alle anderen Gruppen der Trauernden. Dies konnte aber in anderen Studien (Zisook/DeVaul, 1983; Murphy, 1988) nicht belegt werden. Allerdings wiesen alle Ergebnisse darauf hin, dass der Trauerprozess von Eltern um ihre Kinder nicht begrenzt ist und meist ein Leben lang dauert.

Dies bestätigt auch eine Untersuchung von Stroebe et al. über Eltern, die in zwei israelischen Kriegen ihre Söhne verloren hatten. In einer Langzeitstudie zeigte sich, dass die Eltern nach mehreren Jahren oberflächlich in ihr normales Leben zurückgekehrt waren: Sie meisterten ihren Alltag und litten auch nicht (mehr) unter psychosomatischen Beschwerden. Allerdings wurden die verlorenen Söhne in den meisten Fällen idealisiert und die Beziehung wurde nicht abgeschlossen. Es war so, als ob diese Söhne nur von zu Hause ausgezogen wären.

»The result appears to be a life preoccupied with the dead, at the expense of the living. From the modernist perspective, the tragedy of death is compounded: Not only are the sons lost to them, but in significant ways, their families are as well.« (Stroebe et al., 1992, S. 1210)

6.3.1 Der gewaltsame Tod von Kindern

Der gewaltsame Tod von Kindern kann oft besonders schwer ertragen werden und führt oft zu lebenslanger Trauer und Dissoziation. Auch hier gibt es zahllose Beispiele aus dem Holocaust.

Langer (1997, S. 57) berichtet in ihrem Aufsatz über das Schicksal von Bessie K., der es nicht gelungen ist, ihr Baby durch einen Kontrollpunkt der SS zu schmuggeln. Dass sie ihren kleinen Sohn dem deutschen Soldaten übergeben musste, war für sie, als würde sie selbst sterben. »For me, I was dead. I died, and I didn't want to hear nothing, and I didn't want to know nothing, and I didn't want to talk about it, and I didn't want to admit to myself that this happened to me.«

Später wird sie auf die Frage, wo denn ihr Kind sei, antworten: »What baby? I didn't have a baby. I don't know of any baby.«

L. Langer (1997, S. 58) interpretiert Bessie K.'s Worte so:

»The death of her child is her own death too, not in fantasy but in reality, a permanent intrusion on her post-Holocaust existence. It is also a form of verbal disturbance, since no language exists. (…) to describe the role of such durational moments in the lives of those who have lived them.«

Die Realität des traumatischen Verlustes des Kindes und die Hilflosigkeit, das Kind nicht schützen zu können, wird als so massiv erlebt, dass es zu Dissoziation kommt. D. Laub beschreibt ein sehr ähnliches Beispiel. Auf die Frage der Ärztin, die einige Jahre zuvor bei der Entbindung anwesend war, antwortete eine Patientin: »Welches Baby? Ich habe nie ein Baby gehabt« (Laub, 2000, S. 864). In der Therapie kann sie sich schließlich an die traumatischen Ereignisse erinnern, wie ihr das Kind von einem deutschen Soldaten abgenommen worden ist, wenn sie dabei auch nur von »einem Bündel«, das ihr weggenommen worden ist, spricht:

> »Ich wusste jetzt nicht, was ich tun sollte, weil alles so schnell ging. Ich war nicht darauf vorbereitet. Und er streckte die Arme aus. Ich sollte ihm das Bündel geben. Und ich reichte ihm das Bündel. Und das war das letzte Mal, dass ich das Bündel gesehen hatte.« (Laub, 2000, S. 864)

Diese beiden Beispiele der gewaltsamen Trennung der Kinder von ihren Müttern und die mit großer Wahrscheinlichkeit erfolgte Ermordung der Kinder, konnte von den beiden Frauen nur in Form von Dissoziation verarbeitet werden.

6.3.2 Eltern »verschwundener« Kinder

Joseph Roth beschreibt in seinem Roman »Hiob« die Unfähigkeit der Eltern Deborah und Mendel auf die Nachricht, dass ihr ältester Sohn als Soldat »verschollen« ist, miteinander zu kommunizieren:

> »Auch das Rote Kreuz hatte mitgeteilt, dass Jonas verschollen sei. Er ist wahrscheinlich tot, dachte im stillen Deborah. Mendel dachte das gleiche. Aber sie sprachen lange über die Bedeutung des Wortes ›verschollen‹, und als schlösse es die Möglichkeit des Todes vollkommen aus, kamen sie immer wieder überein, dass ›verschollen‹ nur gefangengenommen heißen konnte, desertiert oder in der Gefangenschaft verwundet.« (Roth, 1974, S. 146)

Die prominentesten VertreterInnen der Eltern von »verschwundenen« Kindern sind wohl die »Mütter der Plaza Mayo« in Buenos Aires. Es sind Mütter und Väter der vorwiegend Jugendlichen, die während der Diktatur in Argentinien »verschwunden« sind.

Die Mütter der »Verschwundenen« leben in großer Einsamkeit und Trauer. Viele von ihnen waren ihr gesamtes Leben nie politisch aktiv. Erst das »Verschwinden« ihres Sohnes oder ihrer Tochter haben sie dazu gebracht, auf die Straßen zu gehen, Gerechtigkeit zu fordern. Während die Regierung von »Subversiven« sprach, hielten die Mütter entgegen, dass es sich um politische »Verschwundene«, und damit um Opfer von Menschenrechtsverletzungen handelt. Mit der Suche nach ihren Kindern wurden sie zu einer starken politischen Opposition, die die herrschenden politischen Methoden an den Pranger stellten (siehe dazu Kapitel III. 1).

II.

Die sozialen Folgen von »Verschwindenlassen«

Wenn ich mich in dieser Arbeit mit den Folgen von »Verschwindenlassen« auf Angehörige der betroffenen Personen beziehe, ist es notwendig, zuerst einmal den Begriff »Verschwindenlassen« genauer zu beleuchten.

Ausgehend von der systematischen Menschenrechtsverletzung des »Verschwindenlassens«, wie sie in den 70er Jahren vor allem in südamerikanischen Diktaturen zur Anwendung gekommen ist und vermutlich allein in Lateinamerika 90.000 Opfer gefordert hat (FEDEFAM, 2004), verbreitet sich das Bild bei längerem Hinsehen immer mehr: Die Kriege im ehemaligen Jugoslawien z. B. haben viele offene Wunden gelassen: Unzählige Frauen hoffen noch immer, dass ihre Männer, Söhne überlebt haben; allein in Bosnien wurden ca. 300 Massengräber mit 16.500 Leichen entdeckt; 20.000 Menschen gelten 2004 noch immer als vermisst. Zahlreiche weitere Massengräber werden noch gefunden werden, und in langwieriger Arbeit gilt es, die Opfer zu identifizieren.

Weiter zurückliegend ist der Zweite Weltkrieg mit seinem ungeheuren Ausmaß an Leid: Der Holocaust mit den unendlich vielen Ermordeten, der Krieg, in dem unzählige Soldaten auf allen Seiten »im Feld geblieben« sind und Flüchtlingsfamilien, die für immer auseinander gerissen wurden.

Macht man sich auf die Suche nach (Fach-)büchern zu den Stichworten »Verschwinden« oder »Vermisst«, erhält man eine Liste von tatsächlichen oder fiktiven Kriminalfällen und auch ein bisschen Außerirdisches. Es gibt dann auch noch die Menschen, die sich aus eigenem Willen ihrer Umgebung entziehen und »verschwinden«. Es gibt also vielfältige Gründe, warum Menschen spurlos »verschwinden«. Zum Beispiel beschreibt Williams (1969) die Arbeit des Suchdienstes der »Salvation Army« in England und anderen Ländern. Dabei geht es vor allem um Personen, die ihre Identität änderten, bzw. Menschen, die Opfer von Kriminalität geworden sind. Er geht davon aus, dass jährlich – und diese Zahl stammt aus 1969 – 18.000 Menschen allein in London »verschwinden«.

Auch bei Naturkatastrophen, wie z. B. der Flutkatastrophe, die Ende Dezember 2004 mehrere Länder Asiens getroffen hat, »verschwinden« Menschen spurlos, da ihre Leichen nicht mehr gefunden werden können bzw. auf Grund der Seuchengefahr unidentifiziert bestattet werden müssen.

In dieser Arbeit werde ich mich nur am Rande mit selbst gewähltem oder durch Kriminalität oder Naturkatastrophen verursachtem »Verschwinden« beschäftigen.

Die Personengruppe, mit der ich mich befasse, sind die Personen, deren Angehörige durch politische Gewalt, das heißt durch Krieg und Diktatur »verschwunden« sind.

1   Penelope wartet auf Odysseus – die ungewisse Trennung als uraltes Problem

»Verschwinden« und »Missing in Action« ist so alt wie die konflikthafte Geschichte der Menschheit selbst. Alle Kriege lassen Menschen zurück, die vergeblich auf die Rückkehr warten und nicht wissen, was mit ihren Angehörigen geschehen ist.

Auf der Suche nach den ersten Angehörigen von »Verschwundenen« in der Geschichte begegnet uns eine Randfigur der griechischen Mythologie: Penelope, die Ehefrau des Odysseus, wartet Jahrzehnte lang auf ihren verschollenen Ehemann. Dabei wissen wir – die LeserInnen – von Anfang an, dass ihr Gemahl ruhmreich aus dem Krieg zurückkehren wird.

Odysseus ist – gegen seinen Willen – zum Krieg geholt worden. Er selbst wollte bei seiner jungen Frau und seinem kleinen Sohn bleiben. Er stellt sich daher verrückt, möchte untauglich sein. Aber als dabei das Leben seines Sohnes auf dem Spiel steht, beendet er die Verstellung und muss mit in den Krieg ziehen.

Zurück bleiben Penelope und ihr Sohn Telemach. Sie warten auf Odysseus. Aber auch als der Krieg zu Ende ist, kehrt dieser nicht zurück. Die Hoffnung, ihn jemals wieder lebend zu sehen, schwindet mehr und mehr für seine Familie. Interessant für die Zeit ihres Wartens sind vor allem zwei Beschreibungen:

Penelope webt am Leichentuch für ihren Schwiegervater – tagsüber. In der Nacht ist sie damit beschäftigt, ihr Tagwerk wieder aufzutrennen, es rückgängig zu machen. Sie ist aktiv – doppelt aktiv – und bewegt sich dabei aber nicht von der Stelle. Die Arbeit des Tages wird durch die Arbeit der Nacht vernichtet. Es gibt in der Zeit der Abwesenheit des Odysseus keine Entwicklung und keinen Fortschritt für sie in ihrem Tun. Würde ihre Arbeit zu einem Ende kommen, müsste sie eine Entscheidung treffen, von ihr wird die Wahl eines Freiers zum neuen Ehemann gefordert. Damit würde sie anerkennen müssen, dass Odysseus tot ist. Um dies zu verhindern, arbeitet sie mit doppelter Energie am Stillstand der Zeit. Penelope kann nicht zu trauern beginnen, da die Situation nicht klar ist. Für sie fühlt es sich wie ein Verlust an, aber er ist trotzdem nicht wirklich. Durch diese Konfusion bleibt die Möglichkeit der Trauer in der Ausweglosigkeit zwischen Hoffnungslosigkeit und Hoffnung unlebbar (Boss, 1999).

Penelope wird von den Freiern bedrängt. Sie ist nicht in der Position sie abzuweisen, und zugleich kann sie sich auch nicht für einen von ihnen entscheiden, da sie ja nicht weiß, ob Odysseus doch eines Tages wiederkommen wird. Sie kann keine klare Entscheidung treffen. Ihr Leben ist von einer Hinhalte- und Verzögerungstaktik geprägt. Sie lebt in einer Pattstellung. Sie ist nicht lebendig in ihrer Ehe und sie ist auch nicht frei von dieser Ehe (Homer, 1979).

Ich halte diese Beschreibung von Penelope für sehr aussagekräftig und bis zu einem gewissen Grad »archetypisch« für die Situation der Frauen, die in allen Zeiten der Menschheitsgeschichte gelebt haben. Ihre Männer sind als Opfer in politischen Auseinandersetzungen »verschwunden« und ihnen, den Witwen, wurde nicht einmal die Gewissheit des Todes gewährt.

2 Folge von Krieg: Vermisste, Verschollene, »im Feld Gebliebene«

Die ständige Geschichte der Gewalt spiegelt sich auch in vielen Denkmälern des 20. Jahrhunderts wider. Jeder Friedhof in Mitteleuropa ist zugleich Gedenkstätte der grausamen Geschichte dieses Jahrhunderts. Überall finden sich Kriegerdenkmäler, auf denen die Namen derer, die »gefallen« sind und derer, die »verschollen« sind, aufgelistet werden.

Die Auseinandersetzung mit der Geschichte kann aber ziemlich undifferenziert werden: Die Namen der Toten des Zweiten Weltkriegs wurden in der Regel auf die gleichen Denkmäler gesetzt, die bereits nach dem Ersten Weltkrieg errichtet worden waren. Es wurden auch keinerlei Unterscheidungen zwischen Opfern und Tätern gemacht (Domansky, 1997).

Unterschieden wurde hingegen sehr wohl auf den meisten Denkmälern zwischen »Gefallenen« und »Verschollenen«.

Wurden auf deutscher Seite nach dem Ersten Weltkrieg ca. eine Million Menschen – vor allem Soldaten – vermisst, und waren davon 97.000 Fälle nicht mehr aufzuklären, wuchs die Zahl der Vermissten auf deutscher Seite nach dem Zweiten Weltkrieg auf ca. 14 Millionen Menschen (Soldaten und ZivilistInnen) an. 1955 waren davon noch ca. 2,5 Millionen Fälle nicht geklärt (Böhme, 1965).

Genauere Zahlen gibt es von den amerikanischen Vermissten: In Washington wurden nach dem Ersten Weltkrieg 4.500 und nach dem Zweiten Weltkrieg 139.709 Soldaten vermisst – »missing in action, MIA« – gemeldet (Nash, 1978).

Neben den ermordeten Opfern des bestialischen Regimes der Nationalsozialisten gab es die »normalen« Folgen des großen Krieges. Ca. 12 Millionen deutsche Soldaten waren in Kriegsgefangenschaft, und ca. 15 Millionen Menschen waren in den riesigen Flüchtlingsströmen in Europa unterwegs auf der Suche nach einer neuen Heimat. Fast jeder und jede war in irgendeiner Form davon betroffen, dass ein Angehöriger vermisst oder verschollen war.

Zwei neue Begriffe werden etabliert: der/die »Suchende« und der/die »Gesuchte«. Ca. jeder vierte Deutsche ist durch den Krieg zu einem Suchenden oder/und Gesuchten geworden.

Kurt Böhme (1965) legt einen Bericht über die Arbeit der Suchdienste in Deutschland in den 20 Jahren nach dem Ende des Zweiten Weltkrieges vor. Auch wenn seine Beschreibung der deutschen Kriegsgefangenen in den Händen der Ostmächte eindeutig parteiisch ist, so liefert er doch kaum bekannte Details über die große Anzahl an Kriegsverschollenen. Die Sowjetunion hatte das Genfer Kriegsgefangenenabkommen von 1929 nicht unterschrieben und sich somit nicht verpflichtet, Auskunft über die Kriegsgefangenen an das Internationale Rote Kreuz weiter zu geben.

In den großen deutschen Städten haben sich Suchdienste zusammengeschlossen, die versuchen, Informationen von Suchenden und Gesuchten zu sammeln und möglichst viel Auskunft zu sammeln und an die suchenden Angehörigen weiter zu geben. Über die Motivation schreibt Böhme (1965, S. 160): »(...) denn Vermisste sind stets potentielle Gefangene. Natürlich wussten die Fachleute, daß sie auch gefallen sein konnten. Solange jedoch weder der Beweis für das eine (Gefangenschaft) noch das andere (Soldatentod) erbracht war, blieb alles im Ungewissen.«

Die hier beschriebenen Kategorien versuchen ein Phänomen zu fassen – das Reduzieren der Möglichkeiten auf durch den Krieg bekannte und gewohnte Bilder: Gefangenschaft und Soldatentod sind die einzigen Möglichkeiten, die denkbar und erlaubt sind. Sie helfen wohl auch, die Angst vor dem Ungewissen unter Kontrolle zu halten. Der anonyme Hungertod in einem unbekannten Straflager war wohl kaum einer der beiden Kategorien zurechenbar, seine Sinnlosigkeit würde das Grauen zu groß werden lassen.

Und später, als die Kriegsgefangenenrückkehr fast abgeschlossen war, stellt sich die Frage über diejenigen, die nicht zurückgekommen sind: »Sollten sie wirklich alle verstorben sein? Oder wurden sie am Ende doch noch zurückgehalten? (...) Da war es wieder, das Wort, das zum stärksten Antrieb aller Untersuchungen des Suchdienstes wurde: Gewißheit, Gewißheit um jeden Preis« (Böhme, 1965, S. 228).

Böhme berichtet über ein interessantes Phänomen: Im Zusammenhang mit der Frage nach den verbliebenen Kriegsverschollenen, tauchte die hartnäckige Idee der »Schweigelager« auf. Die Hoffnung war, dass die Vermissten in der Sowjetunion in Lagern lebten, die so hermetisch von der Außenwelt abgeriegelt waren, dass von dort keine Information nach außen dringen konnte. »(...) die (...) immer noch verzeichneten Kriegsgefangenen blieben nicht nur weiterhin verschollen, sie waren vermutlich verstorben. Aber ohne unwiderlegbare Beweise würde es niemand glauben« (Böhme, 1965, S. 227).

Literarisch haben sich mit dieser Thematik Claude Simon im autobiografisch gefärbten Roman »Die Akazie« (2004) und Ismail Kandare in »Der General der Toten Armee«(1988) auseinander gesetzt.

C. Simon beschreibt im ersten Kapitel des Romans die fast irrwitzige Suche nach dem Grab des gefallenen Ehemanns und Vater. Kaum ist der Erste Weltkrieg vorbei, macht sich die Witwe in Begleitung zweier Schwestern und ihres einzigen Sohnes auf den Weg, um das Grab ihres Mannes zu finden.

»Und am Ende wurde sie fündig. Oder sie fand vielmehr ein Ende – oder wenigstens etwas, von dem sie glauben konnte (oder was zu glauben ihre Erschöpfung, der Grad ihrer Müdigkeit sie zwang), es sei geeignet, dem ein Ende zu setzten, was sie seit zehn Tagen über ausgefahrene Wege, in halbzerstörten Gehöften und Schenken mit den Gerüchen betrunkener Männer hetzte. Es war ein ganz kleiner Friedhof (…). In der Mehrheit waren es Gräber von deutschen Soldaten, aber sie ging geradewegs auf ein etwas abseits gelegenes zu, das ihr zweifellos jemand (jemand, der Mitleid mit ihr – oder vielmehr mit ihnen – gehabt hatte oder sie vielleicht einfach hatte loswerden wollen) genannt hatte und auf dem, in deutscher Sprache auf einem Metallschild, dann in französischer Sprache auf einem in jüngerer Zeit angebrachten Brettchen, einfach geschrieben stand, dass hier die Körper zweier nicht identifizierter französischer Offiziere lagen (…). Sie ging bis zu der Inschrift vor, las sie, trat zurück bis zu der Stelle, wo sich ungefähr die Füße der Toten befinden mussten, beugte die Knie, erhob sich wieder, kramte in ihrer Handtasche, holte ein Taschentuch heraus, das sie auf den Boden breitete, kniete dann nieder, hieß den Knaben sich neben sie niederknien, bekreuzigte sich und verharrte, den Kopf senkend, regungslos, unter dem verschatteten Schleier schwach die Lippen bewegend.« (Simon, 2004, S. 20)

Der Roman »Der General der toten Armee« hat die Suche der italienischen Armee nach im Zweiten Weltkrieg in Albanien gefallenen Italienern zum Inhalt. Der General fühlt sich am Beginn seiner Reise (und des Romans) beseelt von der Aufgabe:

»Die Leiber von Zehntausenden Soldaten in der Erde warteten seit so vielen Jahren auf sein Erscheinen, und nun war er da, um sie aus dem Schlamm zu ziehen und ihren Eltern und Verwandten zurückzubringen. Er war wie ein neuer Heiland erschienen, ausgerüstet mit Landkarten, Listen und unfehlbaren Notizen. Andere Generäle hatten diese endlosen Kolonnen von Soldaten von Niederlage zu Niederlage und in die endgültige Vernichtung geführt, er dagegen war gekommen, um das, was von ihnen übriggeblieben war, dem Vergessen und dem Tod zu entreißen. Er würde von Friedhof zu Friedhof ziehen, überallhin, auf die ehemaligen Schlachtfelder, um all die Toten und Vermißten aufzufinden.« (Kandare, 1988, S. 14)

Am Ende wird er desillusioniert sein. Nach wie vor steht die Bevölkerung seinen früheren Angreifern feindlich gegenüber. Aber auch der Gegenspieler des Generals, der albanische Generalleutnant, der nach den albanischen Toten des Krieges sucht, muss sich Niederlagen eingestehen. Durch Bestechung der Arbeiter wurden viele der Exhumierten nicht wirklich identifiziert, sondern an die Familien, die Geld für die Rückgabe der Gebeine ihrer Toten angeboten hatten, übergeben. »Der Generalleutnant lächelte bitter. ›(…) aber stellen Sie sich doch einmal konkret vor, was es für die Familien bedeuten würde, wenn man von ihnen forderte, sie sollten die Gebeine wieder herausgeben‹« (ebd., S. 278).

3 »Verschwindenlassen« – Terror gegen die Gegner

»Verschwindenlassen« war aber nicht nur eine ungeplante aber in Kauf genommene Nebenerscheinung des Krieges, sondern wurde vom Regime ganz gezielt gegen politische Gegner eingesetzt.

3.1 »Verschwindenlassen« in der Geschichte Russlands

Der russische Bürgerkrieg und der anschließende Aufbau der Sowjetunion war – vor allem in der Ära Stalins – von massiven Menschenrechtsverletzungen begleitet. »Verschwindenlassen« gehörte auch in diesem Regime zu einer häufigen Form des Terrors.

Am 7. November 1917 ergriffen Lenin und die Bolschewiken die Macht in Russland. Der Vertrag von Brest-Litowsk am 3. März 1918 beendete den Krieg mit Deutschland. Allerdings entbrannte ein brutaler Bürgerkrieg, dem vor allem die bisherige Führungsschicht und die Gebildeten zum Opfer fielen. Am 30. Dezember 1922 wurde der Anschluss aller sowjetischen sozialistischen Republiken zur UdSSR beschlossen, und die Sowjets eigneten sich allen Landbesitz und alle Produktionsmitteln an. Nach dem Tod von Lenin am 21. Januar 1924 begann ein erbitterter Nachfolgekampf, den schließlich Josef Stalin für sich entschied. Stalin festigte seine Macht durch gezielten Terror gegen seine Widersacher.

»Ich werde all diese Menschen zu Lagerstaub zermahlen«, wird Berija, Stalins Geheimdienstchef, zitiert. »Und das passierte auch. Heute liegt eine dicke Staubschicht auf ganz Russland, und wir müssen die Gesichter der Opfer, die einzelnen Schicksale sichtbar machen, um das Land von diesem Staub zu befreien«, sagt der Präsident von »Memorial« Arsenij Roginskij (2004). Von 1923 bis 1963 existierte ein Lagersystem in der Sowjetunion, in dem zahlreiche Menschen »verschwanden«.

Der Dissident Alexander Solschenizyn war einer der größten Kritiker der massiven Menschenrechtsverletzungen, die vor allem in der Ära Stalin Millionen von Menschen betrafen.

Er beschreibt, wie Menschen oft mitten in der Nacht verhaftet worden sind. Die Haftgründe waren oft nicht nachvollziehbar; die Betroffenen hatten keine Chance für ihre Rechte zu kämpfen. Viele »verschwanden« nach diesen Verhaftungen für immer.

»Für die aber, die nach der Verhaftung zurückbleiben, beginnen ab nun lange Monate eines zerrütteten, verwüsteten Lebens. Die Versuche, mit Paketen durchzukommen. Und überall nur bellende Antworten: ›Den gibt es nicht!‹, ›Nicht in den Listen!‹ Zuvor aber muß man an den Schalter gelangen, aus dem das Gebell schallt, und das bedeutete in den schlimmen Leningrader Zeiten fünf Tage Schlangestehen. Und erst nach Monaten oder nach einem Jahr läßt der Verhaftete selbst von sich hören, oder aber es wird einem das ›Ohne Brieferlaubnis‹ an den Kopf geworfen. Das aber heißt – für immer. ›Ohne Brieferlaubnis‹, das steht fast sicher für: erschossen.« (Solschenizyn, 1978, 17f.)

Eine doppelt betroffene Gruppe waren die Menschen, die als Zwangsarbeiter und Zwangsarbeiterinnen während des Zweiten Weltkrieges nach Deutschland verschleppt wurden und die nach ihrer Rückkehr in die Sowjetunion als vermeintliche Kollaborateure erneut Opfer von Repressionen wurden. »Memorial« hat unter dem Titel »Opfer zweier Diktaturen« in einer Datenbank mittlerweile Informationen über mehr als 400.000 Personen systematisiert und der Öffentlichkeit zugänglich gemacht. Viele Schicksale bleiben aber nach wie vor unaufgeklärt, die Menschen »verschwunden«.

3.2 Nacht-und-Nebel-Aktionen

Im Dezember 1941 wurde der sogenannte »Nacht-und-Nebel-Erlass« verabschiedet. Damit war es möglich, in den von Deutschland besetzten Gebieten gezielt Menschen durch »Verschwindenlassen« zu terrorisieren.

Man war sich dabei durchaus der Wirkung auf die Gesamtbevölkerung – weit über den unmittelbar betroffenen Personenkreis der »Verschwundenen« – bewusst, und wollte mit dieser Maßnahme gezielt verängstigen und verschrecken.

Wilhelm Keitel, der von 1938 bis 1945 der Chef des Oberkommandos der Wehrmacht war und 1946 hingerichtet wurde, hatte den »Nacht-und-Nebel-Erlass« am 7. Dezember 1941 weitergeleitet und somit in Kraft gesetzt. In einem Befehl schrieb er, dass die Truppe sich »berechtigt und verpflichtet, in diesem Kampf ohne Einschränkung auch gegen Frauen und Kinder jedes Mittel anzuwenden, wenn es zum Erfolg führt. Rücksichten seien ein Verbrechen gegen das deutsche Volk« (Wistrich, 1987, S. 199).

In diesem Erlass war als einzig mögliche Strafe für staatsfeindliche Aktivitäten die Todesstrafe gefordert worden. Diese solle schnell und vor Ort vollzogen werden. Wenn dies nicht möglich war, wurde angeordnet, den Gefangenen nach Deutschland zu bringen, ohne dass Angehörige davon erfahren sollten. Ziel war, dass »jeder Widerstand bestraft wird, nicht durch gesetzliche Verfolgung der Schuldigen, sondern durch Verbreitung eines solchen Terrors durch die Wehrmacht, der geeignet ist, jede Neigung zum Widerstand unter der Bevölkerung auszumerzen« (zit. n. Mittler, 2000, S. 3).

Wurde im Schriftverkehr des Regimes auf diese Gefangenen bzw. Hingerichteten Bezug genommen, wurde das Kürzel »NN-Gefangene« benutzt, wobei NN sowohl für »Nacht- und Nebel« als auch für »non nominatur«, die Namenlosigkeit des Häftlings bzw. des Hingerichteten, stand.

Vermutlich sind allein in den besetzten Gebieten Frankreichs 7.000 Menschen auf Grund dieses Erlasses »verschwunden«. Leo Eitinger, der Überlebende der nationalsozialistischen Gefängnisse und KZ's untersuchte, schreibt, dass ein Drittel der norwegischen Opfer sogenannte »Nacht-und-Nebelhäftlinge« gewesen sind, »die in ›Nacht und Nebel‹ verschwinden sollten, also ohne Kontakt mit der Umwelt blieben. ›Verschwundene‹ für ihre Angehörigen« (Eitinger, 1990, S. 122f.).

4 »Verschwindenlassen« im Holocaust

Während der Verbleib der in Kriegsgefangenschaft geratenen Soldaten noch in Registern und Listen halbwegs nachvollziehbar war, und das »Verschwinden« dieser Männer in einem politisch nachvollziehbaren Prozess – wenn auch oft persönlich voll großer Tragik – gesehen werden konnte, so ergibt sich durch die mörderische und sinnlose Maschinerie der Vernichtungslager des NS-Regimes ein schier unfassbares und jeder humanen Logik widersprechendes Bild an menschlichem Leid. Abertausende Menschen sind in den Konzentrationslagern und Ghettos ums Leben gekommen. Ganze Großfamilien wurden ausgerottet. Nach vielen Angehörigen dieser Familien hat nach dem Krieg niemand gesucht, da alle, die sie gekannt haben, ebenfalls ermordet wurden.

> »Ich besuchte den Friedhof Weißensee, der früher ein wunderbarer jüdischer Friedhof war. Als ich durch diesen stillen Ort ging, spürte und sah ich die steingewordene ›Leere‹; errichtet vom unerschütterlichen Vertrauen dieser Gemeinde in die Zukunft (…). Es gibt dort viele große marmorne Grabmäler, die jüdische Familien einst für sich und ihre Nachfahren errichteten; gedacht für Gravuren und Inschriften für viele nachfolgende Generationen. Als ich das sah (ich war ganz alleine auf dem Friedhof), wurde mir klar, dass kein einziges Mitglied dieser Familien jemals dorthin zurückkommen könnte, um die Leere dieser Grabsteine zu sehen; keiner würde diese Leere je zu sehen bekommen; alle waren sie gestorben«,

schreibt der jüdische Architekt Daniel Libeskind (1999, S. 3f.) in seinem Essay über Trauma und Leere.

Viele Lebensgeschichten verlieren sich mit der Deportation ins Ghetto und später in einem der Todeslager des nationalsozialistischen Regimes ins Ungewisse. Die überlebenden Angehörigen wissen, dass dieses »Verschwinden« fast immer mit Ermordung gleichzusetzen ist. Ihr Leid wird verstärkt durch die Frage, wie die Angehörigen ums Leben gekommen sind, und durch das Fehlen aller Möglichkeiten für ein Abschiedsritual.

> »I am concerned about one particular aspect of the concentration-camp problem: namely, the missing grave. Burial as a ritual has great significance throughout human history. I hear many times from patients, ›If I only could go to the grave of my son, my mother, my father!‹« (Krystal, 1968, S. 194)

In den letzten Tagen des Zweiten Weltkrieges wurden Tausende – vor allem jüdische – Gefangene Richtung Westen getrieben, weg von der anrückenden russischen Armee. Viele dieser Gefangenen wurden auf diesen Todesmärschen irgendwo auf dem Weg erschossen und in Massengräbern verscharrt. Eine große Anzahl dieser Gräber ist bis heute nicht aufgefunden worden. Zum Beispiel geht die Suche im Burgenland noch immer weiter. Die Ortsbewohner-Innen zeigen sich nicht sehr kooperativ und die Landschaft hat sich inzwischen so stark verändert, dass die wenigen Augenzeugen von damals keine Anhaltspunkte mehr haben (z. B. Walzer, 2002).

Jüdische Kinder, die in Verstecken den Krieg und damit den Holocaust überlebt haben, mussten nach der Befreiung realisieren, dass der Vater und die Mutter nicht zurückkommen werden, und dass meist auch sonst keiner aus der Großfamilie überlebt hatte (z. B. Keilson, 1979; Fink, 1996).

In dieser Arbeit ist nur ein kurzer Abriss des Holocausts möglich, wenngleich die Reflexionen und Forschungen zu dieser Thematik eine wichtige Basis darstellen. Es ist unerlässlich, bei einem Versuch, die geschichtliche Dimension des »Verschwindenlassens« als politisches Macht(missbrauchs)-instrument zu beschreiben, über den Holocaust, als die wohl grausamste und systematischste Form der Trennung von Angehörigen ohne Abschied, zu schreiben. Und dies, obwohl dieser Blickwinkel in der gesamten Holocaust-literatur nie direkt als zentrales Thema besprochen wird.

In den Publikationen über die Folgen des Holocausts findet sich »Verschwindenlassen« oder »Vermisst« so gut wie nie in den Sachwortregistern oder Titeln. Aber in fast allen Biografien und psychotherapeutischen Fallgeschichten mit Überlebenden des Holocausts, ist das »Verschwinden« von Angehörigen und die vergebliche Hoffnung auf die Rückkehr der Angehörigen nach dem Krieg ein Teil des erlittenen Leidens, und wird oft als der schlimmste und langwierigste Teil im Leben nach dem Holocaust beschrieben, häufig gekoppelt mit Überlebensschuld (z. B. Klüger, 1994; Zeman, 1995).

Die geschichtliche Dimension des Versuchs der Vernichtung mehrerer Volksgruppen in Europa – und da vor allem der jüdischen Bevölkerung – unter dem Deckbegriff der »Endlösung«, den die Nationalsozialisten gebrauchten, sei kurz mit nüchternem Zahlenmaterial umrissen: An die drei Millionen Juden wurden in den Vernichtungslagern des NS-Regimes ermordet, und wahrscheinlich ungefähr genauso viele Menschen wurden in Massakern in ihren Heimatorten oder an Erschießungsplätzen getötet. Ca. sechs Millionen Menschen – eher mehr – fanden den Tod in dieser unmenschlichen Tötungsmaschinerie (Longerich, 1989; Heyl, 1994).

Die sechs Millionen Ermordeten machen den Holocaust zum singulären Menschheitsverbrechen. Die Opferbilanz bringt das nicht angemessen zum Ausdruck. Es ist aber notwendig, sie zu nennen, um die Dimension des Völkermords zu beschreiben. 165.000 Juden aus Deutschland, 65.000 aus Österreich, 32.000 aus Frankreich und Belgien, mehr als 100.000 aus den Niederlanden, 60.000 aus Griechenland, ebenso viele aus Jugoslawien, über

140.000 aus Tschechien und der Slowakei, eine halbe Million aus Ungarn, 2,2 Millionen aus der Sowjetunion und 2,7 Millionen aus Polen. Dazu kommen die Toten der Pogrome und Massaker in Rumänien und Transistrien (über 200.000) und die deportierten und ermordeten Juden aus Albanien und Norwegen, Dänemark und Italien, aus Luxemburg und aus Bulgarien. Alle haben – direkt oder indirekt – ihr Leben im Zeichen der nationalsozialistischen Rassenideologie verloren, die von deutschen Herrenmenschen verkündet und willfährig befolgt wurde (Benz, 1995).

Auch in dieser Statistik wird das »Verschwindenlassen« sichtbar. Es handelt sich dabei um gesicherte Minimalzahlen, von vielen Opfern wissen wir bis heute nichts. Es gibt keine vollständigen Totenbücher und schon gar keine Grabstätten.

Versuchen wir uns dieser Dimension philosophisch zu nähern, wird die Erschütterung von menschlichem Vertrauen in die Menschheit sichtbar. »Das Ereignis Auschwitz rührt an Schichten zivilisatorischer Gewissheit, die zu den Grundvoraussetzungen zwischenmenschlichen Verhaltens gehörten. Die bürokratisch organisierte und industriell durchgeführte Massenvernichtung bedeutet so etwas wie die Widerlegung der Zivilisation«, schreibt Dan Diner (1988, S. 12).

Die Form der Massenvernichtung in Konzentrationslagern wurde in der gesamten Struktur des Dritten Reiches grundgelegt. Lager der verschiedensten Art waren üblich und haben die Sozialstruktur maßgeblich verändert. Die Vernichtung der Familie und die Vernichtung der traditionellen Sozialstrukturen, die Verschickung von Menschen aller Altersgruppen und aller Berufsgruppen in Arbeitslager, Trainingslager, Bildungslager war Teil des Dritten Reichs. Aber die Konzentrationslager waren wie ein anderer Teil einer anderen Gesellschaft – und zeigten, wie destruktiv mächtig sich eine Gruppe von Menschen über eine andere gebärden kann (Mommsen, 1992). Diese zweite Zivilisation, und da besonders die Wirklichkeit der Konzentrationslager, erzeugten eine völlig neue Dimension, auf die keine bisherige Erfahrung im Leben vorbereitet hat. Hannah Arendts Annahme, dass die Lager eine Wirklichkeit etabliert haben, die sich durch sozialwissenschaftliche Erkenntnisinstrumente nicht erfassen lässt und dass die Wirklichkeit des Holocausts in den geläufigen Strukturen der Darstellung nicht vermittelbar ist, spricht dafür, dass es bis heute vielfältige Versuche, ihn zu beschreiben und zu erzählen, gibt.

Oder wie Henry Krystal schreibt:

»(…) highly characteristic are the aftereffects of a massive encounter with death. The problems of identification with death in the concentration-camp survivors are quite conspicuous. Many have not been able to enjoy life at all, but see themselves only as a living monument to the ›martyred six million‹.« (Krystal, 1968, S. 191)

In Wien haben vor 1938 ca. 180.000 Juden gelebt und damit einen Bevölkerungsanteil von 9,4 % gestellt (Beckermann, 1989). Durch den Ausbruch der brutalen Gewalt gegen die jüdischen Nachbarn nach dem Anschluss 1938 wurde vielen Juden in Wien klar, dass sie hier nicht bleiben konnten. »Ironischerweise hat dieser pogromartige Ausbruch der Volkswut (…) so manchem Juden das Leben gerettet (…). Die offene Gewalt, die den Juden in Wien entgegenschlug, forderte (…) eindeutig zum Kofferpacken auf« (Beckermann 1989, S. 49f.).

Trotzdem starben ca. ein Drittel der österreichischen Juden in der Vernichtungsmaschinerie des Dritten Reiches. Von denen, die emigrierten, sind nach Kriegsende nur wenige zurückgekommen, und es wurde ihnen auch schwer gemacht, sich wieder heimisch zu fühlen.

Das »Verschwinden« von jüdischen Angehörigen wurde nach der Machtergreifung durch die Nationalsozialisten fast allgegenwärtig. Stellvertretend für Millionen »Verschwundene« und deren Angehörige soll hier die Biografie von Leon Zelman (1995) stehen. In sehr eindrucksvollen Worten beschreibt er den abschiedslosen Verlust von der Mutter und dem Bruder und die Suche nach überlebenden Familienmitgliedern nach 1945.

4.1 Das Leben im Ghetto

Im Ghetto konnte es immer passieren, dass jemand einfach nicht mehr da war, weil er – während die Kinder in der Schule waren, oder während die Mutter einkaufen war – deportiert worden war.

Andererseits retteten viele Eltern das Leben ihrer Kinder, indem sie sie bei nichtjüdischen Angestellten und Freunden, in Klosterschulen etc. versteckten. »Many mothers fought for their children's lives and prepared them for life without them«, schreibt Judith Kestenberg (1996, S. 37), und trotzdem »All these children felt abandoned by their mothers.«

Dort, wo die Eltern dieses Versteck gut vorbereiten konnten, war zumindest der Abschied von den Eltern möglich, wenn dieser – gerade für jüngere Kinder – auch nicht in seiner ganzen Dimension erfassbar war.

Aber nicht immer war es möglich, dass Kinder sich von ihren Eltern verabschieden konnten. Leon Zelman beschreibt, wie er und sein Bruder von der Schule nach Hause kamen und die Mutter nicht mehr da war:

> »Wir begannen, laut zu rufen. ›Mamjusha, Mamjusha, Mammi, Mammi!‹ hallte es in der Gasse. Kein Mensch drehte sich um, nahm uns wahr, kümmerte sich um uns. Keiner fragte, warum wir weinten. Keiner redete uns an. Die Leute gingen an uns vorbei wie Schatten. Weinende Kinder, die nach irgend jemandem

riefen, sah man häufig. Tod, Verzweiflung und Jammer um verschwundene oder verstorbene Angehörige gehörten zum Alltag. Die Sorge um das eigene Überleben war bei den allermeisten stärker als der Impuls zu einer Zuwendung (…). Unsere Mutter sahen wir nie wieder.« (Zelman 1995, S. 66f.)

»Verschwinden« von Angehörigen war Teil des ganz alltäglichen Terrors in den Ghettos geworden und es gab so viele davon betroffene Kinder, dass sie selbst in der Phase des Schocks und des ersten Schmerzes keinen Schutz von Menschen aus der Umgebung erhielten. »Ja, Verschwinden stellte die Regel, Wiedersehen die Ausnahme dar« (ebd., S. 66).

4.2 Trennungen im Konzentrationslager

Auf der Ankunftsrampe in Auschwitz sahen sich viele Menschen, die gerade tage- und wochenlang in Viehwaggons zusammengepfercht verbracht hatten, zum letzten Mal. Familien wurden getrennt. Meist nach dem Kriterium, wer als arbeitsfähig angesehen wurde und wer nicht, oder manchmal auch vollkommen willkürlich. Primo Levi schreibt über die Ankunft in Auschwitz:

> »Was mit den anderen geschah, den Frauen, den Kindern, den Alten, das konnten wir weder damals noch später in Erfahrung bringen: Die Nacht verschluckte sie ganz einfach. Heute aber wissen wir, dass bei jener raschen und summarischen Auswahl ein jeder von uns geschätzt worden war, ob er oder ob er nicht imstande sein würde, zum Nutzen des Reiches zu arbeiten; wir wissen (…) dass von allen anderen, die über fünfhundert zählten, zwei Tage danach keiner mehr am Leben war (…).
> Solcherart, in einem Augenblick, meuchlings, vergingen unsere Frauen, Eltern, Kinder. So gut wie keiner hatte die Möglichkeit, sich von ihnen zu verabschieden. Wir sahen sie noch eine Weile als dunkle Masse am anderen Ende des Bahnsteigs stehen, dann sahen wir nichts mehr.« (Levi, 1992, S. 20)

Immer wieder wird beschrieben, dass die Kraft zum Überleben daher kam, dass man nicht allein war. Gemeinsam mit einem Familienangehörigen oder einem neu gefundenen Freund oder einer Freundin war es möglich zu überleben, einen Sinn im Weitermachen und Weiterleben zu sehen.

So schlossen sich Buben zu Banden zusammen, die füreinander zur Familie wurden. Innerhalb dieser Gruppen gab es klare Regeln, und man beschützte sich gegenseitig, so gut es ging, gegen die feindliche Umwelt. »But within their ›organization‹ of friends and family they could preserve trust, respect, and human dignity amid the indescribable degradation that constantly threatened their lives« (Brenner, 1996, S. 111).

Leon Zelman und sein Bruder leben noch einige Zeit nach dem »Verschwinden« der Mutter im Ghetto, bevor sie nach Auschwitz deportiert werden. Er war mit seinem Bruder allein geblieben, alle anderen Angehörigen waren verloren. Im Rückblick schreibt er:

> »Viereinhalb Jahre hatte ich im Ghetto von Lodz verbracht. Meine Mutter und meine Angehörigen hatte ich verloren. Nur mein Bruder war noch da. Wie waren all diese Verluste zu ertragen? Die Toten waren unsere Lebensbegleiter geworden. Wir aber nahmen diesen Geisterzug, der neben uns auf allen Wegen ging, nicht wahr. Wir sahen nicht nach rechts und nicht nach links, um nicht verrückt zu werden (…). Und wir sahen nicht in uns hinein. Sonst hätten wir bemerkt, dass man uns unsere Jugend stahl, dass man unsere Gefühle verkrüppelte, dass nicht nur um uns, sondern in uns selbst der Vernichtungsprozess längst eingesetzt hatte (…). War es möglich, in diesem Zustand noch Ziele zu haben? Ich hatte keine Mutter mehr. Ich hatte keine Familie mehr. Aber ich hatte einen Bruder. Ihn galt es zu beschützen.« (Zelman, 1995, S. 79f.)

Das Ziel seines Lebens – im Alter von 14 Jahren – war, für seinen 12-jährigen Bruder Vater und Mutter zu sein. Aber auch der Bruder, der krank in der Baracke eines Arbeitslagers zurückgeblieben war, »verschwindet« ohne Abschied. »Shayek war nicht mehr da. Das konnte nur heißen, Shajek war nicht mehr da. Sonst nichts. Ich weigerte mich, seinen Tod zu denken.«

Zurückgeblieben ist nur ein Stück Brot. Und obwohl Leon Zelman Hunger leidet und es gewohnt ist, von Toten Brot zu essen, kann er sich nicht überwinden, das zurückgelassene Brot seines Bruders zu essen. »Ich hatte Hunger! Man aß das Brot eines jeden Toten! Eben. Shajek war nicht tot, also hatte ich kein Recht auf sein Brot. Indem ich das Brot nicht aß, obwohl mein Magen danach brüllte, erkannte ich seinen Tod nicht an« (Zelman, 1995, S. 99).

Nach dem Verlust des letzten Familienangehörigen schließt sich Leon Zelman mehr und mehr einem gleichaltrigen Freund an, den er schon zuvor kennen gelernt hat. Dieser Freund wird die Stütze, die das Weiterleben möglich macht. Außerdem ist die Hoffnung, dass Angehörige in anderen Lagern überleben würden, noch wach.

4.3 Die Suche nach überlebenden Angehörigen nach dem Krieg

Nach dem Ende des Krieges und des Holocausts beginnt langsam die Realisation des Geschehenen und damit auch die Frage nach den Angehörigen. Nach den ersten Wochen der Befreiung, und damit der körperlichen Erholung, beschreibt Leon Zelman (1995, S. 121) die aufkommenden Fragen: »Je menschlicher wir uns zu fühlen begannen, desto näher rückte uns nämlich die Erkenntnis dessen, was mit uns geschehen war. Noch wusste ich weder ob, und schon gar nicht wie mein Bruder umgekommen war. Aber die Hoffnung, ihn je wieder zu sehen, schwand.«

Wie alle anderen Überlebenden sucht Leon Zelman nach seinen Angehörigen. Täglich werden die Listen mit den Namen, die ausgehängt wurden, überprüft.

> »Möglicherweise war doch der eine oder andere Cousin oder die eine oder andere Tante irgendwie davongekommen, man hatte einander ja so schnell aus den Augen verloren. Morgen schon könnte der erlösende Zettel am Schwarzen Brett hängen. Indem wir das diskutierten, einander unsere Hoffnungen wie eine Therapie vorbeteten, gaben wir uns in der Nähe das, was wir in der Ferne suchten: Wärme und Geborgenheit.« (ebd., S. 123).

Die Suche wird hier zu einem täglichen Ritual; mit viel Energie und Kreativität wird versucht, doch zu einer Antwort zu kommen. Die Hoffnung, noch überlebende Angehörige zu finden, überwiegt. Aber es ist auch eine Suche nach der Wahrheit. Die Überlebenden wollen wissen, was passiert ist, und wenn es schon kein Wiedersehen gibt, sollen zumindest die Umstände des Todes und der Ort, an dem die gesuchte(n) Person(en) gestorben und beerdigt worden ist (sind), gefunden werden. Aber auch diese Suche ist sehr oft vergeblich.

> »Viele aber fanden nichts. Dennoch gingen wir Nichtsfinder täglich zur Tafel. Und langsam wurde vielen von uns die Befürchtung zur Gewissheit: Wir waren allein.« (Zelman, 1995, S. 119f.)
> »I don't even know where her dust is settled‹, he reflected bitterly, ›and that hurts me very much. How can one deprive a human being of a space for her eternal rest?‹«

zitieren J. Kestenberg und I. Brenner (1996, S. 34) einen jugendlichen Überlebenden, der nach seiner Mutter suchte.

Die Verwundung über die Unmöglichkeit, seiner Mutter eine Begräbnisstätte zu geben, wird in der Gegenwartsform ausgedrückt und als eine Frage, die nicht zu beantworten ist.

Das spurlose »Verschwinden« der Angehörigen, ohne irgendeine Begräbnisstätte, belastete die Überlebenden über Jahre und Jahrzehnte. Die Suche konnte lange, ein Leben lang, dauern.

In einem psychiatrischen Gutachten beschrieb D. Rosen 1999 die Symptomatik einer in New York lebenden Frau. Die Patientin verbrachte ihre Tage damit, die Straßen von Manhattan nach ihrer Mutter abzusuchen und war immer wieder verzweifelt, weil sie sie nicht fand. Sie war als Jugendliche gemeinsam mit ihrer Mutter nach Auschwitz deportiert worden, und an der Rampe wurden die beiden voneinander getrennt – seither weiß sie nichts mehr über das Schicksal der Mutter.

Obwohl diese Frau in der Lage war, ein sehr angepasstes Leben in ihrer neuen Heimat USA zu führen – sie war berufstätig und hatte selbst zwei Kinder – kam es im Alter von 70 Jahren zu einer massiven Verschlechterung ihres psychischen Zustands und zu einer späten psychotraumatischen Belastungsstörung, deren massivste Ausprägung die weitgehende Verkennung der Realität und die Suche nach der Mutter war.

Der Wunsch, zumindest ein Todesdatum und einen Sterbeort zu wissen, wurde vielfach ebenfalls verwehrt: »Their expectation of finding lost parents has waned through the years, as have their nightmares« (Kestenberg/Brenner, 1996, S. 34).

Als immer deutlicher wurde, dass das NS-Regime den Krieg verlieren wird, versuchten die Wachmannschaften, die Spuren des Ungeheuerlichen auszulöschen. »(...) mit Baggern wurden die Toten aus den Gruben geholt und auf Rosten aus Eisenbahngeleisen verbrannt. Was übrig blieb, wurde in Knochenmühlen zerstampft. Asche und Knochenreste sind schließlich wieder in die Gruben geschüttet worden« (Betz, 1995, S. 115).

Ziel dieser Aktion war sicher, die Beweise für die eigene Schuld und für das größte Verbrechen gegen die Menschlichkeit zu vernichten. Getroffen hat es aber erneut die Opfer, die so der letzten Informationen über ihre Angehörigen beraubt worden sind.

4.4 Versuche, die Erinnerung zu bewahren: Magische Objekte, Übergangsobjekte

Es galt also für die Menschen, die im Holocaust alle Angehörigen verloren hatten, andere Wege, die Erinnerung aufrecht zu erhalten, zu finden. Andenken, kleine Reliquien, persönliche Gegenstände wurden gesammelt und aufbewahrt. Diese Gegenstände konnten sowohl unbelebt sein als auch lebendig, wie zum Beispiel Haustiere, die die verlorenen Menschen repräsentierten. »For some it was even possible to conjure up memories of early sensory experiences that themselves became bridges to lost objects« (Brenner/Kestenberg, 1996, S. 70).

Brenner und Kestenberg sehen darin auch die Verbindung zu den Übergangsobjekten, wie sie Winnicott (1953) beschrieben hat.

Die nach dem Krieg oft sehr schnell neu gegründeten Familien wurden auch zum Ersatz für all die, die verloren waren. Kinder erhielten sehr oft den Namen der ermordeten Angehörigen.

Diese Kinder, die nach dem Krieg geboren wurden, mussten die Funktion von »living links« (Volkan, 1981) (mit-)übernehmen. Indem diese Kinder lebten, hatten die Eltern das Gefühl, ihren ermordeten und »verschwundenen« Geschwistern, Eltern, Tanten und Onkeln, nahe sein zu können. Der Verlust musste nicht mehr so endgültig und damit schmerzlich erlebt werden. Ideen, Fantasien und Wünsche, die in Verbindung mit den verlorenen Angehörigen standen, konnten nun auch auf die Kinder projiziert werden.

Hans Keilson beschreibt die Lebensgeschichte von Esra, der als Zwölfjähriger das Konzentrationslager überlebte, aber seine Familie verloren hat. »Im täglichen Leben hat er offenbar eine andere, seiner Lebensgeschichte angemessenere Lösung gefunden: er küßt seine Kinder zweimal zur Nacht – das zweite Mal von den Großeltern, die er so für einen Moment wieder zum Leben erweckt« (Keilson, 1979, S. 239).

Die neue Generation wurde aber auch als Triumph über die Mörder gesehen, die ja schließlich die Ausrottung aller Juden, Sinti und Roma zum Ziel hatten.

4.5 Vermeiden von weiteren Verlusten

Nach diesen schwerwiegenden und traumatischen Verlusterfahrungen wurde versucht, mögliche weitere Verluste zu vermeiden. Ein sehr berührendes Beispiel hat Judith Kestenberg (1996) dokumentiert.

Als Franziska Oliwa, die nach dem Krieg ein Waisenhaus in Otwock in Polen leitete, wegen einer Infektion am Bein ins Krankenhaus gebracht werden sollte, war dies für die Heimkinder extrem bedrohlich. Sie wollten nicht, dass ihre Bezugsperson weggebracht wird. Die Erfahrung dieser Kinder war, dass geliebte Menschen, die weggeholt worden waren, nie zurückkehrten. Also schickten die Kinder den Rettungswagen, der Franziska Oliwa ins Krankenhaus bringen sollte, fort. Dafür gelang es ihnen, einen Chirurgen, der sie im Waisenhaus operierte, zu organisieren.

> »When we hide, either we disappear from sight or, in a sense, our identity disappears. For many child survivors, disappearance means death, and aging is a road to it. When child survivors speak of their lost childhood, they tell us that the world owes them a new life. They feel betrayed once again when they are faced with becoming older without recompense and without having fulfilled themselves. They are lost again.« (Kestenberg, 1996, S. 152)

4.6 Die Erinnerung, Zeugenschaft und der Wunsch nach Gerechtigkeit

Die enorme Wichtigkeit des Eichmann-Prozesses war nicht so sehr in der Person Eichmanns und seiner Verurteilung zu sehen, als vielmehr darin, dass persönliche Erzählungen des Geschehens in der Öffentlichkeit möglich wurden.

> »Tag für Tag, Woche für Woche, traten Überlebende in den Zeugenstand und erzählten ihre Geschichte. Sie wurden so ausgewählt, dass sie den gesamten Kontinent umfassten. Wie es in der biblischen Überlieferung heißt, war dies ›Ma a' idech – erzähle mir Deine Geschichte!‹ Zum ersten Mal hörte die israelische Gesellschaft, sie schwieg, sie wurde konfrontiert und war ergriffen.«

So beschreibt Yaacov Lozowick (1994, S. 104) die Bedeutung der öffentlichen Anklage gegen Eichmann. Erstmals konnte in einer breiten Öffentlichkeit über das Erlittene gesprochen werden. Etwa drei Jahre zuvor, 1958, hatte Yad Vashem bereits begonnen, die Zeugnisse Überlebender in Israel in großer Zahl zu sammeln und zu dokumentieren.

Die Wiedergutmachung in Deutschland (und Österreich) war schon von der Wortwahl her interessant: Wiedergutmachung impliziert, dass ein Unrecht, das geschehen ist, wieder rückgängig gemacht werden kann.

Lozowick (1994) vergleicht den deutschen Begriff »Wiedergutmachung« mit dem hebräischen »Shilumim«:

> »Der deutsche Begriff Wiedergutmachung, was immer er bedeuten mag, beinhaltet einen deutlichen positiven Aspekt: Schädigungen sind eingetreten, und die Leistung von Zahlungen wird sie irgendwie mildern. Der hebräische Begriff shilumim stammt aus der Bibel und umschreibt eine Form der Strafe. Wiedergutmachung impliziert, das Leiden könne irgendwie gelindert, getilgt oder wiedergutgemacht werden. Das Ziel der Zahlungen ist es, die Opfer zu entschädigen. Shilumim hingegen deutet nicht auf die Schädigung, sondern auf die Verantwortung der Verfolger. Der Zweck der Zahlung ist – im biblischen Original – eher, die Seele des Verfolgers zu retten, als das Opfer zu entschädigen.« (Lozowick, 1994, S. 103)

Die Erkenntnisse und Erfahrungen, die nach 1945 in den Berichten und Therapiebeschreibungen gemacht worden sind, halte ich für die wesentlichsten, um die Psychodynamik und mögliche Wege der Bewältigung des persönlichen Schicksals – individuell und als Gruppe – der Angehörigen von »Verschwundenen« verstehen zu können. Die Reflexionen und Publikationen zum Thema Holocaust/Shoa stellen daher eine wesentliche Grundlage dieser Arbeit dar.

Wenn ich mich nun als nicht-jüdische Österreicherin diesem Thema nähere, verspüre ich eine gewisse Scheu. Ich möchte mich hier aber an Heidelberger-Leonard (1996) halten, wenn sie über das Geschichtsverständnis von Ruth Klüger, die selbst als Kind den Holocaust überlebt hat, schreibt:

> »Klüger weiß, daß Teile dessen, was in den KZs geschah, sich vielerorts wiederholen (…). Wer verstehen will, muß vergleichen können. Vergleiche – wir sagten es schon – sind keine Gleichungen, im Gegenteil, erst der Vergleich bringt die Unterschiede hervor. Klüger spricht von Brücken, die sie von Einmaligkeit zu Einmaligkeit schlagen will, und wählt somit ein einleuchtendes Sprachbild, weil es die Bedeutung der Einzigartigkeit des Geschehens für das Individuum (…) mit der geschichtlichen Vergleichbarkeit zu verbinden weiß.« (Heidelberger-Leonard, 1996, S. 67f.)

5   »Verschwindenlassen« im Krieg

Menschen, die in Kriegsgebieten leben und dort mit dem plötzlichen »Verschwinden« eines oder mehrerer Angehöriger konfrontiert sind, haben so gut wie nie die Chance, sich mit ihren Fragen und ihrer Verzweiflung an öffentliche Stellen zu wenden. Oft sind auch die einfachsten Mittel der Suche durch anhaltende Kriegshandlungen und Terror unmöglich und lebensgefährlich.

Auch nach dem Ende des Zweiten Weltkriegs gab es zahlreiche Kriegsschauplätze. Stellvertretend sollen hier – in chronologischer Reihenfolge – vier Beispiele skizziert werden:

1. In Kambodscha kam es in den Jahren 1975–1979 zur Ermordung von bis zu zwei Millionen Menschen der eigenen Bevölkerungsgruppe – einem »Autogenozid« (Staub, 1989). Die Rote Khmer versuchte mit allen Mitteln einen idealen Staat aufzubauen und tat dies unter anderem, indem alle »Volksfeinde« ausgemerzt wurden. Diese Strategie traf willkürlich und unwillkürlich alle Teile der Bevölkerung.

2. In Sri Lanka herrschte zwei Jahrzehnte lang Bürgerkrieg. Die schlimmste Phase erlebte das Land 1988–1990, als mehrere verschiedene Konflikte gleichzeitig tobten. In dieser Zeit sind Zigtausende Menschen »verschwunden«. Der Freibrief an Polizei und Armee, Leichen beseitigen zu dürfen, hat die Spurensuche nach den »Verschwundenen« massiv erschwert und zum Teil unmöglich gemacht.

Durch die Flutkatastrophe vom 26. Dezember 2004 kommt es in den vom Krieg stark betroffenen Regionen des Inselstaates erneut zum Tod von Tausenden Menschen und zum »Verschwinden« zahlreicher Opfer, die ins Meer gespült worden sind oder deren Körper ohne Identifizierung in Massengräbern beerdigt oder verbrannt worden sind.

3. Auch der Krieg in Bosnien war vom »Verschwinden« von Menschen mitgeprägt. Das schrecklichste und bekannteste Beispiel dafür ist wohl das Massaker von Srebrenica, wo unter der Präsenz von UN-Soldaten ca. 8.000 Männer aus den Augen und damit dem Schutz der internationalen Öffentlichkeit »verschwanden«.

4. Anfang des 21. Jahrhunderts sind die Behandlungseinrichtungen für traumatisierte Flüchtlinge in Österreich mit massiv traumatisierten Flüchtlingen aus Tschetschenien konfrontiert. »Verschwindenlassen« ist eine sehr häufige Form der Menschenrechtsverletzung, sei es, um Terror auf die Bevölkerung auszuüben oder auch »nur«, um Lösegeld zu erpressen.

Flüchtlinge aus allen vier beschriebenen Regionen kamen und kommen nach Österreich und ersuchen hier politisches Asyl. Schwer traumatisierte Menschen aus all diesen Regionen brauchen psychotherapeutische Hilfe.

5.1 Beispiel Kambodscha

Ervin Staub (1989) bezeichnet die Zeit von 1975 bis 1979 unter der Roten Khmer in Kambodscha als Autogenozid. Ca. 2 Millionen Menschen starben durch Mord oder an Hunger. Auch wenn in der Literatur über Kambodscha unter der Roten Khmer der Begriff des »Verschwindenlassens« nicht genannt wird, so zeigen doch biografische Erzählungen, dass Verwandte und Freunde immer wieder ohne Abschied »verschwunden« sind.

Nachdem die kommunistische Rote Khmer siegreich aus dem Bürgerkrieg hervorging, wollte sie den perfekten kommunistischen Bauernstaat aufbauen. Die Städter mussten in kürzerster Zeit Phnom Penh und anderen Großstädte verlassen und aufs Land ziehen. Drei Millionen Menschen waren so gleichzeitig auf den Straßen, was natürlich zu massiven Versorgungsengpässen und hygienischen Problemen führte. »They proceeded to evacuate the city, killing on the spot some who did not follow orders and driving others from their homes and even from hospital beds. Many died on the way out of the city« (Staub, 1989, S. 191).

Menschen einer Volksgruppe haben die Angehörigen ihrer eigenen Gruppe (Khmer) aus oft nicht nachvollziehbaren Gründen ermordet. »The killings were not entirely systematic. There were more in some parts of the country than in others, more during certain periods than others (…). They were killed for the slightest infraction of many and stingent rules, sometimes without warning« (Staub, 1989, S. 11).

Wenn Angehörige »verschwanden«, gab es so gut wie keine Möglichkeit, nach ihnen zu fragen oder gar zu suchen. Meist musste mit der Ermordung gerechnet werden, aber es konnte auch sein, dass Menschen einfach in andere Lager verlegt wurden.

Loung Ung (2000) beschreibt diese Zeit, die sie als Kind überlebte. Eines Tages wird ihr Vater von Soldaten abgeführt. Auch wenn er angeblich nur für einen Hilfsdienst geholt wird, befürchtet die ganze Familie, dass dies ein Abschied für immer sein wird.

> »Dann kommt Papa heraus. Im Angesicht der Soldaten nimmt Papa die Schultern zurück. Zum ersten Mal seit der Machtübernahme der roten Khmer steht er gerade. (…) ›Wann kommst du zurück, Papa?‹ frage ich ihn. ›Er wird morgen früh wieder da sein‹, antwortet einer der Soldaten an Papas Stelle. ›Macht euch keine Sorgen, er kommt zurück, bevor ihr ihn vermisst habt.‹ (…) Dann geht Papa, einen Soldaten zu jeder Seite. Ich stehe dort und winke ihm hinterher. (…) Als ich Papa nicht mehr sehen kann, drehe ich mich um und gehe in die Hütte, wo Mama weinend in einer Ecke sitzt… Im Herzen kenne ich die Wahrheit, aber mein Verstand kann die Wirklichkeit dessen, was geschehen ist, nicht fassen.« (Ung, 2000, S. 155f.)

Die ersten Tage verbringt die Familie mit Warten.

> »Wir sitzen schweigend zusammen auf den Stufen und warten auf ihn. Wortlos
> suchen wir die Felder nach seiner zurückkehrenden Gestalt ab. Wir wissen alle,
> dass Papa nicht zurückkommen wird, aber niemand traut sich, das laut zu sagen,
> weil es unsere hoffnungsvollen Illusionen zerstört.« (ebd., S. 15)

Die Familie lebt zwischen Hoffnung und Verzweiflung. Da es immer wieder
zu Gräueltaten kommt, wissen auch die sehr kleinen Kinder, was das Abholen
durch Soldaten bedeuten kann.

Ung beschreibt sehr eindrucksvoll, wie das Wissen über den Terror und
das Nicht-Wissen über das Schicksal des Vaters sich zu quälenden Gedanken,
Träumen und Fantasien verdichteten:

> »In meinem Kopf jagen sich Bilder von Tod und Exekutionen. Ich habe viele
> Geschichten darüber gehört, wie die Soldaten ihre Gefangenen töten und wie sie
> die Leichen in große Gräber werfen. Wie sie ihre Gefangenen foltern, ihnen den
> Kopf abschlagen oder ihnen die Schädeldecke mit Äxten einschlagen, um keine
> kostbare Munition zu verschwenden. Ich kann nicht aufhören, an Papa zu denken.
> Ob er würdevoll gestorben ist oder nicht. Ich hoffe, dass sie ihn nicht gefoltert
> haben.« (ebd., S. 161)

Obwohl die Familie sich fast sicher ist, dass der Vater ermordet worden ist,
klammert sie sich doch immer wieder an die Hoffnung, dass er vielleicht
doch noch am Leben ist. Loung Ung schreibt in ihren Erinnerungen, das
Gebet, dass sie als damals Siebenjährige gebetet hat:

> »Liebe Götter, Papa ist ein gläubiger Buddhist. Bitte helft meinem Papa, nach
> Hause zurück zu kehren. Er ist nicht böse, er will anderen nichts zuleide tun. Wenn
> ihr ihm helft, wieder zu kommen, tue ich alles, was ihr sagt. Ich werde euch mein
> ganzes Leben widmen. Ich werde euch immer glauben. Und wenn ihr Papa nicht
> nach Hause zurückbringen könnt, dann passt auf, dass sie ihn nicht verletzen. Und
> wenn das nicht geht, passt auf, dass er einen schnellen Tod stirbt.« (ebd., S. 162)

Auch die Mutter und die jüngste Schwester der Familie Ungs »verschwinden«
einige Zeit später. Es wird von ihnen nie wieder ein Lebenszeichen geben.

Diese Familiengeschichte ist leider eine durchaus typische für die Zeit des
Pol-Pot-Regimes in Kambodscha. Kinzie et al. (1998) beschreiben die massiven
Veränderungen, die Kambodscha noch über Jahrzehnte geprägt haben und prä-
gen. Religiöse Konzepte mussten wegen der massiven Verluste und der chronischen Trauer, die das Massensterben verursacht hat, neu hinterfragt werden. Die
so wichtige Identität über die Familie wurde weitgehend zerstört. Da sehr viele

Männer ermordet wurden, waren Frauen gezwungen, die Rolle der Alleinerzieherin zu übernehmen, ohne kulturell darauf vorbereitet worden zu sein.

Die überlebenden Familienmitglieder klammerten sich oft angstvoll aneinander.

> »Surviving family members need to remain particularly close to each other for emotional and physical survival. Anything affecting that closeness may be seen as a threat that can reawaken frighteningly vivid memories of prior losses. This threat may be perceived even in positive transitions, such as marriage, or the move to another city for a better job opportunity.« (Kinzie et al., 1998, S. 213)

Kambodschanische Flüchtlingsfamilien haben fast immer Familienmitglieder verloren. »Children arrived in small family groups, very often with no adult males (they had been killed), and almost always had other ›missing‹ family members whose whereabouts had been unknown for years« (ebd., S. 213).

40 Jugendliche, die als Flüchtlinge in die USA gekommen waren, wurden von der Gruppe von Kinzie 1984, 1987 und 1990 untersucht. Zum ersten Zeitpunkt der Untersuchung litten 50% unter PTSD, und 50% erfüllten alle Diagnosekriterien für Depression. Drei Jahre später waren diese Werte nur unwesentlich besser: Nach wie vor litten 48% an PTSD und 47% an Depressionen. Hingegen zeigte sich eine wesentliche Verbesserung der Depression nach weiteren drei Jahren: Während weiterhin 38% an PTSD litten, war die Depressionsrate auf 6% gesunken. Die Jugendlichen, die mit ihren Familien lebten, hatten dabei geringere PTSD-Werte als die, die in Heimen untergebracht waren. 72% der Jugendlichen in der Studie fühlten sich durch die Sorge um in Kambodscha gebliebene Verwandte stark belastet.

Dies entspricht der politischen Realität des heutigen Kambodschas. Die meisten Roten Khmer, die überlebt hatten, sind in die kambodschanische Gesellschaft integriert, und viele von ihnen nehmen sogar leitende Funktionen ein (Panh, 2004; Scheffer, 2002).

> »Kambodschanische und ausländische Juristen sind sich darin einig, dass eine umfassende Aufarbeitung des Genozids schlicht unmöglich ist und das Land außerdem stark destabilisieren würde. Viele ehemalige Rote Khmer besetzen heute wichtige Posten in Armee, Verwaltung und Regierung, und eine konsequente Abrechnung mit der Vergangenheit würde wohl weit über die Hälfte der politischen Klasse des Landes betreffen.« (Panh, 2004, o.A.)

Der Regisseur Rithy Panh hat einen Beitrag zur Konfrontation und Aufarbeitung der Geschichte der Gewalt in Kambodscha in einem Film über das Todeslager S 21 versucht (siehe dazu Kap. III. 3.1).

5.2 Beispiel Sri Lanka

»There is a simple shortage of reliable documentation on the effects – both individual and collective – of a decade and a half of war in these areas. Similarly, little is known about the effects of the violence in the south«, heißt es in einem Artikel über Sri Lanka im American Psychologist im Juli 1998 (Rogers et al., 1998, S. 772).

In einem Land, in dem Psychologie sich erst langsam als Wissenschaft zu etablieren beginnt und in dem ein international wenig beachteter Bürgerkrieg wütete, gibt es sehr wenig Information und noch weniger Studien über die psychischen Auswirkungen des Terrors. Engagierte Projekte zur Selbsthilfe und auch von internationalen Organisationen gestützte Rehabilitierungsprogramme beziehen sich meist auf »psychosoziale« Aspekte, wie Weiterbildung für Witwen bzw. Frauen von »Verschwundenen«, Bildung für die Kinder etc., und nur in wenigen Fällen wird psychologische Beratung und Psychotherapie angeboten.

In Sri Lanka wurde »Verschwindenlassen« im Krieg als Kampf- und Druckmittel von den verschiedenen Kriegsparteien angewandt. In der schlimmsten Phase des Bürgerkriegs in den Jahren 1988 bis 1990 »verschwanden« bis zu 60.000 Menschen (Black, 1999). Der Großteil von ihnen waren junge Männer im Alter zwischen 15 und 35 Jahren. Damals kam es zwischen der singhalesisch-chauvinistischen »Volksbefreiungsfront« (JVP – Janantha Vimukthi Peramuna) und der damaligen Regierung unter Premierminister Premadasa (UNP) zu schweren Auseinandersetzungen. Der brutale Versuch der JVP, durch Destabilisierung des Landes die Regierung zu stürzen, wurde von den Regierungskräften mit noch größerer Brutalität beantwortet. An Straßenrändern und in Flüssen wurden in dieser Zeit bis zur Unkenntlichkeit verstümmelte Leichen in großer Zahl aufgefunden.

> »Wir haben hier in den letzten Jahren so viele auf Pfählen aufgespießte Köpfe gesehen. Vor zwei Jahren war es am schlimmsten. Man sah sie frühmorgens, wenn jemand nachts zugeschlagen hatte, bevor ihre Familien davon erfuhren und sie herunterholten und nach Hause brachten. In Hemden eingewickelt oder einfach im Arm. Irgend jemandes Sohn. Es traf die Leute ins Herz. Nur eines war noch schrecklicher: wenn ein Familienmitglied sang- und klanglos verschwand, ohne jede Spur seiner weiteren Existenz oder seines Todes«,

heißt es im Roman »Anils Geist« (Ondaatje, 2001, S. 196f.), wo die Jahre des schlimmsten Terrors in Sri Lanka thematisiert werden.

Nach der Verhaftung und dem mysteriösen Tod des JVP-Führers Rohan Wijeweera im November 1989 gelang der Regierung die Zerschlagung dieser

Gruppe. Die Menschenrechtsverletzung des »Verschwindenlassens« ging auch danach weiter, wenn auch bei weitem nicht mehr eine so große Zahl von Personen davon betroffen war.

Es muss davon ausgegangen werden, dass von den Personen, die bis 1990 »verschwunden« sind, niemand mehr am Leben ist. Tausende bis zur Unkenntlichkeit verstümmelte Leichen wurden damals aufgefunden und anonym bestattet. Die Notstandsgesetze erlaubten den Regierungskräften in dieser Zeit, die Beseitigung von Leichen ohne Obduktion. Zurückgeblieben sind Zehntausende Eltern, Frauen und Kinder, die bis heute keine Gewissheit darüber haben, was mit ihrem Sohn, ihrem Mann, ihrem Vater geschehen ist.

Der Bürgerkrieg in Sri Lanka dauerte fast zwei Jahrzehnte (1983–2002), und in der gesamten Zeit »verschwanden« immer wieder Menschen. Betroffen davon waren alle Bevölkerungsgruppen; verantwortlich dafür waren und sind fast alle Konfliktparteien.

Die Hoffnung, einen der so »Verschwundenen« lebendig wiederzusehen, ist nach »objektiven« Kriterien sinnlos – aus psychologischer Sicht aber durchaus verständlich.

5.2.1 Die machtlosen Frauen der »Verschwundenen«

Selvy Thiruchandran (1999) untersuchte die Situation der Kriegswitwen im Osten Sri Lankas. Die Männer waren zum Teil durch die Armee oder andere militärische Gruppen ermordet worden, sie haben – meist auf Grund der schwierigen ökonomischen Situation – Suizid begangen oder sie sind »verschwunden«.

Thiruchandran weist in ihrer Studie darauf hin, dass die Frauen in einer konservativ patriarchalen Gesellschaft in doppelter Weise machtlos sind: »In fact, power emanates both from the auspiciousness of the living husband, which offers social and personal power to the women in the society in which they are living, and from the economic power which is the class position of the woman. Widows lack both powers« (Thiruchandran, 1999, S. 92).

In vielen Fällen werden die Frauen stigmatisiert. Als tamilische Frauen sind sie für das »Karma«, also das Schicksal ihres Ehemannes, verantwortlich. Damit sind diese Frauen und ihre Kinder einem Vorurteil ausgesetzt, das so irrational ist, dass es kaum eine Möglichkeit des Widerspruchs gibt.

Mütter, deren Männer tot oder »verschwunden« sind, fühlen sich schuldig, weil sie nicht in der Lage sind, ihre Kinder vor diesen Vorurteilen zu schützen und sie auch den ökonomischen Standard der Familie nicht halten können. »The mothers felt that they were inadequate for the ideal of motherhood. They felt guilty that they were not living up to expected social standards« (ebd., S. 90).

Die Kinder reagieren sehr oft mit Zorn und Aggression auf ihre Mütter und geben ihnen die Verantwortung, für das »Verschwinden« des Vaters und die Verschlechterung der Lebenssituation in der Familie.

> »The children had often reacted with a lot of hostility and bitterness towards the mothers and the mothers had a lot of emotional outbursts – they cried, sobbed when they related the many episodes of the revolt of the children. Disobedience of the children they felt was the worst behaviour but the verbal attack of the children caused them even more pain (...).
> ›If appa (father) were alive, he would give rice (food). You are starving us. You have no job, no money. We have no education. What kind of a mother are you. To go to school we have no shoes. When we come home we have no food.‹
> ›Why did you give birth to us. Give us rice or squeeze our necks and kill us.‹
> (...) A few of them even beat the mother.« (Thiruchandran, 1999, S. 89)

Die Armut, in die viele vaterlose Familien, nach dem Tod oder »Verschwinden« des Vaters stürzen, wird als eines der größten Probleme dieser Familien angesehen.

5.2.2 Lebenslängliche Unklarheit für die Frauen der »Verschwundenen«

Dabei haben Familien, in denen der Tod des Vaters Gewissheit ist, die Möglichkeit, zumindest geringe staatliche Witwen- und Waisenpension zu erhalten. Familien, in denen der Vater »verschwunden« ist, sind von dieser Möglichkeit ausgeschlossen. Auch der soziale Status bleibt ungeklärt.

Ich möchte dies anhand der Geschichte einer jungen Frau, die mir bei meinem Aufenthalt in Sri Lanka im März 1996 begegnet ist, illustrieren:

M., eine sechsundzwanzigjährige moslemische Frau, steht kurz vor ihrer Wiederverheiratung. Ihr erster Mann ist nur wenige Monate nach ihrer Heirat vor acht Jahren während einer nächtlichen Razzia gemeinsam mit vielen anderen jungen Männern verschleppt worden und seither »verschwunden«. Die damals 18-jährige M. war damit weder Ehefrau noch Witwe. Von ihrem Mann hat sie in den letzten acht Jahren nie wieder etwas gehört. Sie möchte jetzt einen neuen Lebensabschnitt beginnen und einen jungen Arzt, den sie bei ihrer Arbeit kennen- und lieben gelernt hat, heiraten. Aber sie quält sich noch immer mit der Frage, was wäre, wenn ihr erster Mann doch noch am Leben ist.

(Eine Parallele dazu stellt auch das Nachkriegseuropa dar: Von Zigtausenden Männern, die in Kriegsgefangenschaft geraten waren, gab es kein Lebenszeichen.) Als moslemische Frau in Sri Lanka fällt M. auf: Sie trägt ihre Witwenschaft ständig für alle sichtbar in Form eines schwarzen Tschadors, wie er eigentlich in fundamentalistisch-islamischen Ländern üblich und in Sri

Lanka äußerst selten zu sehen ist. Auch nach ihrer erneuten Heirat will sie weiter den Schleier tragen und nicht wieder zum ortsüblichen Sari wechseln. Mit diesem äußeren Zeichen ihrer Trauer geht sie den Kompromiss zwischen Trauer und Loyalität ihrem ersten Mann gegenüber und ihrer Liebe zu ihrem zweiten Ehemann ein.

M.'s erster Ehemann wurde wegen seiner Herkunft und Religion verschleppt und ist seither »verschwunden«. Wie in allen Kriegen gibt es aber auch in Sri Lanka Soldaten, von denen nach Kampfhandlungen jede Spur fehlt (Missing-in-Action). Piyanjali de Zoysa von der Universität in Colombo hat 2.000 Frauen von verschollenen Soldaten befragt. Er fasst die Ergebnisse der Studie, an der 22 Ehefrauen teilgenommen haben, zusammen:

> »Young wives of soldiers who are gone missing-in-action may feel guilty about getting attracted to other men and would be in a dilemma as to whether to assume a new relationship, as that would mean that she has considered her husband to be dead.
> In the conservative Sri Lankan society, this would generally have adverse implications for the woman, as her in-laws and the community to which she belongs tend to frown upon such behaviours. (...) all 22 of the wives of soldiers (...) indicated that one of their main problems was having to wait in hope ›for ever‹ that the husband would return one day.
> These women degraded because also had fears about their future, especially in regard to concerns about their personal security in relation to the possibility of future marriage, inability to ward off unwanted sexual advances from other men and a feeling of there husband had disappeared. The wives were also concerned about the future welfare of their children and of not being able to make long term plans.« (De Zoysa, 2001, S. 205)

Ein bemerkenswerter Schritt zur Bewältigung dieses landesweiten Traumas wurde 1995 mit der Einsetzung von drei Kommissionen zur Aufklärung von »Verschwundenen -Fällen« gesetzt. 8.543 Fälle von »verschwundenen« Personen wurden in den Kommissionen innerhalb des ersten Jahres bearbeitet. 1.297 dieser Personen waren zum Zeitpunkt ihres »Verschwindens« unter 19 Jahre alt gewesen (Fernando, 1998, S. 6).

Durch die Anerkennung der Kommission wurde der Tod des »Verschwundenen« bestätigt und die Angehörigen bekamen einen Totenschein ausgestellt. Damit verbunden war der Anspruch auf finanzielle Entschädigung. Dies verbesserte die soziale und finanzielle Situation von Tausenden Witwen und Halbwaisen.

Die Mitglieder der Kommissionen waren nahezu überrumpelt von der großen Anzahl an Anfragen. Fünf bis sieben Jahre nach dem »Verschwinden«

des Angehörigen war das Bedürfnis nach Aufklärung für viele Eltern, Frauen und Kinder enorm groß. Die Kommissionen waren von der neuen Regierung eingesetzt, die nicht mehr für das »Verschwinden« verantwortlich war, und damit genug Vertrauenswürdigkeit besaß, sie mit der Aufklärung des Schicksals von nahen Angehörigen zu beauftragen.

Erforderlich wäre darüber hinaus auch die Bestrafung der für das »Verschwindenlassen« Verantwortlichen. Das erscheint als eine kaum verwirklichbare Forderung. »The commissions have made their recommendations, but no legislation has been considered for implementing them«, analysiert Black (1999, S. 8) nüchtern. Sie zieht den Schluss, dass die Regierungsverantwortlichen und Beamten so tief in diese Menschenrechtsverletzungen verwickelt sind, dass eine Aufklärung nur mit externer Hilfe möglich wäre.

> »Even when officers have been transferred, the structural damage to the system has thwarted the search for the truth (…). The result of the government's use of the entire legal enforcement machinery in its campaign of mass disappearances is a system that cannot recover without outside assistance.« (ebd., S. 8)

Aber das »Verschwinden« von Personen ging, wenn auch im geringeren Ausmaß, weiter. »(…) it was ›alarmed at the recent re-emergence of the systematic practice of enforced disappearance in Sri Lanka.‹ It also noted that it is the country with the highest number of disappearances reported to have occurred in 1997«, beschreibt Amnesty International die Situation (1998).

Während 1988 bis 1990 vor allem im Süden des Landes Menschen in großer Zahl »verschwunden« sind, waren die Menschen von diesem Mittel des Terrors im Hauptkonflikt zwischen der Mehrheit der Singhalesen und der Minderheit der Tamilen im Norden und Osten des Inselstaates ständig bedroht.

Die zunehmende Kriegsgefahr Ende 2005 führte zur Verschlechterung der Menschenrechtssituation und zu einem erneuten Anstieg von »Verschwindenlassen«. Die Asian Human Rights Commission berichtet von 20 Personen, die im Dezember 2005 in Sri Lanka »verschwunden« sind (AHRC, 2006).

5.2.3 Die Suche nach »Verschwundenen« – jenseits der erklärbaren Welt

Betroffene Angehörige suchen auch in der Religion und in übernatürlichen Phänomenen und Methoden Antworten auf ihre Fragen nach den »Verschwundenen«. Daya Somasundaram und C. S. Jamunantha von der Universität in Jaffna im Norden Sri Lankas beschreiben die Suche einer Familie nach ihrem »verschwundenen« Sohn und Bruder. Nachdem alle Nachforschungen bei nationalen und internationalen Stellen keinen Erfolg haben, versuchen sie mit Hilfe von Orakeln etwas über den Verbleib des jungen Mannes zu erfahren. Die Hoffnung, die ihnen dort immer wieder gemacht wird, treibt die Familie von Tempel zu Tempel. Die Ambivalenz zwischen Hoffnung und Verzweiflung wird aber in der ständigen Verschlechterung des Gesundheitszustandes mehrerer Familienmitglieder sichtbar:

> »A 30yr old gentleman (…) was arrested in mid August, 1996 at Chemmany while he was cycling to his office in the morning. His parents and three sisters searched for him and learnt he had been arrested by the military forces. They had complained to the Army 512 Brigade, Government Agent, ICRC and Human Right Commission. But nothing was fruitful.
> They went to hear the horoscope from the Sasthirakarran. He told them tat he had the ›bad perio‹. Three months later they went to hear the Vaku (oracle) at the Sivahamy Amman Kovil, at Mirusuvil. After performing a ritual, She said that he is living in the South. Six months later, they went to Kokuvil, where the Oracle worshipped Kannan (…), and said that he was living, pray to Lord Kannan. (To date they have continued to pray to Lord Kannan). Later, they went to another oracle at Alaveddy where also they were told that he was living. Meanwhile, the mother got sick, lost her appetite, found it difficult to speak and died one year later. Father also became depressed and started to neglect his self-care. Sister also has poor concentration in her normal work. But they said with tears that they are praying that on day their beloved one might come back.« (Somasundaram/Jamunanantha, 2002, S. 244)

Die Suche nach dem »verschwundenen« Sohn und Bruder war mit »irdischen« Mitteln erfolglos geblieben, aber auch die übernatürlichen Orakel und Weissagungen geben keine Antwort über den Verbleib des »Verschwundenen«. Die Gefahr, dass verzweifelte Menschen auf ihrer Suche nach Angehörigen missbraucht werden, ist groß, und steigt, umso weiter sich die Suche von überprüfbaren Wegen und Mitteln entfernt.

Die Chance, Menschen durch die streng wissenschaftlichen Methoden der Exhumierungen und Forensik Klarheit über den Tod ihrer Angehörigen zu geben, wird in Sri Lanka sehr wenig genutzt. Es scheint kein politisches Interesse an der Aufarbeitung der Geschichte – und damit an Klarheit für die Angehörigen – zu geben.

Dafür gibt es in den Regionen, in denen Ende der 80er Jahre des vorigen Jahrhunderts zahlreiche Menschen »verschwunden« sind bzw. wo zahlreiche bis zur Unkenntlichkeit verstümmelte Leichen aufgetaucht sind, neue »Geistergeschichten«. Sasanka Perera zitiert als Beispiel dafür eine dieser Geschichten, die in der Zeitung »Irida Lankadipa« am 8.11. 1992 veröffentlicht wurde:

»One day when a group of fishermen were fishing in this vicinity they heard some terrible sounds from atop the rock. Then suddenly a well-built man wearing a black jacket and a hat appeared. Making a loud noise he jumped into the sea. After a while the fishermen saw the man climb on to the rock again. Then another man appeared and both of them jumped into the sea. The fishermen returned home and consumed a fish curry made out of the fish they had caught. That night all three started purging. Their excrement was black. – Other fishermen have seen groups of strangers sailing towards them in the darkness who disappear before contact can be made.« (zit. n. Perera, 1999, S. 95)

An dieser Stelle waren einige Jahre zuvor vier junge Leute, die sich versteckt hatten, erschossen und ihre Leichen ins Meer geworfen worden.

S. Perera sieht in dieser Form der »Geistergeschichten« Formen der Erinnerung an die »Verschwundenen« und zugleich einen Ausdruck der Überlebensschuld.

»More importantly I would also suggest that it is also an expression of their own personal guilt. In other words, despite being alive, they could not prevent the deaths of many in their community (...). As we know, in the context of the terror in the south, floating bodies in rivers or the sea were one of its most enduring legacies. Thus the fishermen clearly ate tainted fish, fish that had fed upon humans, possible members of their own community.« (ebd., S. 96)

Ähnliches wurde kurz nach dem Tsunami berichtet (Der Standard, 2005). Der Fischmarkt brach in den Wochen nach der Flutkatastrophe vollkommen zusammen. Niemand kaufte Fisch, da es sehr wohl möglich war, dass Fische sich vom Fleisch der ins Meer gespülten Menschen ernährt hatten.

Das Thema des »Verschwindenlassens« in den letzten Jahrzehnten steht selten im Zentrum von Reflexionen und Überlegungen in Sri Lanka, wird aber gerade in der jungen Disziplin der Psychologie als eine Dimension in der jüngsten Geschichte des Landes mehr und mehr mit gedacht.

5.2.4 Die Flutkatastrophe vom Dezember 2004

Während ich diese Arbeit verfasste, erschüttert die Flutkatastrophe nach dem Tsunami vom 26. Dezember 2004 Sri Lanka und andere Länder in Asien und Afrika. Erneut muss der Tod von vielen Menschen verkraftet werden und erneut sind Menschen – wenn auch diesmal durch Naturgewalt – »verschwunden«.

Das Rote Kreuz richtete am 29. Dezember 2004 eine Homepage ein, auf der es möglich war, nach vermissten Angehörigen zu suchen. Nach nur drei Stunden war die Kapazität der Homepage ausgelastet – dieses neue elektronische Instrument wurde massiv genutzt und stellte eine wertvolle Hilfe bei der Suche nach »Verschwundenen« dar.

Im Zuge der Berichterstattung hieß es, dass es in Österreich zehn Jahre dauert, bis eine vermisste Person für tot erklärt werden kann. In Sri Lanka geschieht dies meist nie. Dies war und ist bereits für die vielen Frauen, deren Männer im Kriegsgeschehen »verschwunden« sind, ein massives Problem, und es ist zu befürchten, dass dies nun für die Gruppe derer, die ihre EhepartnerInnen in der Flutkatastrophe verloren haben, ebenfalls Gültigkeit haben wird.

Phasen des Umgangs mit dem »Verschwinden« von Angehörigen
Dieses Unterkapitel ist einige Monate nach der Fertigstellung der Dissertation entstanden und nimmt Bezug auf die aktuellen Ereignisse des Jahres 2005. Nachdem der Tsunami vom 26. Dezember 2004 weite Teile der Küstenregionen Sri Lankas verwüstet hatte und dabei über 30.000 Menschen gestorben bzw. »verschwunden« sind, habe ich im Februar und im Sommer 2005 vor allem in der Aus- und Weiterbildung von so genannten »Barefoot Counsellors« in verschiedenen Regionen des Inselstaates gearbeitet.

Unter Barefoot Counsellor versteht man junge AusbildungskandidatInnen die im psychosozialen Bereich arbeiten, aber bisher über sehr wenig Ausbildung verfügen. Sie arbeiten unter Anleitung eines erfahrenen Psychologen bzw. psychologischen Beraters.

Sri Lanka verfügt über eine sehr geringe psychologische oder psychiatrische Versorgung. So stellen diese Laien, die für die Arbeit angelernt worden sind, oft die einzige Möglichkeit dar, psychologische Beratung anbieten zu können.

In zwei Regionen haben wir in Kooperation mit lokalen NGO's mehrjährige Trainingsprogramme zur Ausbildung zu psychologischen BeraterInnen (Counsellors) erarbeitet. Diese Ausbildungen erfolgen berufsbegleitend, da auf Grund der Schwere der Naturkatastrophe und des vorangegangen Krieges die Ausbildung mit der praktischen Arbeit mit den Flüchtlingen kombiniert werden muss.

In der Arbeit mit psychologischen BeraterInnen, LehrerInnen und SozialarbeiterInnen in Sri Lanka einen bzw. dann sieben Monate nach der Katastrophe und in der Reflexion und Analyse der präsentierten Fallgeschichten kristallisierten sich mehrere gemeinsame Punkte heraus, die auch weitgehend mit den weiter hinten beschriebenen Fallgeschichten übereinstimmen. Ich habe für die Trainingsprogramme daraus ein Phasenmodell erarbeitet und darauf basierend Hilfestellungen für die Counsellors.

Dabei überlappen sich diese Phasen sehr oft, und nicht alle Phasen treten bei allen Betroffenen auf. Trotzdem bin ich der Meinung, dass dieser Phasenverlauf hilfreich zum Verständnis der Reaktionen auf das »Verschwinden« von Angehörigen sein kann.

1. Phase: Chaos und Verstörung
In den ersten Stunden und Tagen nach dem Tsunami waren die Menschen hauptsächlich damit beschäftigt, das persönliche Chaos, in das sie die Katastrophe gestürzt hat, zu ordnen und für sich und die Familienmitglieder, die bei ihnen waren, das Lebensnotwendigste zu organisieren. Teilweise standen auch die Behandlung eigener Verletzungen und die medizinische Versorgung von verwundeten Angehörigen im Mittelpunkt. In dieser Zeit ist die Hoffnung, dass die »verschwundenen« Personen von sich aus aktiv die Suche aufnehmen und einfach wieder »auftauchen« sehr groß.

Die Suche nach den »Verschwundenen« setzte aber ziemlich bald ein. In manchen Fällen waren es nur Stunden, in anderen einige Tage bis Wochen.

2. Phase: Die Suche nach den »Verschwundenen«
Die Suche begann meist, sobald die physische und psychische Lage es erlaubt, das heißt nach der Überwindung der Schockreaktion und nachdem eine Grundorientierung wieder vorhanden war. Allerdings wurde die Dimension der Katastrophe in den schwer betroffenen Regionen erst langsam sichtbar und die Realisierung, auf wie vielen Ebenen das Leben sich verändert hatte, kostete den Überlebenden viel Aufmerksamkeit und Energie in der Verarbeitung.

Krankenhäuser, Plätze, an denen Leichen zusammengetragen wurden, Zelte, in denen Bilder von Todesopfern ausgestellt wurden, waren Anlaufstellen für die Angehörigen in den ersten Tagen und Wochen. In dieser Zeit war es wichtig, alle Informationen zusammenzutragen und auf die Möglichkeit, ob sie etwas über die eigenen Angehörigen aussagen, zu überprüfen.

3. Phase: Gefangen zwischen Hoffnung und Hoffnungslosigkeit – die Unmöglichkeit, den möglichen Tod zu denken
Jeder kleinste Hinweis, dass die vermissten Angehörigen noch am Leben sind, wurde genau gehört und gab wieder Anlass weiterzusuchen. Sehr vage und ungenaue Angaben wurden oft das Zentrum der Hoffnung.

Wochen und Monate nach dem Tsunami verharrten Familien in der beharrlichen Suche nach Angehörigen. Sie waren nicht in der Lage, die Möglichkeit des Todes nur anzudenken. Viel Energie und auch finanzielle Ressourcen werden in die Suche nach dem »Vermissten« gesteckt. Das gesamte Lebensziel scheint sich ausschließlich auf das Wiedersehen mit den »Vermissten« zu konzentrieren.

4. Phase: Klammern an die Hoffnung
Viele Menschen sind Monate nach dem Tsunami ökonomisch, körperlich und auch psychisch von der Suche nach ihren Angehörigen erschöpft. Einige sind sehr wütend und aggressiv. Sie fühlen sich von den Behörden, Nachbarn

und der Familie im Stich gelassen. Sie meinen, dass sie in ihrer Suche von allen im Stich gelassen werden. Wenn sie auf mehr Kooperationsbereitschaft stießen, würden die Angehörigen schon gefunden werden. Andere reagieren immer wieder mit Phasen tiefer Traurigkeit und Verzweiflung.

Jede Andeutung, dass die »Vermissten« tot sein könnten, wird energisch zurückgewiesen oder mit Aggression beantwortet.

Diese Phase wurde nach dem Tsunami in Sri Lanka vor allem in Fällen von massiven Verlusten (2 bis 7 Familienmitglieder) berichtet.

In einem Fall hat ein Familienvater den Tod seiner Frau und einer Tochter akzeptiert, da entfernte Verwandte die Toten gesehen und bestattet haben. Da es aber von seinen beiden anderen Kindern keine Nachricht gab, ist er überzeugt, dass die Kinder noch am Leben sind und sich in einem der zahlreichen Waisenhäuser irgendwo in Sri Lanka befinden. Er reist seit Monaten durch das Land und sucht in allen Waisenhäusern und Internaten nach den Kindern.

In einem anderen Fall sucht eine Frau noch immer nach ihrem Sohn und ihrem Mann. Den Tod ihrer Tochter hat sie angenommen, da deren Körper, während sie im Krankenhaus war, von ihrem Bruder beerdigt worden ist. Sie sucht vor allem ihren Sohn. Wenn sie in der Stadt ist, schaut sie jeden Buben, der ungefähr im Alter ihres Sohnes ist, genau an, und sie schaut in jedes Auto, weil ja ihr Sohn darin vorbei fahren könnte.

5. Versteckter Trauerprozess

Monate nach dem Tsunami trauern viele Menschen: um die, deren Tod gewiss ist (die Körper wurden gefunden und bestattet oder verbrannt) und in einer langsameren und auch komplizierteren Form um die, die seit der Katastrophe »verschwunden« sind.

Der Prozess ist schwierig, da unklar ist, ob der Verlust endgültig ist. Tatsache aber bleibt, dass die »Verschwundenen« jetzt nicht bei ihren Angehörigen sind. Die Beziehung ist unterbrochen, der Alltag wird nicht gemeinsam gelebt.

Es wird von der Beziehung, die zur »verschwundenen« Person bestand, d. h. von den letzten Begegnungen, von den Plänen für die Zukunft usw., abhängen, ob und wann es möglich ist, den Verlust einer/mehrerer vermissten Person(en) zu akzeptieren und sich selbst ein Leben ohne diese Person(en) zuzugestehen. Es muss aber auch akzeptiert werden, dass Menschen, deren Angehörige verschwunden sind, vielleicht ihr ganzes Leben an diesem Verlust leiden werden.

Ist aber Trauer möglich, braucht das oft Unterstützung von der Umwelt, um den schwierigen Schritt der Akzeptanz des endgültigen Verlusts nicht mit Schuldgefühlen zunichte zu machen.

Richtlinien zur Unterstützung von Angehörigen von »Verschwundenen« für psychologische BeraterInnen (Counsellors) in Sri Lanka
Der Wunsch, möglichst rasch wieder ein »normales« Leben für die Opfer des Tsunami zu ermöglichen, prägt die Workshops mit jungen Counsellors in Sri Lanka. Zu begreifen und zu akzeptieren, dass es keine Heilung – im Sinne von Wiedergutmachung – gibt, war und ist eine gewaltige Herausforderung für die jungen Counsellors, die sehr oft selbst Verwandte und Freunde verloren haben und in ihrer Arbeit fast täglich unmittelbar mit dem Thema konfrontiert sind.

Es zeigt sich jedoch in vielen Gruppenarbeiten und Diskussionen, wie wichtig die Unterstützung für die Angehörigen von »Verschwundenen« gerade wegen dieser Ungewissheit ist.

Was psychologische Beratung (Counselling) leisten kann:

1. Kontinuierliche Begleitung von Angehörigen von »Verschwundenen«
Im Fall eines normalen Todes kennen die verschiedenen Gesellschaften und Religionen Sri Lankas viele hilfreiche und unterstützende Rituale: Nach einem Todesfall kommen Verwandte, Nachbarn und Freunde zusammen, und es gibt klare Regeln, wer in welcher Form den nahen Angehörigen zur Seite steht. Aber selbst über die erste Zeit hinaus gibt es Formen der Unterstützung, die den Übergang in ein Leben ohne die geliebte Person erleichtern sollen. »Verschwindet« eine Person jedoch, treten all diese Regeln und Rituale nicht in Kraft. Unterstützung, die von außerhalb des sozialen Umfelds kommt, wie psychologische Beratung, ist daher oft die einzige Unterstützung, die die Angehörigen von Verschwundenen bekommen können.

Counsellors können durch ihre professionelle Begleitung die Unterstützung der Familie und Freunde wertvoll ergänzen, oder auch ersetzen, wo diese auf Grund der Umstände des Verlustes fehlt. Die Verzweiflung über die Abwesenheit der geliebten Person ist meist sehr intensiv und das soziale Umfeld steht den Angehörigen von »Verschwundenen« nicht zur Verfügung. So kann es der/die psychologische BeraterIn sein, die durch regelmäßige Termine ein Stück Stabilität und Sicherheit bietet, die durch das »Verschwinden« der geliebten Person verloren gegangen ist.

2. Aktives Zuhören – Unterstützung der positiven Erinnerungen
Viele Angehörige wollen über ihre »Verschwundenen« reden, wenn es auch manchmal Zeit braucht. Durch genaues und sensibles Nachfragen können die positiven Erinnerungen an die Person – aus der Zeit vor dem Desaster – unterstützt und gefördert werden. Die Erinnerung an die traumatischen letzten Minuten (z.B. bevor die geliebte Person von einer Welle mitgerissen worden ist) soll durch diese positiven Erinnerungen ein Gegengewicht erhal-

ten und ermöglichen, dass der Angehörige in der ganzen Beziehung erinnert werden kann und nicht nur in der traumatischen letzten Sequenz vor dem »Verschwinden«.

Hilfreich ist es, ein Bild der »verschwundenen« Person anzusehen und Fragen nach dem Hintergrund der Fotografie, dem Alter und der Lebenssituation der Person zum Zeitpunkt der Aufnahme, den anderen Personen, die zu sehen sind, etc. zu stellen, so dass eine gute Erinnerung lebendig werden kann.

3. Erfragen, welche Vorstellungen Angehörige über das Schicksal des »Verschwundenen« haben

Durch behutsame Fragen des/der BeraterIn können sich die Angehörigen von »Verschwundenen« klar werden, was sie selbst über das Schicksal der »verschwundenen« Person glauben. Diese Vorstellung kann sich im Lauf der Zeit verändern und es kann daher hilfreich sein, diese Fragen im Lauf der Zeit öfters zu stellen.

Manchmal werden diese Fragen den Angehörigen von »Verschwundenen« ermöglichen, ihren eigenen inneren Prozess hin zur Akzeptanz des Verlustes wahrnehmen und akzeptieren zu können.

4. Die Vorstellungen der Angehörigen müssen akzeptiert werden

Monate nach dem Tsunami ist die Chance, dass seither »verschwundene« Personen noch leben, minimal. Wenn aber Angehörige nach wie vor an ihrer Überzeugung, dass die »Verschwundenen« noch am Leben sind, festhalten, muss dies akzeptiert werden. Für viele Opfer der Flutkatastrophe scheint das Festhalten an dieser Hoffnung der Grund, warum sie ihren Alltag bewältigen können.

Vor allem Überlebende, die ihre ganze Familie verloren haben, sehen in der Überzeugung zumindest ein Familienmitglied noch lebend zu finden, den ganzen Sinn ihres Lebens.

5. Unterstützung durch Netzwerkarbeit

Die Suche nach den Angehörigen kann durch Netzwerkarbeit unterstützt werden. Organisationen wie das Rote Kreuz haben Instrumente entwickelt, um Angehörigen bei der Suche nach »Vermissten« und »Verschwundenen« zu helfen.

Gerade dort, wo mit dem Tod von »verschwundenen« Angehörigen zu rechnen ist, braucht es oft einige Zeit, bis dieser Schritt unternommen werden kann. Erst dann, wenn die mögliche Nachricht vom Tod des geliebten Menschen verkraftet werden kann, ist eine aktive Suche möglich.

Arbeit mit Familien:

6. Die Kommunikation in der Familie unterstützen

Die überlebenden Familienmitglieder sind oft nicht in der Lage über das Geschehene zu kommunizieren. Sie reden nicht miteinander über ihren Schmerz und ihre Verzweiflung. Im Glauben, die anderen durch ihr Schweigen zu schützen, entsteht eine Familienkultur der Isolation und Vereinsamung. Vor allem Eltern meinen, dass sie ihre Kinder durch ihr Schweigen schützen können.

Es braucht daher oft den professionellen Außenseiter – wie die/den psychologische/n BeraterIn – um über Emotionen reden zu können.

In einem Supervisions-Workshop arbeiten wir am Fall eines Vaters und seines fünfjährigen Sohns. Die schwangere Mutter »verschwand« während des Tsunamis. Der Vater hat seinem Sohn erzählt, dass die Mutter ins Ausland gefahren wäre, um dort das Baby zur Welt zu bringen. Als auch nach sieben Monaten keine Nachricht von der Mutter kam, wurde der Fünfjährige immer wütender auf seinen Vater und die Beziehung gestaltete sich immer schwieriger, bis der Vater um professionelle Hilfe bei einer ausgebildeten Beraterin bat.

Im Workshop waren wir uns alle einig, dass der Vater dem Sohn die Wahrheit sagen muss. Wir erarbeiteten Möglichkeiten, wie dies am besten geschehen könnte. Ein Gespräch zwischen Vater und Sohn in Anwesenheit der Beraterin und möglicherweise eines Priesters wurde vorgeschlagen. Beide – Vater und Sohn – werden auch über dieses Gespräch hinaus Betreuung brauchen, um mit ihrem Verlust umgehen zu lernen. Der Vater wird in diesem Gespräch mit seinem Sohn einen Teil seiner eigenen Hoffnung aufgeben und sich damit selbst der Realität des Verlustes seiner Frau ein Stück weiter nähern müssen. Der Sohn muss lernen, die Nachricht zu verkraften und zu trauern. Das Vertrauen zu seinem Vater wird massiv erschüttert, und es wird Zeit und Unterstützung brauchen, es wieder zu gewinnen.

7. Familien sollen miteinander über ihre Meinungen und Überzeugungen reden

Nachdem einige Zeit seit dem »Verschwinden« vergangen ist, werden Familienmitglieder zu verschiedenen Meinungen und Überzeugungen, was mit den »Verschwundenen« passiert ist, gelangen. Aber sehr oft wird darüber nicht geredet, und es herrscht die Annahme vor, dass alle den gleichen Prozess mit dem gleichen Ergebnis durchmachen. Dies ist natürlich eine Quelle von Missverständnissen.

Counselling kann daher eine Möglichkeit sein, dass Familien miteinander über ihre jeweiligen Überzeugungen reden können. In vielen Familien klammert sich ein Mitglied (sehr oft eines der Kinder) nach wie vor an den Glauben, dass der »Verschwundene« noch am Leben ist und macht den anderen Vorwürfe, dass sie nicht genug in die Suche investieren.

Es ist notwendig für die Familien, über ihre Meinungen und Überzeugungen und wie sie zu diesen gelangt sind, zu reden. Die Anwesenheit eines/r BeraterIn ermöglicht, gegenseitige Vorwürfe und mögliche Aggressionen aufzufangen und das Gespräch in einer konstruktiven Weise führen zu können.

8. Beim Wieder-Aufbau von neuen Familienstrukturen unterstützen
Die menschlichen Verluste im Tsunami waren enorm. Ganze Familien wurden ausgelöscht. Oft haben nur ein, zwei oder drei Familienmitglieder überlebt.

In diesen zerrissenen Familien erleben sich die Überlebenden oft extrem isoliert und einsam. Über die Verluste wird kaum miteinander gesprochen. Die Trauer und die Sehnsucht nach denen, die verloren sind, überdecken oft die Sorge um die, die überlebt haben. Immer wieder wird von Müttern berichtet, die ihre überlebenden Kinder schlecht behandeln, Eltern, die alles in die Suche nach dem »verschwundenen« Kind investieren und dabei die Existenz der überlebenden Kinder kaum wahrzunehmen scheinen.

Gerade hier ist es von enormer Wichtigkeit, dass es professionelle Hilfe von außerhalb der Familie gibt. Wir haben in unseren Workshops viel Zeit verwendet, um solche zerbrochenen Familien zu analysieren und daraus Konzepte zu entwickeln, wo jeweils die Beratung ansetzen muss: bei der Familie als ganzes oder bei einzelnen Familienmitgliedern.

Da alle Counsellorgruppen in Sri Lanka so organisiert sind, dass immer mehrere Counsellors gemeinsam arbeiten, ist es möglich, für verschiedene Familienmitglieder eigene Angebote zu machen.

Ziel dieser Interventionen ist, dass die zerbrochenen Familien lernen, wieder Familien zu sein, das heißt, sich gegenseitig zu unterstützen und füreinander da zu sein.

9. AlleinerzieherInnen helfen, ihre Elternrolle annehmen zu können
Nach dem Tsunami gibt es ein neues Phänomen in Sri Lanka. Menschen mit mehr Muskelkraft hatten bessere Chancen zu laufen, zu klettern oder sich festzuklammern und daher die Flutwelle zu überleben. Der Anteil der Kinder, älteren Menschen und Frauen unter den Todesopfern der Naturkatastrophe ist daher überproportional hoch.

Viele Väter sind allein mit ihren Kindern oder einem Teil ihrer Kinder geblieben. Aber Väter in Sri Lanka sind fast gar nicht darauf vorbereitet, für ihre Kinder zu sorgen. Kam dies einmal vor, gab es meist Großmütter, die einen Teil der Erziehung und Pflegearbeit übernahmen. Aber im Tsunami starben auch viele der älteren Menschen.

Immer wieder wird von Kindern in Waisenhäusern berichtet, wo ein

Elternteil noch am Leben ist. Die Witwen und vor allem die Witwer fühlen sich überfordert für die Kinder zu sorgen und wählen daher den vordergründig einfachsten Weg: Sie geben sie in die Obhut von Fremden. Oft werden Geschwister aus solchen Familien sogar voneinander getrennt. Die Väter – aber auch Mütter – sind so sehr in ihrer Verzweiflung über den Verlust des Partners und möglicherweise um andere verlorene Kinder gefangen, dass die Sorge um die überlebenden Kinder, als nicht zu bewältigend erscheint.

Hier ist es von enormer Wichtigkeit, die überlebenden Eltern zu unterstützen, damit sie als Eltern »gut genug« sein können, d.h., dass sie sich um ihre Kinder sorgen und annehmen können. Sie brauchen teilweise praktische Ratschläge, aber vor allem emotionale Unterstützung, um dieser wichtigen Aufgabe gewachsen sein zu können.

10. Familien unterstützen, ihre eigenen Rituale zu finden
Nach dem Tsunami wurden die Toten sehr schnell beerdigt. Oft geschah dies noch während nahe Angehörige im Krankenhaus waren oder noch nicht angereist waren. In diesen Familien kommt es oft zu unterschiedlichen Haltungen. Die, die nicht bei der Beerdigung waren, haben mehr Probleme den Tod zu akzeptieren. Es erscheint wichtig, ein gemeinsames Ritual zu haben – und dass kann auch mehrere Monate (oder auch Jahre) nach dem Verlust nachgeholt werden.

Für die überlebenden Familienmitglieder sind diese Rituale notwendig, um den Verlust, den sie erlitten haben, akzeptieren und betrauern zu können. Angehörige von »Verschwundenen« sollen ermutigt werden, diese Rituale selbst zu kreieren oder einfach an die bestehenden Rituale der jeweiligen Kultur und Religion anzulehnen. Counselling kann die Planung, Vorbereitung und Durchführung eines solchen Rituals anregen und fördern.

5.3 Beispiel Bosnien

Nach den Kriegen am Balkan in den 90er Jahren galten ca. 40.000 Menschen als »vermisst« oder »verschwunden« (Schmidt-Häuer, 2002). Nach sechs Jahren sind nur ca. 10 Prozent der 20.577 der beim Internationalen Roten Kreuz (IKRK) registrierten Fälle aufgeklärt.

In Kroatien ist anerkannt, dass der Aufenthalt von über 1.000 Serbinnen und Serben ungeklärt ist. 3.000 Albanerinnen und Albaner aus dem Kosovo gelten seit 1998/99 nach wie vor als »verschwunden«. Angehörigenvereine haben Daten über ca. 1.500 »verschwundene« Angehörige der serbischen Bevölkerung und der Roma, die von der albanischen Rebellenarmee UCK entführt worden sein sollen, gesammelt.

Zum 9. Jahrestag der Massenmorde in Srebrenica hat der Präsident der Republika Srpska, Dragan Cavic, erstmals eingestanden, dass dies »eine schwarze Seite in der serbischen Geschichte« sei (Steiner-Gashi, 2004). Zu einer Entschuldigung oder einer anderen Geste der Trauer und des Bedauerns konnte er sich aber nicht durchringen. Ca. 8.000 moslemische Männer und Buben wurden im Juli 1995 in und um Srebrenica ermordet, und ihre Leichen wurden in Massengräbern verscharrt.

Ende September 2004 wurde erneut die Exhumierung eines der in der Umgebung von Srebrenica gefundenen Massengräber abgeschlossen: 249 Leichen von Opfern der Massaker von 1995 wurden identifiziert. Seit 1995 existieren diese Gräber. Zum Teil wurden die Opfer zuerst nur provisorisch verscharrt und später – um den Massenmord möglichst zu vertuschen – in die großen Massengräber gebracht. Von den 7.000–8.000 Opfern in Srebrenica wurden bis Ende 2004 ca. 5.000 exhumiert und nach der Identifizierung in der Nähe von Srebrenica im Potocari Memorial bestattet (Alic, 2004, o.A.). Die Öffnung von weiteren Massengräbern steht aber noch immer bevor.

Um die Identifizierung der Exhumierten leichter zu machen, werden auch hochtechnische Methoden eingesetzt. So berichtet die International Commission on Missing Persons in einer Pressemitteilung im August 2004 von der erfolgreich durchgeführten Aktion »Outreach Campaign to Families of Missing Persons – Assisting the Identification Process in the Former Yugoslavia«. Über 60.000 Blutproben von Familienangehörigen von 24.067 »verschwundenen« Personen wurden gesammelt. Dazu wurden nicht nur in Bosnien selbst Möglichkeiten zur Blutabnahme geschaffen. Im Juni reiste ein Team durch 25 Städte in Deutschland, Schweden und Österreich und bot denService der Blutabnahme für diese Blutbank an. Diese werden im DNA-Test mit den in den Massengräbern gefundenen Leichen(-teilen) verglichen und können so Gewissheit schaffen. »ICMP hopes to contribute to increasing the number of answers provided to family members of the missing regarding the fate and identity of their relatives still missing from the armed conflicts in the 1990's on the territories of former Yugoslavia« (ICMP, 2004).

5.3.1 Die Untersuchung von Kindern in Sarajevo (Zvizdic/Butollo)

Die Psychologin Sibela Zvizdic (2000) hat in einem Forschungsprojekt unter der Leitung von Prof. W. Butollo die Auswirkungen des Verlustes des Vaters durch Tod oder »Verschwindenlassen« auf Kinder dokumentiert.

816 Kinder aus 14 Schulen in Sarajevo, die zur Zeit der Untersuchung 10 bis 15 Jahre alt waren, wurden für diese Studie in vier Gruppen unterteilt. Während

des Krieges von 1992 bis 1995 waren die Kinder also 6 bis 12 Jahre alt gewesen.

Von 201 Kindern ist der Vater während des Krieges »verschwunden«, und über dessen Verbleib ist bis zum Zeitpunkt der Untersuchung nichts bekannt. Die Mütter dieser Kinder waren am Leben. Den Krieg haben sie in Bosnien, zumeist aber in Flüchtlingslagern überlebt.

204 Kinder waren während des Krieges vorübergehend von ihren Vätern getrennt.

Gemeinsam mit ihren Müttern waren sie im Ausland als Flüchtlinge, während die Väter in Bosnien geblieben sind.

Die Väter von 208 Kindern wurden während des Krieges ermordet. Die Familien haben vom Tod des Vaters innerhalb von kurzer Zeit erfahren. Die Kinder dieser Gruppe haben während des Krieges mit ihren Müttern in Bosnien gelebt; die Mütter haben überlebt.

Eine Gruppe aus 203 Kindern wurde als Kontrollgruppe ausgewählt. Diese Kinder waren von keinem Verlust betroffen und hatten während des Krieges mit beiden Elternteilen in Bosnien gelebt.

Zvizdic (1997) hat im Jahr 1998 mit zwei eigens konstruierten Fragebögen »Questionnaire for war-related traumatic events – ITRR« (34 geschlossene Items und eine offene Frage) und dem »Questionnaire for postwar-related stressful/traumatic experiences – INRR« (umfasst 10 geschlossene Items) und einer Depressionsskala für Kinder (Birleson depression scale for children – DSRS) die Kinder untersucht. In Gruppen von je 20 Kindern wurden die Fragebögen vorgegeben.

Der Wert für »Kriegsrelevante Traumatische Erlebnisse« war für die Kinder, deren Vater »verschwunden« ist signifikant am höchsten und lag auch noch wesentlich vor der Gruppe der Kinder, deren Vater ermordet worden ist. »The average value of postwar-related stressful/traumatic experiences for participants whose fathers had disappeared during the war is higher than the average value for those whose fathers had been killed during the war« (Zvizdic/Butollo, 2000, S. 208).

Auch die depressiven Reaktionen sind bei den Kindern, deren Vater »verschwunden« ist, höher, als bei den Kindern, deren Vater ermordet worden ist. Diese beiden Gruppen haben signifikant höhere Werte in der Depressionsskala als die Kinder der beiden anderen Gruppen (zeitweilige Trennung vom Vater, Kontrollgruppe).

Das Ergebnis der Untersuchung zeigt ein erstaunlich klares Ergebnis: »We found out that the group of the early adolescents whose fathers had disappeared (and are still missing) was the group exposed most to war-related traumatic events« (ebd., S. 210).

Die Autoren der Studie erklären dies auch dadurch, dass diese Kinder insgesamt am stärksten zusätzlichem Stress durch den Krieg ausgesetzt waren

(Gefährdung des eigenen Lebens, Zeugen von Gewalttaten und Folter, Verlust von anderen Bezugspersonen, Verlust des Heimathauses und anderer Bezugssysteme). Aber: »It is clear that early adolescents whose fathers are still considered missing persons have been forced to cope with specific postwar-related stressful traumatic experiences as well, which may also be connected with the traumatic disappearance of their fathers« (ebd., S. 211).

Dies bestätigt sich auch in anderen Studien, die über Kinder von »verschwundenen« Angehörigen gemacht worden sind (Becker, 1992; Colectivo Chileno de Trabajo Psicosocial, 1983).

Bemerkenswert an dieser Studie ist aber das Ergebnis, dass zeigt, dass Kinder von »verschwundenen« Vätern (Eltern) eine höhere Gefährdung für PTSD und Depression haben als Kinder, deren Väter (Eltern) ermordet worden sind. »Besides the multiple traumatization of early adolescents during the war in BiH, traumatic loss, especially the disappearance of the father, has an additional effect on their posttraumatic adaptation with respect to the level of depressive reactions« (Zvizdic/Butollo, 2000, S. 212).

5.4 Beispiel Tschetschenien

Seit 1994 leben die Menschen in Tschetschenien – mit einer kurzen Unterbrechung – im Krieg. Die Menschenrechtslage ist von Unterdrückung, Mord und »Verschwindenlassen« geprägt. »Der Tschetschenien-Krieg ist eindeutig der blutigste lokale Konflikt in der GUS und gleichzeitig die größte humanitäre Katastrophe im Bereich der OSZE«, resümiert Alexander Schrepfer-Proskurjakov (2004, S. 5).

Russland will – auch durch massive Gewaltanwendung – die Bestrebungen des Kaukasusvolkes nach Selbstbestimmung und Loslösung unterbinden.

> »Geschichte und Vorgeschichte des zweiten Tschetschenienkrieges sind mit Lügen gespickt: Lügen der Rebellen, vor allem aber Lügen des Kreml, des russischen Militärs und der Geheimdienste. (…) Zwar gibt es wie im Westen Instrumente demokratischer Kontrolle – Justiz, Medien –, aber in den meisten Fällen sind sie vom Staat abhängig und erfüllen ihre Rolle nicht«,

schreibt Florian Hassel (2003, S. 10) im Vorwort zu seinem Buch über die Beziehung zwischen Russland und Tschetschenien. Eine solche Atmosphäre der Desinformation und Unwahrheit eröffnet die Möglichkeit für massive Menschenrechtsverletzungen, die schwer oder gar nicht kontrollierbar sind. Gerade »Verschwindenlassen« ist so Teil des Kriegsalltags und Terrors geworden.

»Zu den Verstößen der russischen Streitkräfte zählten willkürliche Inhaftierungen in geheimen Haftzentren, Folter und Vergewaltigungen, Misshandlungen, Fälle von ›Verschwinden lassen‹ und extralegale Hinrichtungen. Tschetschenische Truppen griffen zivile Mitarbeiter der Lokalverwaltung (…) an. Außerdem wurden ihnen Misshandlungen und rechtswidrige Tötungen von in Gefangenschaft geratenen russischen Soldaten vorgeworfen«,

heißt es im Jahresbericht (2002) von Amnesty International. »Verschwindenlassen« passiert meist sehr willkürlich. Bei Razzien werden DorfbewohnerInnen gefangen genommen. Sie haben meist keinen Kontakt zur Außenwelt. In der Haft kommt es immer wieder zu Folterungen. Allerdings sind die Motive nicht immer kriegsbedingt bzw. politisch.

»Die verbreitete Praxis, Inhaftierte erst nach Zahlung von Bestechungsgeldern, die von deren Angehörigen erpresst worden waren, freizulassen, ließ darauf schließen, dass die eigentliche Motivation für die Festnahmen in der eigenen Bereicherung lag. Hunderte Menschen fielen nach ihrer Festnahme dem ›Verschwinden lassen‹ zum Opfer. Die verstümmelten Leichen einiger Opfer fand man zu einem späteren Zeitpunkt zusammen mit den Leichnamen anderer nicht identifizierter Personen auf mehr als einem Dutzend Müllhalden und in Massengräbern in ganz Tschetschenien.« (Amnesty International, 2002)

Wie viele Menschen tatsächlich von dieser Praxis betroffen sind, kann nur geschätzt werden. F. Hassel (2003) geht von 2.800 Entführten und »Verschwundenen« im zweiten Tschetschenienkrieg aus. Dies entspricht einer Relation von 46 »verschwundenen« Personen von 10.000 tschetschenischen BürgerInnen. Selbst im Terror unter Stalin, wo »Verschwindenlassen« auch als Druckmittel gegen Tschetschenen (und andere Minderheiten und politische Gegner) eingesetzt wurde, waren es nicht so viele. Damals kamen auf 10.000 Menschen 44 »Verschwundene«.

Maura Reynolds (2003) geht der Frage nach, wie eine so massive Verletzung von Menschenrechten möglich ist. Sie hat in acht russischen Regionen Soldaten, die im Tschetschenienkrieg im Einsatz waren, interviewt. Das Ergebnis ihrer Recherche ist erschütternd:

»Ihre Erzählungen stimmen im wesentlichen mit dem Bild der Menschenrechtsberichte überein: Die Männer geben freimütig zu, dass Vergehen, die nach internationalem Recht Kriegsverbrechen sind, nicht nur vorkommen, sondern die Regel sind. Die meisten Männer gestanden, selbst Kriegsverbrechen begangen zu haben: Von Plünderungen bis zu Folter und Hinrichtungen.« (Reynolds, 2003, S. 12)

Die Ideologie, die dahinter stand (und steht), wird mit dem Wort »bespredel« (übersetzt: ohne Grenzen) bezeichnet. Es bedeutet, dass außerhalb der Regeln gehandelt werden darf und dies nicht bestraft wird. So berichten Soldaten, dass sie keine Gefangene gemacht haben. Sie wussten zwar, dass sie Gefangene den Militärstaatsanwälten übergeben müssten, taten es aber so gut wie nie. Stattdessen wurden Verdächtige, und mitunter deren ganze Familien, an Ort und Stelle ermordet. Verstärkt wurde dieses brutale Verhalten durch den Hass, den die meisten Soldaten auf den Krieg und »die Tschetschenen« hatten. »Und dieser Hass richtet sich gegen alle Tschetschenen, nicht nur gegen die, die deine Freunde getötet haben. In dem Moment beginnt bespredel«, zitiert Reynolds (2003, S. 129) einen 23-jährigen Armeeoffizier.

Die Leichen wurden in Flüsse und Brunnenschächte geworfen. Ob Angehörige jemals vom Tod dieser willkürlich Hingerichteten erfahren haben, darf in Frage gestellt werden.

In der Flüchtlingsarbeit in Österreich sind wir mit den Berichten der Opfer konfrontiert. So erzählten mehrere PatientInnen, dass sie entweder selbst Opfer von Entführungen mit Lösegeldforderungen wurden oder das Angehörige »verschwunden« sind.

Manchmal gelang es durch Zahlung an die richtigen Soldaten, »verschwundene« Personen wieder zu finden. Wird allerdings nicht gezahlt, dann bleibt die betroffene Person »verschwunden«.

Herr I., einer meiner tschetschenischen Patienten berichtet, dass er zweimal auf diese Art von seinem Onkel frei gekauft worden ist. Er musste aber fliehen, da sein Onkel nicht mehr genügend Geld für ein drittes Lösegeld gehabt hätte, und damit sein Schicksal wohl das eines für immer »Verschwundenen« gewesen wäre.

Eine Form der Kriegsführung gegen den Gegner ist auch in diesem Bürgerkrieg das »Verschwindenlassen« von politischen Gegnern. Einer großen, gut ausgerüsteten, aber oft schlecht motivierten Armee steht eine kleine, aber zähe, Widerstandsgruppe gegenüber.

Wie bereits in der »Nacht-und-Nebel-Aktion« der NS-Regierung gegen den französischen Widerstand wird das Mittel des spurlosen »Verschwindenlassens« eingesetzt, um die gesamte Bevölkerung zu terrorisieren und zu ängstigen.

Diese vier Konflikte in Kambodscha, Sri Lanka, Bosnien/Kosovo und Tschetschenien und das »Verschwinden« von Menschen als Kriegs- und Terrormittel stehen stellvertretend für alle Kriege dieser Welt. Natürlich können die jeweiligen Konfliktzonen in dieser Arbeit nur kurz skizziert werden und jede einzelne Region kann nicht in ihrer ganzen Komplexität dargestellt werden. Dieses Kapitel soll aber illustrieren, in welchem Ausmaß im Krieg und Bürgerkrieg die gesamte Bevölkerung durch »Verschwindenlassen« betroffen ist.

6 »Verschwindenlassen« von Menschen – Folge von Terror

6.1 Die ersten Tage nach dem »Verschwinden« – Beispiel New York

Dieses Kapitel beruht auf meinen persönlichen Reflexionen der Arbeit mit Angehörigen von Opfern der Anschläge auf das World Trade Center in den ersten Tagen nach der Katastrophe und den Reflexionen von Pauline Boss und ihrem Team (Boss et al., 2003).

Es sind berührende Bilder, die immer wieder nach Erdbeben durch die Medien gehen: Menschen versuchen mit bloßen Händen ihre Angehörigen aus den Trümmern der eingestürzten Häuser zu bergen, Tag und Nacht wird gegraben – es könnten ja auch noch nach Tagen Überlebende gefunden werden. Fast immer gibt es dann »Wunder« – Menschen werden nach mehreren Tagen noch lebend geborgen. Diese Nachrichten berühren zutiefst.

Für wenige Angehörige wird die Hoffnung, den Partner, das Kind, die Eltern noch lebendig zu finden, erfüllt. Wohl alle, die Vermisste unter den Trümmern eingestürzter Gebäude haben, hoffen, dass gerade ihr Angehöriger die Person sein wird, die dieses Wunder betrifft. Mitten im Wissen um Tausende Tote besteht die konkrete Hoffnung, dass trotz allem mein Kind, mein Bruder, meine Ehefrau auf wundersame Weise gerettet werden kann.

Meine PatientInnen in der Psychotherapie kommen immer erst später zu mir, wenn diese ersten Tage der Verzweiflung bereits vorüber sind. Direkt miterlebt habe ich diese ersten Tage, in denen sich Hoffnung in die schreckliche Gewissheit des Todes verwandelt oder zu einer chronischen Gefangenheit in der Ungewissheit wird, in New York im September 2001.

Ähnlich wie bei einem Erdbeben waren hier Gebäude eingestürzt, und so hielten auch hier die Menschen tagelang an der Hoffnung an Wunder fest. Allerdings war – anders als bei Erdbeben – die Ursache für den Einsturz ein geplanter Terroranschlag. Gezielt wurde damit die Ermordung aller Menschen, die sich in diesen Gebäuden und in den Flugzeugen befanden, in Kauf genommen bzw. sogar damit gerechnet.

Da ich mich zufällig zu einer Konferenz in New York befand, habe ich meine psychotherapeutische Hilfe für die Angehörigen der Opfer im World Trade Centre angeboten. Drei Tage lang, vom 13. bis zum 15.9., war ich als psychologische Beraterin (Counsellor) für die Angehörigen einer großen Investmentbank tätig. Die Firma hat sehr schnell, und für die Größe der

Katastrophe überraschend koordiniert, reagiert: Es wurde in einem Luxus-hotel ein Saal angemietet, in dem sich die Angestellten der Firma und die Angehörigen der »Vermissten« treffen konnten.

Ich verwende hier bewusst das Wort »Vermisste«, da es in den ersten Tagen die übliche Form war, über die Opfer im World Trade Center zu sprechen. Ähnlich wie bei einem Erdbeben war allen klar, dass es eine enorme Zahl an Todesopfern gegeben hat, aber die Angehörigen hielten – länger als wir, die wir sie durch diese schwierigen ersten Tage begleitet haben – noch an der Hoffnung fest, dass es doch noch Überlebende geben werde.

Eine junge Frau, die ihren Ehemann verloren hatte, sprach am 13.9. immer wieder davon, wie stark und sportlich ihr Mann sei und dass er sicher auch stark genug sei, diese Situation auszuhalten. Als ich sie zwei Tage später wieder traf, hatte sie ihre Hoffnung, dass ihr Mann noch am Leben sei, verloren. Jetzt klammerte sie sich an den Gedanken, dass er vermutlich sehr schnell gestorben ist und nicht auch noch leiden musste, bevor er starb.

6.1.1 Die Rahmenbedingungen

Der »sichere Rahmen«, wie er von Judith Herman (1992) beschrieben wird, wurde auf vorbildliche Weise für die Angestellten mehrerer großer Firmen hergestellt.

Sie hatten einen schönen und sicheren Platz, an dem sie sich aufhalten und ein Stück weit zurückziehen konnten. Es war für viele der Anwesenden, die durchwegs aus der sozialen Mittelschicht kamen, fast schon paradox: Der Saal eines der berühmtesten Hotels der Stadt, der normalerweise nur von Zeitungs- und Fernsehbildern der Feiern der High Society bekannt war, wurde nun ihr persönlicher Ort der Verzweiflung und Trauer.

In einem Gespräch mit einem Kellner wurde mir dies besonders bewusst: Auch für die Angestellten des Hotels wurde durch diese außergewöhnliche Situation die Arbeit auf den Kopf gestellt. Statt der Reichen und Schönen der Stadt bei deren gesellschaftlichen Highlights waren auf einmal verzweifelte Menschen, die vorwiegend aus der Mittelschicht kamen, ihr Klientel.

In diesem Raum wurden keine JournalistInnen zugelassen, und damit bot sich den Angehörigen eine Chance, hier ein wenig zur Ruhe zu kommen. Wer mit seiner Geschichte in die Medien wollte, hatte an anderen Orten genügend Gelegenheit dazu.

Es wurden Informationen zur Verfügung gestellt. Am ersten Tag wurden diese noch nach einem Terminplan für alle Anwesenden angeboten. Eltern von Opfern fühlten sich aber dadurch überfordert, Informationen über die Gehaltsfortzahlungen der Firma für die Familien zu bekommen. Für sie war der Verlust des Kindes im Vordergrund, und sie empfanden diese basalen Informationen als Zumutung. Doch genau dieses Wissen war für Ehefrauen und Kinder überlebensnotwendig, damit sie eine gewisse ökonomische Sicherheit – zumindest für die kommenden Tage und Wochen – gewinnen konnten.

Daher lernten die OrganisatorInnen schnell: Es wurden eigene Tische eingerichtet, wo sich die Betroffenen mit ihren Fragen an JuristInnen, BuchhalterInnen etc. wenden konnten.

Als gemeinsames Programm blieben die täglichen Ansprachen des Firmenchefs bzw. ein Video von ihm und ökumenische Gebetsfeiern, die von Priestern mehrerer christlicher Konfessionen und einem Rabbi gestaltet wurden.

Am 12.9. – also unmittelbar am ersten Tag nach der Katastrophe – waren es vor allem die eigenen Angestellten der Firma, die meist durch Zufall nicht im Büro gewesen waren und daher überlebt hatten, die das eingerichtete Zentrum organisierten und leiteten. Ab dem 13. September waren die meisten von ihnen durch Freiwillige des Roten Kreuzes abgelöst worden. Immer deutlicher wurde die eigene Traumatisierung: Einerseits, begannen sie zu realisieren, wie knapp sie selbst dem Tod entronnen waren, und andererseits hatten sie alle eine große Anzahl an Todesopfern unter ihren KollegInnen zu beklagen.

6.1.2 Psychologische Beratung und Betreuung als Angebot

PsychologInnen und TherapeutInnen, die als Freiwillige ihre Unterstützung angeboten hatten, waren durch orange Anstecker erkennbar.

Die Organisation der psychologischen Unterstützung funktionierte aber doch sehr chaotisch. Wurden meine französische Kollegin und ich am 13.9. als dringend benötigte psychologische HelferInnen begeistert begrüßt (vor allem auch wegen zusätzlicher Sprachkenntnisse), waren am 15.9. vormittags fast mehr BeraterInnen als Angehörige anwesend.

Die Form der Beratung war auch unklar: So wurde das Angebot eines Gruppen-Debriefings von niemanden angenommen. Der Umstand ist nicht weiter verwunderlich. Die Menschen waren damit konfrontiert, die Realität des Todes zu akzeptieren – sie waren mitten im Trauma, für sie war das Entsetzen nicht vorbei und abgeschlossen.

Pauline Boss (2003) hat auf Einladung von Gewerkschaften mehrere Monate lang mit den Angehörigen der ArbeiterInnen der Gebäudeverwaltung und -reinigung des WTC gearbeitet. Sie hat sich bereits seit mehreren Jahren auf Arbeiten über Ambivalente Verluste (ambiguous loss) und Trauer konzentriert (Boss, 1999).

Sie kritisiert ebenfalls die Versuche, auf die Anschläge von New York mit vorgefertigten therapeutischen Modellen zu reagieren: »With the ambiguity continuing perhaps for a lifetime, a different lens is required than with PTSD, in which the traumatizing event may be over but flashing back. Ambiguous loss is chronic trauma« (Boss et al., 2003, S. 458).

Interessant war, dass am 13.9., also zwei Tage nach der Katastrophe, vor allem entfernte Verwandte (Onkel, Cousinen) und Bekannte das Angebot, mit einer Psychologin zu sprechen, angenommen haben. Auch Überlebende, denen es gelungen ist, rechtzeitig aus dem Gebäude zu kommen bzw. die noch nicht im Gebäude waren, nutzten das psychologische Angebot.

Ein einziges Elternpaar, das ihren Sohn verloren hatte, kam am ersten Tag zum psychologischen Gespräch zu mir. Die Mutter war selbst bereits länger in Psychotherapie gewesen und wusste somit für sich selbst, was sie von diesem Gespräch erwartete. Die Tragik dieser Familie lag darin, dass der schwer depressive junge Mann immer wieder Suizidgedanken und -drohungen artikuliert hatte und die Eltern seit Jahren in ständiger Angst um ihn gelebt hatten. Die Tatsache, dass er jetzt im Alter von 26 Jahren als Opfer eines Terroranschlags gestorben ist, ist für beide Eltern konfus und irritierend. Sie sind die einzigen mit denen ich gesprochen hatte, die bereits am 13.9. – zwei Tage nach der Katastrophe – die Realität des Todes ihres Kindes angenommen hatten.

6.1.3 Rituale helfen

Erstaunlich fand ich, wie schnell sich ein gemeinsames Ritual entwickelt hatte. Bereits am 11.9. abends kamen die ersten Angehörigen mit Flugzetteln, die alle ähnlich aufgebaut waren: In der Mitte war das Bild der – vorläufig noch – vermissten Person. Darunter oder darüber der Name, die Firma, für die die Person gearbeitet hatte, in welchem Stockwerk das Büro gewesen war und eine mögliche Kontakttelefonnummer oder/und -adresse. Im Hotel stand ein Büro zur Verfügung, wo die Angehörigen kostenlos diese Poster bzw. Flugblätter anfertigen konnten. Im Saal wurde eine ganze Wand zur Gedenkstätte. Als der Hotelsaal am 15.9. gewechselt werden musste, wurden die Flugblätter mitgenommen und wieder sehr sorgfältig im neuen Saal aufgeklebt. Dafür wurde genügend Platz gelassen. Menschen kamen wie zu Gräbern: Sie suchten ihren Raum zur Trauer und zum Gedenken. Viele standen lange vor den Bildern und weinten leise oder laut.

Nachdem – wider alle Erwartungen – mein Flug am Sonntag dem 16.9. planmäßig durchgeführt wurde, flog ich zurück nach Österreich. Es war ambivalent, ich hatte das Gefühl, die Menschen in New York im Stich zu lassen, auch wenn es mir rational klar war, dass es genügend PsychologInnen und

TherapeutInnen gab, die diese Arbeit fortsetzen würden.

Nach Berichten, die ich in den Wochen danach aus New York erhielt, wurden Vorwürfe gegen die Counsellors laut – diese hätten oft falsch reagiert und nicht geholfen.

Ich denke, einerseits war diese Kritik in Einzelfällen sicher berechtigt – schließlich waren viele der PsychologInnen bisher noch nie mit traumatisierten Menschen konfrontiert gewesen, andererseits überforderten Angebote wie »debriefing« die Angehörigen und waren wenig hilfreich in dieser Situation.

Aber ich vermute, es war einfach auch die Entladung der Verzweiflung: Der Schmerz konnte nur ein wenig gelindert werden – und so war ein Ventil für die hilflose Verzweiflung gefunden. Mehr als eine Begleitung durch die ersten Tage der Verzweiflung von den PsychologInnen zu erwarten, war aber illusorisch.

Ich bin überzeugt, dass das gesamte Angebot vielen Angehörigen geholfen hat, die ersten schweren Tage des Verlustes besser zu ertragen und durchzustehen. Die Trauer über den Verlust kann dies aber nicht wegnehmen. Die schwierigen Umstände des plötzlichen und gewaltsamen Todes und zugleich die Verunsicherung im gesamten Ablauf des täglichen Lebens in New York waren darüber hinaus enorm belastend.

Die Trauer wurde durch die fehlenden Körper zusätzlich erschwert. Es gab meist nichts, was die Angehörigen hätten bestatten können. Im September 2002, ein Jahr nach der Katastrophe, lautete die offizielle Opferbilanz: 2.819 Menschen wurden bei den Anschlägen vom 11. September 2001 getötet, 289 Körper wurden gefunden und identifiziert, 19.858 Körperteile waren gefunden worden, aber 1.717 Familien haben überhaupt keine Hinweise über ihren Angehörigen erhalten (Boss et al., 2003).

Das kollektive Ritual mit den Flugblättern hatte dabei sicher eine sinnvolle und wichtige Funktion. Bis heute finden sich an Plätzen wie der St. Paul's Church, die gegenüber dem ehemaligen WTC steht, viele dieser Flugblätter. Blumen werden niedergelegt und Kerzen angezündet, um der Toten und »Verschwundenen« zu gedenken.

7 »Verschwindenlassen« als systematische Menschenrechtsverletzung

Während die Ereignisse rund um den 11. September 2001 ein massiver Angriff auf die Bevölkerung eines bestimmten Landes und einer bestimmten Stadt waren, blieb es doch bei diesem Einzelereignis. Die Hilfestellung für die Angehörigen der bei diesem Terrorakt getöteten Menschen war – wie oben geschildert – gut organisiert und in mancher Hinsicht vorbildhaft.

Dort, wo Menschen wegen staatlichem Terror »verschwinden«, steht den Angehörigen keine solche Unterstützung zur Verfügung. Im Gegenteil, sie werden oft eingeschüchtert. Selbst die Suche nach den Angehörigen wird unterbunden und ist oft lebensgefährlich.

Die »Independent Commission on International Humanitarian Issues« (1986) grenzt in ihrer Definition die Menschenrechtsverletzung des »Verschwindenlassens« klar von freiwilligen und kriminellen Gründen ab:

> »To avoid any risk of ambiguity, it should be made clear from the outset that those to whom the title refers are not among the many people who every year decide to exchange one life, and perhaps one identity for another. Nor are they victims of criminal acts whose bodies are never recovered.«

Amnesty International definiert schärfer:

> »Wird ein Mensch von staatlichen Organen festgenommen, die Inhaftierung jedoch nicht bestätigt und jede Information über Schicksal und Verbleib des Opfers fehlt, spricht man von ›Verschwinden lassen‹. Für die ›Verschwundenen‹ und ihre Familien bedeutet diese schwere Form der Menschenrechtsverletzung unermessliches Leid.« (Amnesty International, 2004)

Das Schreiben unter Anführungszeichen wird in der gesamten Literatur zu dem Thema beibehalten, um zu unterstreichen, dass die Menschen ja nicht wirklich »verschwunden« sind, sondern an einem geheimen Ort festgehalten werden bzw. an einem bestimmten Ort getötet worden sind.

»Verschwindenlassen« richtet sich gegen ganze Gesellschaften; jeder und jede wird durch den Terror der Macht tyrannisiert und bedroht.

> »Unter den Bedingungen des Terrors ist der einzelne nie allein und immer allein. Er erstarrt und stumpft ab, nicht nur in der Beziehung zum Nächsten, sondern auch im Verhältnis zu sich selbst. Die Furcht verbietet ihm spontane

emotionale und kognitive Reaktionen. Der Akt des Denkens selbst wird zur Dummheit. Er ist lebensgefährlich. Es wäre dumm, nicht dumm zu sein, und als Folge erfasst allgemeine Verdummung die terrorisierte Bevölkerung. Die Menschen verfallen in einen Zustand der Erstarrung, der einem moralischen Koma gleichkommt«,

schreibt Leo Löwenthal (1988, S. 16) über die deutsche Bevölkerung während des NS-Regimes.

Diana Kordon et al. (1988, S. 174) analysieren die Diktatur in Argentinien, die ganz massiv durch »Verschwindenlassen« von Regierungsgegnern die Bevölkerung terrorisierte:

> »Nobody could escape from this, we were all touched by this situation. No social class or individual person was able to remain unscathed in a country where 30.000 people had been wiped out from everyday life and the course of their destinies interrupted due the unlawful kidnapping (…). Behind each missing person there are many different disappearances; disappearance of the freedom of thought, of action, of speech, of creation, of pleasure. And all this was denied to each and every one of those living at that time. The social body has been deeply wounded, symbolically and literally.«

Wer »verschwindet« hat keine Möglichkeiten mehr, sich auf ein Rechtssystem und auf menschliche Werte zu berufen. Für die Gesellschaft ist er/sie nicht mehr existent – weder tot noch lebendig. Diejenigen, die ihm/ihr dieses »Verschwindenlassen« angetan haben, leugnen jeden Zusammenhang und sind in so gut wie allen Fällen mächtig genug, um Kontrollen und Überprüfungen nicht fürchten zu müssen, oder in den politischen Wirren waren die Bürgerkriegshandlungen so dominierend, dass eine Rekonstruktion später unmöglich erscheint.

»Verschwindenlassen« ist ein Akt, der sich jedem Rechtssystem entzieht und damit für die Stützung von Macht äußerst geeignet erscheint: »For those who order disappearances or those who (…) are its silent accomplices, the technique is extremely ›efficient‹ and ›convenient‹: there is no evidence, and no proof, which guarantees immunity from international condemnation and from any internal protest« (Independent Commission, 1986, S. 14).

»Verschwindenlassen« ist sehr oft ein durchwegs geplanter, gut vorbereiteter Anschlag, an dem viele Polizisten oder Soldaten beteiligt sind. Regierungen, die diese Form der sogenannten »Sicherheitsmaßnahme« einsetzen, verletzen ihre eigenen Normen und Gesetze. Sie tun dies allerdings in einer Form, in der Schuldige schwer oder gar nicht zu identifizieren sind. Es gibt keinen Tatbestand der angezeigt werden könnte, und es gibt keine Zeugen, die die Anklage untermauern könnten (Amnesty International, 1993).

Menschen sind damit einfach »verschwunden«. Es gibt kein Gerichtsverfahren und damit keinen Anwalt. Ihr Schicksal bleibt im Dunkeln, aber in fast allen Ländern, in denen Menschen »verschwinden«, ist mit dem Schlimmsten zu rechnen.

»A forced disappearance violates a series of fundamental human rights, including: the right to liberty and security of the person, the right to recognition everywhere as a person before the law, the right to legal defense, and the right not to be subjected to torture. In addition, forced disappearance constitutes a grave threat to the right to life.« (FEDEFAM, 2004)

Angehörige sind selbst in ihren Wünschen für ihre nächsten Angehörigen zerrissen. Soll eine Mutter sich wünschen, dass ihr Sohn schnell gestorben ist oder besser doch am Leben ist, auch wenn dies fast sicher Folter und Haft bedeutet?

FEDEFAM, die Lateinamerikanische Föderation von Organisationen von Verwandten von Gefangenen –Verschwundenen, geht davon aus, dass seit den 60er Jahren des vergangenen Jahrhunderts bis heute in Lateinamerika ca. 90.000 Menschen »verschwunden« sind. Allein in Argentinien waren es während der Diktatur ca. 30.000 Menschen, von denen nur ca. 1.500 wieder aufgetaucht sind. 19 von 20 (oder 95% der Verschwundenen, ca. 28.500 Menschen) blieben für immer »verschwunden« (Kordon et al., 1998; Taylor, 1997). Die meisten derer, die überlebt haben, waren jahrelang in geheimen Gefangenen- und Folterlagern inhaftiert gewesen.

Amnesty International (2002) berichtet über weltweites »Verschwindenlassen« am Anfang des 21. Jahrhunderts in 35 Ländern.

»Verschwindenlassen« führt zur Terrorisierung von ganzen Gesellschaften – die Ungewissheit und die Machtlosigkeit, gegen diese Menschenrechtsverletzung anzugehen, wirkt sich lähmend auf die gesamte Bevölkerung aus. Die Warnung ist klar an alle: Wer sich nicht angepasst verhält, kann das nächste Opfer sein – und kein Rechtssystem bietet Schutz davor. Und absolut keinen Schutz gibt es für einen »Verschwundenen«, der ja für alle Formen der Kontrolle und Überprüfung unauffindbar ist. Wo immer dies ist, das Opfer ist hilf- und machtlos der Willkür ausgeliefert.

Auf der Suche nach »Verschwundenen« erhalten Angehörige oft die Auskunft, dass diese nie gesehen oder verhaftet wurden, oder sonst in einem Kontakt mit dem Militär gestanden hätten. Ihr Schicksal verliert sich in diffuser Ungewissheit. Manchmal werden die Angehörigen auch noch beleidigt. In Guatemala z.B. mussten sich Frauen, die nach ihren »verschwundenen« Männern fragten, sagen lassen, dass ihre Männer sicher mit schöneren Frauen durchgebrannt seien (Towell, 1994).

An einem Beispiel in Sri Lanka hat sich gezeigt, wie gefährlich es auch sein kann, nach »Verschwundenen« zu suchen. Als die Mutter der 18-jährigen Krishanti Kumarasamy am 7. September 1996 gemeinsam mit ihrem 16-jährigen Sohn und einem Nachbarn beim Militär nach dem Verbleib ihrer Tochter fragt, werden sie und ihre beiden Begleiter ermordet – wie zuvor bereits ihre Tochter. Dieser Fall ist nur durch Zufall an die Öffentlichkeit gelangt. Zu spät für die vier Ermordeten hat er dann allerdings großes Aufsehen erregt. 45 Tage nach dem »Verschwinden« wurden die bereits stark verwesten Körper der vier »Verschwundenen« durch Zufall in einem Erdloch gefunden (Gesellschaft für bedrohte Völker, 1996; Thangavelu, 1996).

Durch den Druck nationaler und internationaler Menschenrechtsorganisationen wurde eine Untersuchung eingeleitet und die verantwortlichen Soldaten vor Gericht gestellt. Im Prozess wurde sichtbar, dass das »Verschwinden« und die Ermordung von Krishanti und ihrer Familie nur die Spitze des Eisbergs waren. Einer der Beschuldigten, D. Somaratne, verteidigte sich damit, dass er nicht gemordet hätte, sondern nur auf Befehl Leichen beerdigt hätte. »We only buried bodies. We can show you where 300 to 400 bodies have been buried« (zit. n. BBC, 2004).

Michael Ondaatje, der im Roman »Anils Geist« das Thema des »Verschwindenlassens« in Sri Lanka thematisiert, schreibt:

> »In einer Nation voller Angst wurde öffentlicher Kummer vom Klima der Ungewissheit unterdrückt. Wenn ein Vater gegen den Tod seines Sohnes protestierte, befürchtete man die Ermordung eines anderen Familienmitglieds. Wenn jemand, den man kannte, verschwand, bestand die Chance, dass er am Leben blieb, solange man keinen Ärger machte. Das war die entstellende Psychose des Landes: Tod und Verlust waren ›unfertig‹; man konnte nicht durch sie hindurchgehen (…). Von Recht und Gesetz war nichts geblieben als der Glaube an eine mögliche spätere Rache an den Mächtigen.« (Ondaatje, 2001, S. 62)

In fast allen Regionen der Welt gibt es Menschen, die nach ihren Angehörigen suchen – sei dies auf Grund weiter zurück liegender politischer Machtverhältnisse, wie sie in fast allen lateinamerikanischen Ländern oder in Sri Lanka geherrscht haben, oder in ganz aktuellen politischen Auseinandersetzungen (z. B. Irak).

Human Rights Watch berichtet im Juni 2004 von 13 Gefangenen, die in US-Gefangenschaft »verschwunden« sind.

> »[They] (…) are detained by the United States instead in ›undisclosed locations‹, presumably outside the United States, with no access to the ICRC; no notification to families, no oversight of any sort of their treatment, and in most cases no acknowledgement that they are even being held.« (Human Rights Watch, 2004c, S. 12)

In Lateinamerika kämpfen seit den 70er Jahren zahlreiche Gruppen von Angehörigen für ihre »verschwundenen« EhepartnerInnen, Söhne, Töchter und Enkelkinder.

»There are thousands of cases like ours in the whole of Latin-America (...) there is the grief of mothers, the hope of wives and the sorrow of children (...) and we will not give up because we believe in the right to life, to full respect of human rights, justice and peace«,

sagt Aribal Blanco Araya, deren Mann 1981 in Honduras »verschwunden« ist (zit. n. Amnesty International, 1993).

Die Selbstorganisation und der Kampf um Gerechtigkeit und Aufklärung über den Verbleib ihrer Angehörigen hat im Bereich der Menschenrechtsverletzung »Verschwindenlassen« vor allem in Lateinamerika Gruppen von Angehörigen entstehen lassen, die Freiheit für ihre Söhne, Töchter, EhepartnerInnen etc. fordern oder zumindest die Wahrheit erfahren wollen (Taylor, 1997) (siehe dazu auch Kapitel III. 1 u. III. 2).

8 Menschen »verschwinden« auf der Flucht

8.1 Flucht bedeutet Verlust an Kontakt und Kommunikation

Menschen flüchten vor Krieg, Diktatur und Folter. Flucht aus der Heimat bedeutet sehr oft Trennung für immer und den Verlust jeder Kontaktmöglichkeit zu den zurückgebliebenen Angehörigen. Trotz der hochentwickelten Kommunikationsmöglichkeiten des 21. Jahrhunderts haben Flüchtlinge oft keine Möglichkeit, mit ihren Familien in Kontakt zu sein.

Ein Beispiel dafür ist Maryam Ansary, die wegen des politischen Engagements ihres Ehemanns ohne Abschied ihre Heimatstadt Teheran verlassen musste. Sie lebte jahrelang in den kurdischen Gebieten im Iran und Irak, wo es Jahre dauerte, bis sie mit ihren Eltern in der Hauptstadt Kontakt aufnehmen konnte. Im Sommer 1984 bekam sie den Brief, den ihr die Familie im November 1983 geschrieben hatte. Der Kontakt über einige hundert Kilometer eines Staates war in diesem Fall nur über den weiten Umweg über Frankreich möglich.

Ähnlich geht es Flüchtlingen, die in Österreich leben. Die Familien haben das Zuhause verlassen und leben, aus Angst vor Repressalien, als Binnenflüchtlinge in anderen Teilen des Heimatlandes oder sind ins benachbarte Ausland geflohen. Die Flucht geht oft einfach nach Europa – ohne genaues Ziel. Oder es war, wie im Fall von Frau M. (siehe Kap. V.), die Flucht in ein bestimmtes europäisches Land zu Bekannten oder Verwandten geplant und endete auf Grund des Schengen-Abkommens in Österreich. Für Angehörige in afrikanischen oder asiatischen Ländern ist es dann so gut wie unmöglich, ihre Angehörigen in Europa ausfindig zu machen.

Im Genfer Rot-Kreuz-Abkommen (1949) heißt es im Kapitel »Vermisste«:

»Sobald die Umstände es zulassen, spätestens jedoch nach Beendigung der aktiven Feindseligkeiten, forscht jede am Konflikt beteiligte Partei nach dem Verbleib der Personen, die von einer gegnerischen Partei als vermisst gemeldet worden sind. Die gegnerische Partei erteilt alle zweckdienlichen Auskünfte über diese Personen, um die Suche zu erleichtern.
Um die Beschaffung der Auskünfte nach Absatz 1 zu erleichtern, hat jede am Konflikt beteiligte Partei für Personen, die nicht auf Grund der Abkommen und dieses Protokolls eine günstigere Behandlung erfahren würden, die in Artikel

138 des IV. Abkommens genannten Auskünfte über Personen zu registrieren, die infolge von Feindseligkeiten oder Besetzung festgenommen, in Haft gehalten oder anderweitig mehr als zwei Wochen gefangengehalten worden sind oder die während eines Freiheitsentzugs verstorben sind; soweit irgend möglich die Beschaffung und Registrierung von Auskünften über solche Personen zu erleichtern und erforderlichenfalls selbst durchzuführen, wenn sie unter anderen Umständen infolge von Feindseligkeiten oder Besetzung verstorben sind. Auskünfte über die nach Absatz 1 als vermisst gemeldeten Personen sowie Ersuchen um Erteilung solcher Auskünfte werden entweder unmittelbar oder über die Schutzmacht oder den Zentralen Suchdienst des Internationalen Komitees vom Roten Kreuz oder die nationalen Gesellschaften des Roten Kreuzes (Roten Halbmonds, Roten Löwen mit Roter Sonne) geleitet. Werden die Auskünfte nicht über das Internationale Komitee vom Roten Kreuz und seinen Zentralen Suchdienst geleitet, so trägt jede am Konflikt beteiligte Partei dafür Sorge, dass die Auskünfte auch dem Zentralen Suchdienst übermittelt werden.« (Volltext im Anhang I)

Das Rote Kreuz leistet wichtige Dienste, damit sich Menschen wieder finden können, allerdings stellt sich das über Grenzen und Kontinente hinweg immer wieder als schwierig dar, vor allem wenn es keine Registrierung der Angehörigen gibt.

8.2 Spurlos »verschwunden« auf der Flucht

Auf Grund der fehlenden Kommunikationsmöglichkeiten bleibt das »Verschwinden« auf der Flucht, wie es immer wieder vorkommt, oft unbemerkt. Viele Fluchtwege sind extrem gefährlich und die Flüchtlinge verfügen über keine Erfahrung und Kenntnisse, wie sie sich in gewissen Gefahrensituationen zu verhalten haben. Dies reicht von unzureichender Winterbekleidung, über mangelnde körperliche Fitness bis hin zur Unkenntnis der Gegebenheiten. Meist sind Flüchtlinge vollkommen abhängig von den Schleppern. Auf Grund mangelnder Informationen, aber auch weil keine Wahlmöglichkeit besteht, setzen sich viele Menschen auf der Flucht gefährlichen Situationen aus (schlechte Boote, Erstickungsgefahr in zu engen unbelüfteten Verstecken etc.).

Viele Menschen sterben unter diesen Bedingungen, und es wird wohl in den seltensten Fällen die Nachricht vom Tod die Familie erreichen. Nur wenn die Leichen von Flüchtlingen entdeckt werden, wie z.B. die 58 ChinesInnen, die im Juni 2000 beim Transport über den Ärmelkanal erstickt sind oder wenn erschöpfte Bootsflüchtlinge berichten, dass sie Verstorbene ins Meer geworfen haben, wird die Öffentlichkeit aufmerksam und somit die

Nachricht vom Tod publik. Vollkommen erschöpfte Flüchtlinge, die in überfüllten Booten vor den Küsten Italiens, Griechenlands und Spanien aufgegriffen werden, berichten von Todesfällen durch Erschöpfung und Durst. Die Leichen wurden meist über Bord geworfen, um den noch Lebenden eine Chance zum Überleben zu geben.

Es gibt nur vage Vermutungen über seeuntaugliche Boote, die mit allen Flüchtlingen an Bord gesunken sind. Spanien gibt die Zahl der 2004 vor den Küsten Marokkos und Spaniens ertrunkenen illegalen Zuwanderer mit mindestens 300 an. »Angesichts der hohen Dunkelziffer dürfte die tatsächliche Zahl der Toten aber nach Angaben von Hilfsorganisationen bei 500 liegen« (Kurier, 6.1. 2005, S. 8).

Für die Angehörigen dieser Flüchtlinge verliert sich das Schicksal im Ungewissen. Irgendwo zwischen dem Heimatland und dem ersehnten Asyl »verschwand« ein Mensch, und es wird nie mehr eine Nachricht geben.

Herr S. (siehe Kap. V. 7) wurde bei einer Flussüberquerung von seiner Frau und vier seiner Kinder getrennt und musste wochenlang befürchten, dass seine Familienangehörigen dort ertrunken sind. Er selbst wurde von den Schleppern, denen er vollkommen ausgeliefert war, weiter geschleust und konnte nichts tun, um seine Familie zu suchen. Als er in Österreich ankam, wusste er nicht einmal den Namen des Flusses oder des Landes in dem die Tragödie passiert war.

III.

Kollektive Bewältigungsstrategien

Die Prognose für die Angehörigen von »Verschwundenen« ist schwierig und belastend. Das Leben erstarrt, Trauer ist nicht möglich. Oft erschwert auch das soziale Umfeld das Weiterleben. Und trotzdem gibt es erstaunliche individuelle und kollektive Formen, mit dem »Verschwinden« eines oder mehrerer Angehöriger umzugehen und somit eine sinnvolle Transformation des Leidens – oder zumindest eines Teils davon – zu erreichen.

Aaron Antonovsky wurde durch eine Untersuchung in Israel auf die Frage nach den Gesundheitsfaktoren, die Menschen auch schwerste traumatische Situationen gesund überstehen lassen, aufmerksam. Überraschenderweise waren 29% der von ihm befragten Frauen, die als Jugendliche Konzentrationslagerhaft überlebt hatten, danach Jahre als Flüchtlinge verbringen mussten und schließlich in Israel drei Kriege miterlebt hatten, als psychisch gesund einzustufen.

Antonovsky veranlasste dies, sich intensiv mit der Frage nach den Faktoren, die einen Menschen, trotz massivem Stress, gesund erhalten bzw. vielleicht sogar in seiner Entwicklung fördern, auseinander zu setzen. Er entwickelte die Theorie des »Sense of Coherence« (SOC). Dieses Kohärenzgefühl beruht vor allem auf drei Komponenten:

1. Verstehbarkeit
Verstehbarkeit bezieht sich auf das Vermögen, Geschehen als sinnhaft wahrzunehmen. Die Umwelt wird als geordnet, strukturiert und klar erlebt und nicht als chaotisch und willkürlich. »Es ist wichtig darauf hinzuweisen, dass hier nichts über die Erwünschtheit von Stimuli impliziert ist. Tod, Krieg und Versagen können eintreten, aber solch eine Person kann sie sich erklären« (Antonovsky, 1997, S. 34).

2. Handbarkeit
Unter Handbarkeit versteht Antonovsky die subjektive positive Bewertung der eigenen Ressourcen, die zur Verfügung stehen, um mit den Anforderungen fertig zu werden. Dies können eigene Ressourcen sein, aber auch solche, über die Vertrauenspersonen und -gruppen verfügen.

Luise Reddemann (2004) benennt diese Komponente als Meisterschaft: Jemand, der über diese Fähigkeit verfügt, ist in der Lage, eine schwierige Situation »zu meistern«.

3. Bedeutsamkeit oder Sinnhaftigkeit
Mit Bedeutsamkeit ist die besondere Wichtigkeit eines oder mehrerer bestimmter Lebensbereiche/s gemeint.

»Formal bezieht sich die Komponente der Bedeutsamkeit des SOC auf das Ausmaß, in dem man das Leben emotional als sinnvoll empfindet: dass wenigstens einige der vom Leben gestellten Probleme und Anforderungen es wert sind, dass man Energie in sie investiert (…). Dies bedeutet nicht, dass jemand mit einem hohen Ausmaß an Bedeutsamkeit glücklich ist über den

Tod eines Nahestehenden. (…) [aber sie wird] (…) ihr Möglichstes tun, die Herausforderung mit Würde zu überwinden.« (ebd., S. 36)

Auf der Basis des Kohärenzgefühls soll im folgenden Kapitel die Frage nach Bewältigungsstrategien von »Verschwindenlassen« gestellt werden.

Dabei stellt sich zuerst einmal die Frage, nach der politischen Verantwortung und Vergangenheitsbewältigung nach Krieg und Diktatur. Der Wunsch der Machthaber, möglichst schnell zu »vergessen«, Täter, die weiter Machtpositionen inne haben wollen und korrupte Strukturen verhindern oft die Möglichkeit, dass Angehörige ein Kohärenzgefühl entwickeln können: Die Suche nach der Wahrheit, nach dem Sinn und der Bedeutung wird behindert. Der Wunsch der Menschen, die Opfer von Gewalt geworden sind, sich autonom mit ihrem Schicksal und dem ihrer »verschwundenen« Angehörigen auseinander zu setzen, wird blockiert und sogar als »krank« angesehen.

Wie gehen Länder, in denen politische System gewechselt wurden, mit der Vergangenheit der politischen Gewalt um? Welche Antworten erhalten Gefolterte und die Angehörigen von Ermordeten und »Verschwundenen« von den neuen Machthabern?

Elizabeth Jelin (1994, S. 51) stellt ernüchtert fest: »(…) there is the factual impossibility of bringing to trial all those responsible for violations and compensating all the victims.«

Sie beschreibt den Versuch der Vergangenheitsbewältigung in Argentinien nach Beendigung der Diktatur. »(…) and the wounds will be slow to heal and will reemerge time and again in different ways, ranging from artistic symbolizations to personal vengeance. Memory can then partially take the place of justice.«

Elizabeth Jelin fordert die individuelle sowie die kollektive Aufarbeitung für Opfer sozialer Katastrophen, mit all den Lücken und »schwarzen Löchern«, die damit verbunden sind. Ansonsten ist zu befürchten, dass die nächste Generation in eine Atmosphäre der unaufgearbeiteten alten Traumen hinein wächst, die von Schweigen und Lähmung gekennzeichnet ist.

Es gibt weltweit erstaunliche Initiativen, die von den Angehörigen von »Verschwundenen« gestartet wurden bzw. wo Angehörige sich massiv einbringen, um Aufklärung für ihre eigenen »Verschwundenen« zu erhalten. Darüber hinaus engagieren sie sich gegen das »Verschwindenlassen« und für Menschenrechte im Allgemeinen.

1 Die Mütter vom Plaza de Mayo

Die prominentesten Vertreterinnen der Eltern von »verschwundenen« Kindern sind wohl die »Mütter der Plaza Mayo« in Buenos Aires. Sie fordern Aufklärung über den Verbleib ihrer Söhne und Töchter, die während der Diktatur in Argentinien »verschwunden« sind.

Das »Verschwinden« von Angehörigen stürzt viele Menschen in Verwirrung und Ratlosigkeit. Und zugleich werden aktiv Schritte unternommen, um über den Verbleib der Menschen etwas zu erfahren. Dabei steht am Anfang vor allem die Aufklärung über den derzeitigen Verbleib und die möglichst schnelle Rückkehr der »verschwundenen« Person. Im Sinne des eingangs vorgestellten Kohärenzgefühls (Sense of Coherence, Antonovsky, 1997) werden alle drei Dimensionen sichtbar:

1. Durch den Versuch, Aufklärung über das »Verschwinden« zu erhalten und damit zu wissen, was passiert ist, wird die Situation verstehbar.
2. Indem die Mütter aktiv werden und sich nicht durch Drohungen einschüchtern lassen, befreien sie sich aus der Lähmung der Situation. Damit entsteht mitten im Chaos Handhabbarkeit; die Frauen sind in der Lage ihr Schicksal zu meistern.
3. Durch die gemeinsamen Forderungen und die Erfolge auf gesellschaftspolitischer Ebene sehen die Frauen einen Sinn in ihrem Handeln, selbst dann, wenn sie nie wieder Auskunft über das Schicksal ihres eigenen Angehörigen erhalten.

Eine der ersten Gruppen von Angehörigen von »Verschwundenen« sind die Mütter vom »Plaza de Mayo« (Las Madres de la Plaza de Mayo) in Argentinien.

Zuerst begannen die meisten Angehörigen allein die Suche nach der »verschwundenen« Person. Dabei waren sie in einem Kreislauf aus Angst, Hoffnung, Frustration gefangen.

> »These women, who did not know why their children were taken, nor by whom, immediately went to the authorities to report the abductions. But whether at the local police station, a government office or a military garrison, they were all told the same story – that there was no record of anyone with that name; they would then be sent elsewhere«,

beschreibt S. Thornton (2000, S. 281) diese erste Phase der Suche.

Meist waren es die Frauen, die sich auf diese langwierige und verzweifelte Odyssee durch die Behörden und Ämter begaben, da die Männer in der traditionellen Gesellschaft Argentiniens als Familienerhalter wieder zurück zur

Arbeit mussten und nicht genügend Zeit für diese zeitraubende Suche hatten. Immer wieder begegneten sich die gleichen Frauen bei den gleichen Ämtern und kamen langsam in Kontakt miteinander. »After some time women began to recognize other women who were going from place to place in the same manner that they were. Timidly they began to talk to each other and compare stories. Soon they began to meet« (ebd., S. 282).

Sie alle glaubten damals, dass sie nur einige Wochen oder Monate zu warten brauchten, bis ihre Kinder wieder auftauchen würden. Niemand wollte damals daran denken, dass ihre Kinder für immer »verschwunden« waren.

Im April 1977 begannen 14 Mütter mit einer kleinen Demonstration auf der Plaza de Mayo, wo sie ihre Petition für ihre Kinder präsentierten und ein Treffen mit dem Präsidenten forderten. Bereits drei Wochen später waren es 60 Frauen, die die Forderungen unterstützten. Drei Mütter wurden zu einem Treffen mit dem Innenminister zugelassen. Dieser wiegelte ab: Ihre Söhne und Töchter seien wahrscheinlich ins Ausland gegangen oder einfach fortgelaufen. Die Frauen ließen sich nicht so leicht abspeisen und kündigten an, dass sie sich von nun an jede Woche auf dem Platz treffen würden bis sie Auskunft über ihre Kinder erhalten.

Die Frauen organisierten ab dieser Zeit jeden Donnerstagnachmittag am Plaza de Mayo in Buenos Aires ihre Versammlungen und wurden so zu den »Las Madres de la Plaza de Mayo«. Die friedlich demonstrierenden Frauen wurden massiv von Polizei und Militär bedroht und einige der Mütter »verschwanden« ebenfalls. Eine der »verschwundenen« Mütter ist Azucena de De Vicente, eine der drei Frauen, die mit dem Innenminister gesprochen hatten.

> »The junta, whose campaign was based on creating fear among the populace so that no one would protest or disagree with it, hoped that by intimidation the Mothers would stop coming. Many Mothers indicate in their testimonies that it was very difficult to overcome the fear, first of all because they were afraid for the safety of other family members.« (ebd., S. 282f.)

Und trotzdem machten die Frauen weiter. Sie erhielten Unterstützung von anderen Menschenrechtsgruppen in Argentinien und auf internationaler Ebene. Den Müttern waren dieser Rückhalt und die Vernetzung wichtig, aber auch, dass sie mit ihrem Anliegen unabhängig blieben und nicht Teil einer größeren Menschenrechtsorganisation wurden. Sie wollten sich ganz speziell für die »Verschwundenen« einsetzen.

Da viele junge schwangere Frauen unter den »Verschwundenen« waren, deren Kinder nach der Geburt, die in Gefängnissen oder geheimen Gefangenenlagern stattfand, oft zur Adoption an regimetreue Mitarbeiter und Militärs gegeben wurden, bildete sich eine neue Gruppe: Die Großmütter dieser Babys wollten Aufklärung über den Verbleib ihrer Enkelkinder und zugleich ihre Rechte als Erziehungsberechtigte dieser Kinder geltend machen.

Die Mütter und Großmütter erhielten Unterstützung von Ländern wie Schweden, Kanada und den Niederlanden. Die Anerkennung der offiziellen katholischen Kirche, die die Frauen auch erhofften, blieb ihnen allerdings verwehrt.

Die Regierung konnte die Mütter, die inzwischen auch im Ausland sehr bekannt waren, nicht mehr nur einschüchtern und ignorieren. So wurden sie in Zeitungen als »Las Locas« – Die verrückten Frauen – verschmäht. Der Versuch, die psychische Abnormalität den Opfern von Menschenrechtsverletzungen zuzuschreiben, wurde also auch hier getätigt.

1982 waren es Zigtausende Menschen, die sich an den wöchentlichen Demonstrationen beteiligten. Schließlich gab die Militärregierung ihren Schlussreport heraus. »It said all persons missing but not in exile or in hiding could be presumed dead« (ebd., S. 285).

Im Oktober 1983 erlaubte die Militärjunta demokratische Wahlen. Die dunkle Ära in Argentinien ging damit zu Ende. Allerdings warten viele Mütter und Großmütter bis heute auf die Aufklärung über das genaue Schicksal ihrer Kinder und auf die Verurteilung der Täter.

1.1 Gruppenbildung der Angehörigen von »Verschwundenen«

In Argentinien (wie auch in anderen lateinamerikanischen Ländern) gab und gibt es PsychologInnen und ÄrztInnen, die sich aktiv für die Opfer von Menschenrechtsverletzungen eingesetzt haben und nach wie vor einsetzen. Diana R. Kordon, Lucila I. Edelman, D.M. Lagos, E. Nicoletti und R.C. Bozzolo von EATIP sind wohl die prominentesten aus dieser Gruppe.

Um den Angehörigen psychologische Unterstützung anzubieten, gingen sie zu den Treffpunkten der Mütter und nahmen dort an Gruppensitzungen teil. In diesen Treffen konnten Angehörigen die Ängste, Leiden und Schuldgefühle, die sie nach dem »Verschwinden« der Söhne und Töchter quälen, besprechen, und gerade im Austausch fanden viele Erleichterung.

Evelina, deren Sohn »verschwunden« ist, nahm an diesen Treffen teil. Sie wurde von massiven Schuldgefühlen gequält, da sie wie gelähmt der Verschleppung ihres Sohnes zugesehen hatte. Immer wieder fantasierte sie, dass sie durch aktives Einschreiten dieses »Verschwindenlassen« ihres Sohnes verhindern hätte können. Ihr antwortete Florencia, deren Sohn ebenfalls »verschwunden« ist. Florencia hatte sehr massiv gegen die Verhaftung ihres

Sohnes gekämpft und versuchte diese mit allen Mitteln zu verhindern – und leidet nun an Schuldgefühlen, dass sie die Situation durch ihr Verhalten verschlimmert haben könnte.

Durch den Austausch ihrer Erfahrungen lernten beide Frauen ein Stück weit, sich selbst in ihrer Reaktion zu akzeptieren (Kordon, 1988).

Die Angehörigen konnten das »Totschweigen« ihrer »verschwundenen« Angehörigen innerhalb der eigenen (Groß-)familien in der Gruppe thematisieren und so diese weitere Traumatisierung durchbrechen. Da es durchaus eine gängige Meinung war, dass, wer »verschwindet« selbst daran schuld sei und möglicherweise seine ganze Familie gefährdet, war es in den Jahren der Diktatur in Argentinien eine oftmalige Praxis, die unmittelbaren Angehörigen zu meiden und zu isolieren. Sie waren so in ihrem Leiden sprach- und hilflos. In der Gruppe konnte nicht nur diese Sprachlosigkeit durchbrochen werden. Es gab gegenseitige Unterstützung und Verständnis.

Diana Kordon und ihr Team (1988) sehen vor allem vier psychologisch sinnvolle Chancen in den Gruppentreffen der Angehörigen:

1. Die Verminderung der Überlebensschuld der Angehörigen
Wie das oben beschriebene Beispiel zeigt, kann das Teilen von Erfahrungen und Gefühlen neue Perspektiven auf die eigenen Handlungsweisen und Gefühle eröffnen. Zugleich hilft es auch, zu wissen, dass andere Ähnliches durchmachen. »The discussion (…) has helped us through the exchange of subjective experiences, how ideas held for years by someone who blamed herself for what had happened clash with the guilt feeling of another person who has quite simply, opposite ideas« (Kordon et al., 1988, S. 46).

2. Eine Erleichterung des persönlichen Leids und ein besseres Akzeptieren den eigenen Gefühlen der Verzweiflung und Hilflosigkeit gegenüber
Dies stimmt auch mit den Lebenserinnerungen von Leon Zelman überein. Die Überlebenden, die sich auf die – oft erfolglose – Suche nach überlebenden Verwandten machen, schließen sich im Auffanglager Bad Goisern zusammen und stützen einander.

>»Dafür bildete sich unter den Überlebenden zaghaft eine Gemeinschaft (…). Wir wussten zwar, dass wir vermutlich niemanden mehr hatten, aber wir hatten einander. Gemeinsam konnten wir Hoffnungen besprechen, Verwandte in Palästina oder in Amerika wiederzufinden (…). Indem wir das diskutierten, einander unsere Hoffnungen wie eine Therapie vorbeteten, gaben wir uns in der Nähe das, was wir in der Ferne suchten: Wärme und Geborgenheit (…). Die in Bad Goisern geschlossenen Freundschaften hielten ein Leben lang (…). Wir reden nicht über Ghetto oder Lager. Wir reden über die Zeit danach, als junge

Menschen einander ins Leben zurückhalfen, einander Vater und Mutter, Bruder und Schwester ersetzten. Psychologische Betreuung gab es ja keine. Wir mussten uns schon selber helfen, um in ein paar Monaten von Kindern zu Erwachsenen zu werden.« (Zelman, 1995, S. 120, 123, 125f.)

3. Neue Aspekte, die bisher nicht bekannt waren oder nicht gesehen wurden, bekommen Gewicht, und es kann zu neuen Bewertungen der eigenen traumatischen Geschichte kommen
Die Gruppenmitglieder erfahren, dass andere ähnlich fühlen und reagieren, aber dass es auch verschiedene und auch sehr individuelle Formen des Umgangs mit dem »Verschwinden« gibt und diese zu tolerieren sind.

4. Durch diese Gruppengespräche und den – in den ersten drei Punkten beschriebenen – Aspekten kommt es zu einer Stärkung des Selbstbewusstseins
»(…) conservation and strengthening of self-esteem by means of a maintenance and new placement of the relationships between the Ego and its Ideal with the help of the reality principle and intellectual comprehension« (Kordon et al. 1988, S. 46).

1.2 Transformation von Trauer und Traumatisierung in politische Aktion

In der ersten Phase nach dem »Verschwinden« der Tochter oder des Sohnes brauchten die Frauen allen Mut, um sich bei Ämtern und Behörden, mit denen die meisten von ihnen bis dahin nie in Berührung gekommen waren, nach ihren Kindern zu erkundigen. Die Angehörigen waren irritiert und verschüchtert. Durch das plötzliche »Verschwinden« eines Kindes waren sie mit einem schweren persönlichen Verlust konfrontiert. Da aber nichts Genaues über das Schicksal bekannt und zu vermuten war, dass der Staat dabei eine Rolle spielte, blieb ihnen die bei Todesfällen übliche Unterstützung von Verwandtschaft und Bekannten verwehrt. Im Gegenteil: Die Familien von »Verschwundenen« wurden oft gemieden, da Bekannte, Freunde und mitunter sogar nahe Verwandte Angst davor hatten, sich durch den Kontakt zur Familie des »Verschwunden« selbst verdächtig zu machen. »The grieving family was alone, deserted by and cut off from former support systems, unable to share its loss« (ebd., S. 285).
Durch den Zusammenschluss der Mütter wurde ein neues Bezugssystem geschaffen: Die Frauen fanden in dieser Gruppe eine Möglichkeit zu reden und wurden verstanden, da sie ja alle Ähnliches erlebt hatten.

Die Anerkennung des Todes, die eine Grundvoraussetzung für Trauer wäre, wurde von den meisten Müttern nicht vollzogen. Sie wollten ihre Kinder lebendig zurück. Einer der Slogans bei den Demonstrationen lautete: »Sie wurden lebendig weggeholt – wir wollen sie lebendig zurück.« Auch wenn mit den Jahren immer klarer wurde, dass kaum jemand, der »verschwand«, überlebt hatte, wollten die Mütter die Information über das Schicksal ihrer Kinder von den Behörden, die verantwortlich sind, hören. Und sie wollten die Verurteilung der Schuldigen. »(…) the Mothers denial is not psychological, but rather political. Their refusal to acknowledge the reality is a public position designed to deny the government an excuse to forget and move on without acknowledging its complicity and failure to bring the guilty to justice« (Kordon et al., 1988, S. 286).

Ab dem Jahr 1979, und vor allem in dem Abschlussbericht über die Menschenrechtsverletzungen während der Jahre der Diktatur, versuchte die Regierung die Angehörigen unter Druck zu setzen. Sie sollten den Tod der »verschwundenen« Personen akzeptieren, da man der Meinung war, dass damit die Suche der Mütter in der Öffentlichkeit, und damit die Suche nach den Schuldigen, beendet würde.

Thornton meint, dass es vor allem drei Faktoren waren, die den Frauen geholfen haben, ihr Leben nach dem »Verschwinden« ihres Kindes psychisch bewältigen zu können.

Erstens war es die gegenseitige Unterstützung der Frauen. Die »Las Madres de la Plaza de Mayo« waren ihre neue Großfamilie. Zweitens fanden sie durch ihre gemeinsamen Aktionen Wege aus ihrer Hilflosigkeit gegenüber dem traumatischen Geschehen, das sie und ihre Familie getroffen hatte, und drittens konnten sie durch ihre Arbeit über ihr persönliches Schicksal und ihren persönlichen Schmerz hinaus Sinnvolles für die gesamte Gesellschaft leisten. In ihrer gesellschaftspolitischen Arbeit sahen auch manche der Frauen die Fortsetzung des sozialen und politischen Engagements ihrer »verschwundenen« Kinder, das diesen zum Verhängnis geworden war.

S. Thornton fasst die Transformation der erstarrten Trauer und der Traumatisierung in politische Aktion zusammen:

»Although the Mothers may have resolved their grief (or continue to resolve their grief) in an unconventional way because of very unusual circumstances, by publicly denying death and insisting that the government explains and takes responsibility for its actions, they have both grown personally and effected positive social change very publicly in a society which generally believes that women, especially middle-aged and elderly women, should remain within the private space of the home (…). Through love for their disappeared children they have transformed their grief, born of a horrifying situation, into a positive vision of collective action for a more peaceful world.« (Thornton, 2000, S. 289)

2 Internationale Netzwerke der Angehörigen

Dem Beispiel der Mütter von Argentinien sind Angehörige von »Verschwundenen« in zahlreichen Ländern gefolgt.

Es gibt mit FEDEFAM (Latin American Federation of Associations for Relatives of the Detained-Disappeared) eine NGO, die sich als Netzwerk aller lateinamerikanischen Angehörigenorganisationen versteht. FEDEFAM wurde 1981 gegründet und hat Mitgliedsorganisationen in 14 Staaten Lateinamerikas. Die Organisation hat sich drei Hauptziele gesetzt: »Verschwundene«, wenn möglich lebend wieder zu finden, Aufklärung über alle Fälle von »Verschwindenlassen«, rechtliche Schritte gegen die Verantwortlichen durchzusetzen und nationale und internationale Rechtsnormen gegen das »Verschwindenlassen« aufzubauen bzw. in ihrer Umsetzung zu stärken.

»To rescue alive the victims of forced Disappearance from clandestine detention centers and to restore the children of parents subjected to forced disappearance to their families of origin.

To demand the investigation of all cases of forced disappearance and the judgment and sanction of those responsible for the crime.

To promote national and international legal norms which, classifying forced disappearance as a Crime Against Humanity, constitute methods of obtaining justice and of preventing forced disappearance.« (FEDEFAM, 2004, o.A.)

Die Ziele werden mit verschiedenen Mitteln zu erreichen versucht. Es werden Berichte gesammelt, Briefaktionen durchgeführt, Appelle an nationale und internationale Verantwortungsträger gerichtet, Veröffentlichungen unterstützt etc. Dabei stützt sich FEDEFAM auf internationale Abkommen wie die »UN-Declaration on the Protection of All Persons from Enforced or Involuntary Disappearance und die Convention Against Forced Disappearances« (siehe Anhang).

Weltweit sind 23 Länderorganisationen und 10 internationale Organisationen vernetzt, um gemeinsam Druck auf internationaler und nationaler Ebene auszuüben.

Internationale Organisationen wie Human Rights Watch, Amnesty International, Asia Watch geben den Angehörigen eine Plattform, um einerseits konkret in ihrer Suche nach den »verschwundenen« Angehörigen Unterstützung zu finden und andererseits, für strukturelle Veränderung zur Verhinderung von »Verschwindenlassen« zu kämpfen.

3 Wahrheitskommissionen

Wahrheitskommissionen spielen eine wichtige Rolle bei der Aufarbeitung der Vergangenheit.

Die wohl bekannteste Kommission war die »Truth and Reconcielence Commission« in Südafrika, die sich zum Ziel gesetzt hatte, durch die Aufklärung von Unrecht und die Bestätigung der Wahrheit, einen Beitrag zur Versöhnung zwischen den ethnischen Gruppen zu leisten. Aber es gibt und gab neben der südafrikanischen Kommission zahlreiche andere Wahrheitskommissionen, wie z.B. in El Salvador, Peru, Guatemala, Chile, Osttimor, Sri Lanka und Ruanda.

Zuerst einmal ist es für die Opfer wichtig, dass das Unrecht, das ihnen angetan worden ist, anerkannt wird. Es war nicht ihre Schuld, was geschehen ist. Dies ist für die Angehörigen der »Verschwundenen« von besonderer Bedeutung.

Kommt es zur Verurteilung der Täter, kann dies das Gefühl der Sicherheit für die Opfer fördern und ihnen die Genugtuung des Wunsches nach Gerechtigkeit geben. »It can lead victims to feel connected to, rather than isolated from, the rest of the world«, schreibt Staub (1998, S. 233).

Aber Wahrheitskommissionen erfüllen auch noch andere Funktionen. Täter neigen dazu, sich selbst als unschuldig zu sehen. Die Taten werden als in der Zeit notwendig entschuldigt, und die eigene Verantwortung wird mit dem Argument der Pflichterfüllung verleugnet.

> »Direct perpetrators, people involved in supporting roles, and the rest of the group, the bystanders, all tend to see the actions of their group as justified. They see it either as self-defense or as a way of dealing with a group that stood in the way of important, legitimate goals, possibly embodied in a ›higher‹ ideological vision like communism, nazism, or nationalism.« (Staub, 1998, S. 233)

Durch die Kommissionen wird dieses Selbstbild aufgebrochen und ein zumindest gesellschaftlich anderes Bild gezeigt: Die Täter werden zur Verantwortung gezogen.

Aber erstaunlicherweise sind Opfer sehr oft bereit, nachsichtig mit den Tätern zu sein, wenn diese nur die Schuld eingestehen. »(...) the relatives of the victims showed great generosity (...) most of them stressed that in the end, what really mattered to them was that the truth be revealed, that the memory of their loved ones not be denigrated or forgotten« (Zalaquett, 1992, S. 1437).

Kristy Sangster (1999) sieht vor allem zwei wesentliche Funktionen in den Wahrheitskommissionen.

Erstens: Basis für die Kommissionen muss die Wahrheit der Opfer sein, und diese muss anerkannt werden. Darauf kann und soll sich Rechtssprechung beziehen. Diejenigen, die für Menschenrechtsverletzungen verantwortlich sind, müssen dafür zur Verantwortung gezogen werden – so wie es das jeweilige Rechtssystem vorsieht. Die Kommissionen bereiten so die Fakten vor, auf denen die Gerichtsbarkeit aufbauen kann. Diese scheinbar selbstverständliche Tatsache ist nicht immer einfach umzusetzen.

Das erste Modell für die Wahrheitskommissionen waren die Nürnberger Prozesse. Diese klagten die Täter eines gänzlich vernichteten Regimes an und urteilten auf dieser Basis. Selbst unter diesen – politisch sehr klaren – Umständen war es schwierig, Täter auszuforschen und zu verurteilen.

Die Wahrheitskommissionen, die seit den 70er Jahren des 20. Jahrhunderts in post-diktatorischen Ländern gebildet worden sind, sehen sich meist konfrontiert mit wichtigen Verantwortungsträgern der Diktatur, die auch noch in der neuen Regierung oder in der Armee weiterhin eine einflussreiche Rolle spielen (Beispiel Chile). In ehemaligen Bürgerkriegsländern soll der oft noch labile Frieden erhalten bleiben, und die Wahrheit soll diesen nicht gefährden.

Und schon gar während eines Kriegs ist es schwierig, Menschenrechtsverletzungen zu untersuchen. In Sri Lanka z. B. hat eine von der Regierung eingesetzte Kommission zur Aufklärung von Fällen von »Verschwindenlassen« der Präsidentin im Jahr 1996 die Namen von 200 verantwortlichen Armeeangehörigen übergeben. Es gab ein tagelanges Verwirrspiel um deren mögliche Suspendierung vom Dienst. Am Ende der Diskussion stand die Empörung über die Verunglimpfung von Kriegshelden und eine mögliche Schwächung der Armee in dieser wichtigen Kriegsphase. Keiner dieser Soldaten ist damals aus dem aktiven Dienst im Kriegsgebiet abgezogen worden (Amnesty International, 1997).

Die Frage, wieweit die Aufarbeitung von staatlichen Verbrechen in einem Land im Kriegszustand überhaupt möglich ist, bleibt unbeantwortet.

Trotzdem gelingt es immer wieder, Verantwortliche auf Basis der Fakten von Wahrheitskommissionen zur Verantwortung zu ziehen und Gerechtigkeit für die Opfer der Menschenrechtsverletzungen zu erhalten.

Sangster (1999) weist aber darauf hin, dass Wahrheit selbst bereits einen Eigenwert hat, und sowohl individuell als auch für die gesamte Gemeinschaft eine ordnende und heilende Wirkung haben kann.

Es können auch alternative Formen der Wiedergutmachung und Sühne gefunden werden. Die formelle Entschuldigung für die Menschenrechtsverletzungen, die Präsident Aylwin gegenüber den Opfern und den Angehörigen der »Verschwundenen« ausgesprochen hat, war in Chile mehr als nur eine Geste. Sie wurde als Anerkennung und Rehabilitation der Toten und »Verschwundenen« verstanden.

Die Kommission in Chile gab darüber hinaus eine Reihe von Empfehlungen ab, die neben einer besseren medizinischen und psycho-sozialen Versorgung der Opfer auch bessere Bildungsmöglichkeiten forderte. Darüber hinaus gab es eine Reihe von Vorschlägen, um Menschenrechtsverletzungen in Zukunft zu verhindern.

Brandon Hamber (1995) untersuchte die Frage der Kompensation für die Opfer von politischer Repression in Südafrika nach dem Ende der Apartheid und weist auf die individuell unterschiedlichen Wünsche und Bedürfnisse der Überlebenden und der Angehörigen der Toten und »Verschwundenen« hin: »Some survivors and families of victims want financial compensation, others a proper funeral for their ›missing‹ loved ones, some simply want the truth and still for others the greatest compensation would be to see the perpetrators brought to justice« (Hamber, 1995, S. 6).

In jeder Gesellschaft gibt es ein allgemeines Verständnis von Recht und Sühne, wenn dieses Recht verletzt wurde. Würden die Täter – auch von politischer und staatlich sanktionierter Gewalt – nach diesen Richtlinien be- und verurteilt, könnte dies für die Opfer und die Hinterbliebenen eine entscheidende Hilfe bei der Bewältigung des Traumas sein.

Der Grund, warum viele die finanzielle Entschädigung abgelehnt haben, liegt nach Ansicht von Hamber darin, dass die Angehörigen und Überlebenden nicht für ihr Schweigen bezahlt werden wollen. »They refused to accept monetary reparation as they felt that the state was buying their silence rather than social and historical recognition« (S. 5).

3.1 Gacaca – der Versuch Ruandas, die Vergangenheit zu bewältigen

Eine besondere Form der Vergangenheitsbewältigung wurde in Ruanda versucht.

Ruanda erlebte vom 7. April bis zum 13. Juli 1994 eine der schlimmsten durch Menschen verursachte Katastrophen am Ende des 20. Jahrhunderts. 800.000 bis eine Million Menschen wurde in diesen drei Monaten auf Grund ethnischer Vorurteile ermordet. Opfer waren vor allem Angehörige der Minderheit der Tutsis, aber auch liberale Hutus und Menschen, die das Pech hatten, äußerlich Tutsis zu gleichen.

> »Gemordet wurde vor allen an Straßensperren, in Schulen und in Kirchen. Die Menschen flohen meist in Schulen und Kirchen, da sie glaubten, dort in Sicherheit zu sein. Dies war jedoch ein Trugschluss: die (Hutu-)Priester der katholischen Kirche halfen allzu oft bei der Liquidierung der Tutsi aus ihrer Gemeinde

(...). Gemordet wurde einerseits nach den zuvor gefertigten Listen, andererseits nach physischen Merkmalen: Tutsi sind meist größer, schlanker und heller als Hutu und haben schmalere Nasen. So wurde auch einigen Hutu ihre tutsiähnliches Aussehen zum Verhängnis.« (Ullmann & Donat, 2004, S. 2)

Bis zu einer halben Million Menschen wurden zu Tätern, 50.000 davon gelten als »Täter erster Kategorie«. Damit werden die Planer und Anstifter zum Massenmord, besonders grausame Mörder und Massenvergewaltiger bezeichnet.

Ein Grund für diese Dimension des Völkermords wird in der Straflosigkeit nach früheren Massakern in der Geschichte Ruandas gesehen. Daher erscheint es von enormer gesellschaftlicher Bedeutung, dass die Verantwortlichen zur Rechenschaft gezogen werden.

Allerdings wurden 90% der Richter ermordet und sind geflohen. Daher war die Installierung eines alternativen Rechtssystem notwendig. In Anlehnung an die vorkoloniale Tradition wurden im Herbst 2001 sogenannte »Gacaca«-Volksgerichte ins Leben gerufen. Ein Gacaca-Gericht besteht aus 9 RichterInnen, wovon mindestens fünf alphabetisiert sein müssen. Es gibt zwei Instanzen (Zelle und Sektor). TäterInnen der ersten Kategorie (s. o.) werden weiterhin vor reguläre staatliche Gerichte gestellt, während TäterInnen der zweiten (Tötungsdelikte) und dritten Kategorie (Zerstörung von Eigentum, Eigentumsdelikte) vor Gacaca-Volksgerichte gestellt werden.

Die Prozesse sind mit drei Phasen festgelegt: In der ersten Phase geht es um die Erhebung der Tatsachen. In der zweiten Phase werden die TäterInnen einer der drei Kategorien zugeordnet. Erst in der dritten Phase fällen die RichterInnen das Urteil, wobei der Strafrahmen bis zu lebenslänglicher Haft reichen kann. Strafmildernd gelten Geständnisse und offen bekannte Reue.

> »Eine Alternative zu Gacaca gibt es nicht. Die staatlichen Gerichte wären mit einer Abarbeitung aller Taten überfordert, der Aufwand, sie für diese Aufgabe finanziell und personell adäquat auszustatten, enorm. Da die Straflosigkeit für früher verübte Massaker in der Geschichte Ruandas als eine Mitursache für den Genozid angesehen wird, scheint es auch nicht denkbar, die große Masse der Taten ungesühnt zu lassen.« (Ullmann/Donat, 2004, S. 5)

In der Umsetzung der Gacaca-Gerichtsbarkeit gibt es viele Probleme: Die RichterInnen sind oft befangen, da sie selbst als MittäterInnen verwickelt waren. Nur dort, wo diese Verstrickungen publik werden, können RichterInnen ihres Amtes enthoben werden.

Bisher sind noch keine Fälle abgeschlossen, hingegen kam es 2003 zu einer großen Welle an Entlassungen von TäterInnen, deren Freiheitsstrafe bei einer Verurteilung geringer gewesen wäre, als die bereits in Untersuchungshaft verbrachte Zeit. Die zahlreichen Entlassungen haben die Opfer verunsichert. Viele sind nicht mehr bereit, Aussagen zu machen, da sie Angst vor Racheaktionen haben.

Aber es gibt durchaus auch positive Auswirkungen der Gacaca-Gerichte. Vor allem Angehörige von »verschwundenen« Personen haben durch die Geständnisse der TäterInnen endlich eine Möglichkeit über das Schicksal ihrer Angehörigen Auskunft zu erhalten, die Körper zu bergen und die Toten zu beerdigen:

> »Trotz der beschriebenen Probleme trägt die Gacaca-Gerichtsbarkeit und die mit ihr verbundene politische Diskussion zur Verarbeitung des Genozids bei: Die Geständnis-Kampagnen im vergangenen Jahr haben wesentlich zur Aufklärung beigetragen. Durch sie war es möglich, Massengräber zu finden und genaue Todesumstände aufzuklären (...). So konnten Familien ihre Angehörigen würdig bestatten.« (ebd., S. 5)

Die Bewältigung der Vergangenheit in Ruanda wird noch lange dauern. Der individuelle psychologische Prozess, den die Opfer durchleben, kann und muss durch ein Rechtssystem, das die Wahrheit benennt und Recht spricht, unterstützt werden.

4 Künstlerische Annäherung an die Wahrheit – Beispiel Kambodscha

Ein zutiefst erschütterndes und zugleich erstaunliches Filmdokument hat der kambodschanische Filmemacher Rithy Panh mit seinem Film »S 21 – La Machine de mort Khmère Rouge« (2003) zu diesem Thema geschaffen. Drei Jahre lang hat er mit zwei überlebenden Opfern und einer Gruppe von ehemaligen Wärtern im Todeslager S 21 gedreht.

Der Maler Nath, der einer der wenigen Überlebenden des Lagers S 21 ist, konfrontiert die ehemaligen Wärter mit seinen Bildern, in denen er den Schrecken der Lager malerisch dargestellt hat, und stellt Fragen an sie. In einem sehr langsamen und schmerzhaften Prozess gelingt es den ehemaligen Wärtern, von ihrer anfänglichen Haltung, dass sie die eigentlichen Opfer des Regimes gewesen seien, auch – zum Teil – ihre Schuld einzugestehen.

> »Die Basis meiner dokumentarischen Arbeit ist das Zuhören. Ich stelle das Ereignis nicht her. Ich schaffe Situationen, damit die ehemaligen Roten Khmer an ihre Taten denken, und die Opfer darüber reden können, was sie durchgemacht haben. Meistens versuche ich, die Geschichte so menschlich wie möglich, dem Alltag jedes Individuums entsprechend ins Bild zu fassen: wie jeder Mensch in dieser Geschichte lebt, leidet oder handelt. Ich hatte nie einen Film vor Augen, der eine Antwort oder einen Beweis liefert. Ich entwerfe ihn als Fragestellung. Auch weil ich es nicht ertrage, dass die Opfer anonym bleiben (…). Bei einem Völkermord ist die Anonymität Komplize des Vergessens. Die Abstrahierung auf Zahlen, die über keine Identität verfügen, ist schwindelerregend und mündet in die Faszination des Horrors.« (Panh, 2004, o.A.)

In Kambodscha wird es auch mehr als 20 Jahre nach dem Ende einer Diktatur, die zwei Millionen Menschen oder 1/4 der Gesamtbevölkerung in den Tod getrieben hat, keine wirkliche Aufarbeitung der Verbrechen der Roten Khmer geben. Zu verstrickt sind die derzeitigen Machthaber mit den damaligen Tätern. Umso beachtlicher und wichtiger sind künstlerische Auseinandersetzungen wie dieser Film.

> »Ich wünsche mir heimlich, mein Film würde so etwas wie ein pädagogisches Instrument werden. Bei den Vorführungen in Kambodscha löste er eine sehr heftige Reaktion aus, weil er ein sehr schwerwiegendes Tabu gebrochen hat: das des Schweigens (…). Die individuellen Tragödien sind mit der Logik eines organisierten Systems konfrontiert worden, deren Räderwerke langsam ans Licht kommen. Die Kinder haben ihre Eltern befragt. Die Eltern haben es gewagt, den

Kopf zu heben. Die Opfer haben plötzlich weniger Angst gehabt. Die Mörder haben angesichts der Beweise aufgehört, die Tatsachen zu leugnen.« (Panh, 2004)

5 Die Notwendigkeit, »Verschwundene« für tot erklären zu lassen – Beispiel Sri Lanka

1995 wurden von der neuen Regierung Sri Lankas drei Kommissionen zur Aufklärung von »Verschwundenen-Fälle« eingesetzt. Ca. 60.000 Fälle von Personen, die vor allem 1988–1990 »verschwunden« sind, wurden den Kommissionen gemeldet.

Im Süden des Landes konnten davon 5.000 Anfragen erledigt werden. Das heißt, der Tod der Person wurde durch Indizien soweit nachgewiesen, dass die betreffende Person offiziell für tot erklärt wird und die Angehörigen einen Totenschein ausgestellt bekommen können. Damit verbunden ist der Anspruch auf finanzielle Entschädigung. Dies ist ein durchaus wichtiger Schritt in der Vergangenheitsbewältigung und verbessert die Situation von Tausenden Witwen und (Halb-)waisen.

Neben der materiellen Absicherung einer großen Anzahl von Frauen und Kindern bedeutet diese Maßnahme aber auch eine große psychische Entlastung. »Verschwindet« ein Familienmitglied, richtet sich meist die ganze Familie auf die mögliche Rückkehr dieser Person aus. Es wird viel Energie in die Nachforschung und Suche gesetzt, Möglichkeiten des Aufenthaltes werden fantasiert. Wenn die »verschwundene« Person wiederkommt, soll sie alles so vorfinden, wie sie es verlassen hat. Dies führt zu einer Erstarrung des Familienlebens, eine Weiterentwicklung ist nicht möglich.

Eine junge Frau, Mutter zweier Kleinkinder, hat über eine NGO eine Sekretärinnenausbildung erhalten und verdient sich seither mit kleinen Nebenjobs das Nötigste, um mit ihren Kindern überleben zu können. Von der Organisation wurde ihr ein gut bezahlter Fulltimejob angeboten, den sie zur Verwunderung – und auch Verärgerung – der MitarbeiterInnen der NGO abgelehnt hat, da es scheinbar keinen Grund dafür gab. Von der Psychodynamik her ist es dieser Frau nicht möglich, die Position ihres »verschwundenen« Mannes als Familienerhalter einzunehmen. Sie hält mit enormem Einsatz und unter großen Entbehrungen diese Position für ihn offen. Alles andere käme in ihren Augen einem Verrat gleich.

Wird in der Familie das »Verschwinden« als endgültig akzeptiert, ist dies meist mit großen Schuldgefühlen verbunden. Die Angehörigen fühlen sich am Tod mitverantwortlich. Um den Tod eines geliebten Menschen akzeptieren zu können, ist es wichtig, den toten Körper zu sehen. Es verhindert Fantasien, wie die, dass die Person ja noch am Leben sei und bald wiederkommen werde. Erst dann, wenn der physische Tod akzeptiert wird, ist es möglich, eine Person auch »sozial« sterben zu lassen, sie zu betrauern und eine Zukunft ohne diesen Menschen zu planen.

Die Kommissionen zur Aufklärung der Fälle von »Verschwindenlassen« können zwar nicht mehr die Konfrontation mit den sterblichen Überresten den Angehörigen ermöglichen, aber sie übernehmen die Funktion des »sozialen Todes«. Dieser muss damit nicht mehr von der Familie selbst vollzogen werden, sondern wird von einer staatlich eingesetzten Autorität übernommen. Die Familien werden damit psychisch stark entlastet. Zugleich werden soziale Rollen in der Gesellschaft klar: Frauen von »Verschwundenen« werden zu Witwen und ihre Kinder zu Waisen.

Leider waren die Kommissionen in Sri Lanka nur eine vorübergehende Erscheinung und wurden aus politischen Gründen, lange bevor die zahlreichen Fälle geklärt waren, weitgehend abgeschafft.

Möglicherweise ergibt sich durch die zahllosen Opfer der Flutkatastrophe vom Dezember 2004, die zum Teil eilig in Massengräbern bestattet wurden, eine neue Chance für Exhumierungen in Sri Lanka. Vielleicht endet diese Arbeit dann nicht bei den politisch ungefährlichen Opfern der Naturkatastrophe, sondern kommt auch Opfern und Angehörigen der menschlichen Katastrophe des Bürgerkriegs zu Gute.

6 Psychotherapeutische Begleitung und Bearbeitung – ein Beispiel aus Chile

Carlos Madariaga (1992) beschrieb 1990 die Arbeit eines Teams der Behandlungs-einrichtung CINTRAS im chilenischen Dorf Parral. 29 Menschen, vorwiegend Landarbeiter, waren während der Zeit des Terrors des Regimes unter Pinochet »verschwunden«. Der Verband der Angehörigen von Verschwundenen hat 17 Jahre nach dem »Verschwinden« der Männer um psychosoziale Hilfe für das Dorf gebeten.

Die Intervention ist außergewöhnlich und soll daher hier beschrieben werden. Wöchentlich fuhren ein Psychiater und eine Sozialarbeiterin nach Parral. Drei Stunden standen für individuelle Therapie zur Verfügung, zwei Stunden wurde mit Gruppen gearbeitet, und zwei Stunden waren für die soziale Familienbetreuung vorgesehen.

Wie auch in Argentinien, zeigte sich hier, dass es vor allem die Mütter waren, die sich am intensivsten mit der Suche um den verlorenen Angehörigen beschäftigten und auch am meisten unter der Ungewissheit litten.

»Es waren vor allem die Mütter, die an die traumatische Situation des ›Ver-schwundenen‹ gebunden blieben; in ihnen konzentrierte sich die Trauer der Familie, was sie einer übermäßigen psychoemotionalen Belastung aussetzte. Die fehlende Unterstützung innerhalb der Familie und der Mangel an sozialen Instanzen, die den Schmerz hätten auffangen können, trugen zur Privatisierung des Dramas bei.« (Madariaga, 1992, S. 13)

Und auch hier war es vor allem die Solidarität der Mütter untereinander, die den einzelnen Frauen ein wenig Stütze gab.

Madariaga und sein Team beobachteten, dass die Familienmitglieder, die der gleichen Generation wie der »Verschwundene« angehörten, sich kaum an der Suche und an der Forderung nach Gewissheit und Gerechtigkeit beteiligten. »Sie haben sich eher für eine Verleugnung und Rationalisie-rung des Traumas entschieden, ein psychischer Mechanismus, der zu kriti-scher Distanzierung von dem Familienmitglied führte, das weiterkämpfte und in einigen Fällen sogar zur Identifizierung mit dem Täter« (ebd., S. 13).

Als Erklärung dafür sieht Madariaga Angst, die geringe Identifizierung mit den politischen Idealen des Opfers und den Wunsch, nicht damit in Ver-bindung gebracht zu werden.

Tatsächlich werden die Opfer immer wieder krimineller Machenschaften verdächtigt. Einige Täter leben nach wie vor im Dorf und sind hoch angesehene Bürger.

In dieser Atmosphäre wurde das Projekt von Cintras gestartet. An den Gruppentherapien beteiligten sich durchschnittlich 18 Personen. Den Gruppenprozess beschreibt Madariaga in vier Phasen (»Momenten«):

In der ersten Phase ging es um Vertrauensaufbau und Sicherheit. Bestehendes Misstrauen und Ängste konnten auf dieser Basis ausgesprochen werden. Es wurden dafür verbale und nonverbale Methoden verwendet.

Als genügend Sicherheit erreicht war, entschloss sich die Gruppe in die benachbarte Stadt zu fahren, um vor der »Kommission Wahrheit und Versöhnung« eine Aussage und Anklage zum »Verschwinden« ihrer Angehörigen zu machen.

In der zweiten Phase wollte das Behandlungsteam genauere Informationen über die psychischen Leiden, die durch die Privatisierung der traumatischen Erfahrungen erschwert worden waren. Es wurden Zeugnisberichte angeregt. Dies wurde von den Gruppenmitgliedern aufgenommen.

»In dem Maße wie jeder einzelne in den Berichten der anderen Teile seiner eigenen Geschichte wiedererkannte, wurden die anfänglichen Hemmungen, persönliche Erfahrungen mitzuteilen, durch Gefühle der Solidarität und der Aufnahme fremder Schmerzen abgelöst. Die Integration einer kognitiven Ebene in dieser Phase des Prozesses ermöglichte einen Meinungsaustausch und eine kollektive Reflexion.« (ebd., S. 15)

Die Verleugnung des Todes zeichnete sich aber als Grundkonflikt ab.

»Alle Angehörigen verband ein gemeinsamer Nenner: ein intimer psychologischer Schutzwall, von dem aus sie das Leben verteidigten, sei es durch eine Phantasie, eine Hoffnung oder eine ›Ahnung‹ (›... ich weiß, dass er irgendwo am Leben ist, natürlich ist es möglich, dass er wie viele andere getötet wurde, aber etwas in meinem Herzen sagt mir, dass er lebt, schließlich bin ich seine Mutter ...‹).« (ebd., S. 15)

Diese Verleugnung war auch 17 Jahre nach dem »Verschwinden«, und nachdem bereits Knochenreste gefunden wurden, die allerdings nicht eindeutig identifiziert werden konnten, aufrecht.

Die Gruppe erreichte eine dritte Phase im gemeinsamen Prozess:

»Es bestand einerseits der ausgesprochene Wunsch, den persönlichen Schmerz zu überwinden und stabilere Bedingungen ihres (...) emotionalen Lebens zu erreichen: anderseits hat die (...) offizielle Untersuchung der Verbrechen und der Fund von Leichenresten in der Region (…) einen günstigen Moment heranreifen lassen, um uns einer Neuverarbeitung der Vergangenheitserlebnisse zu nähern, sowie dem klaren und realen Begreifen der Gegenwart; einer Gegenwart, die innerhalb weniger Monate nur ein einziges mögliches Schicksal für die ›Verschwundenen‹ einräumte: den Tod.« (ebd., S. 15)

Der vierte – und wahrscheinlich langwierigste – Schritt ist die Trauer und die Begleitung durch die Trauer. Über diese weitere Phase liegen leider keine Berichte von C. Madariaga vor.

7 Exhumierungen – die Notwendigkeit, Gewissheit zu erlangen

Seit 1996 wurde von der Internationalen Kommission für vermisste Personen (ICMP) ein Pionierprogramm zur Identifizierung von exhumierten Personen entwickelt. Archäologen, Anthropologen und Pathologen versuchen gemeinsam mit dem umfangreichen Programm von DNA-Tests, die Identität der Leichen zu klären.

Es gilt, die Opfer aus der Anonymität zurückzuholen. Für viele Hinterbliebene bedeutet dies, endlich Klarheit über den »verschwundenen« Angehörigen zu erhalten. Zugleich ist es ihnen jetzt möglich, die jeweiligen kulturellen und religiösen Totenrituale zu vollziehen.

Christian Schmidt-Häuer (2002) fühlt sich in seinem Bericht über die Exhumierungen in Bosnien an eine andere Gestalt der griechischen Mythologie erinnert: Die forensische Anthropologin, die die Exhumierungen leitet, sei für die Angehörigen »fast schon wie ein Orpheus des gentechnischen Zeitalters«, also jemand, der ins Reich der Toten hinab steigt, und dort Antworten über den Verbleib der geliebten Toten erhält.

Exhumierungen finden normalerweise in drei Schritten statt.

Bei den Vorarbeiten wird eine historische Recherche zu den Umständen der Ermordung, des »Verschwindens« und zum Ort des (Massen-)grabs durchgeführt. In Interviews werden die Umstände des Todes bzw. »Verschwindens« und körperliche Merkmale der gesuchten Person erhoben.

In der Phase der Grabung geht es um die Exhumierung der menschlichen Überreste und der persönlichen Gegenstände wie Kleidung, Schmuck, Dokumente etc. Durch archäologische Methoden soll gewährleistet werden, dass alle brauchbaren Spuren gesichert werden. Alle Leichenteile und Gegenstände werden geborgen und dokumentiert.

Im dritten Schritt werden die exhumierten Funde im Labor analysiert. Die Anzahl der Toten, die sich im Grab befanden und deren Alter, Geschlecht, Körpergröße, Gebiss und besondere Merkmale werden mit den bekannten Daten der »vermissten« Personen verglichen. Durch Blutproben von Verwandten können auch verschiedene DNA-Tests durchgeführt werden (Kernjak, 2002).

Angehörige in allen Ländern, in denen Exhumierungen stattfinden, versuchen in der Nähe der Ausgrabungsstätten zu sein.

»Immer herrschte die zweischneidige Furcht, das in der Grube könne ihr Sohn sein oder könne es nicht sein – was erneutes Suchen bedeutete. Stellte sich heraus, dass der Leichnam der eines Fremden war, dann erhob die Familie sich nach wochenlangem Warten und ging. Sie würden sich zu anderen Ausgrabungsorten (...) begeben. Ihr verlorener Sohn konnte sich überall befinden.« (Ondaatje, 2001, S. 9)

Obwohl es bisher sehr wenige Arbeiten über die psychologische Begleitung und Betreuung von Angehörigen während Exhumierungen gibt, wird diese immer wieder gefordert. »Es gibt jedoch keine mir bekannte wissenschaftliche Arbeit, die die psychischen Prozesse der Betroffenen im Zusammenhang mit Exhumierungen behandelt. Trotzdem wird bei Exhumierungen oft die psychologische Betreuung der Angehörigen gefordert«, schreibt Franz Kernjak (2002, S. 8) und legt selbst eine Diplomarbeit über die psychologische Begleitung einer Exhumierung in Guatemala vor.

7.1 Beispiel Guatemala

In Guatemala gelten ca. 38.000 Personen als »verschwunden« (Agosin, 1993).

Organisierter Widerstand gegen diese unmenschliche Praxis konnte sich erst spät formieren. Die ersten Versuche in den siebziger Jahren gegen das »Verschwindenlassen« zu protestieren wurden äußerst brutal zerschlagen. So endete die Arbeit der »University Students Association« (AEU), des nachfolgenden »Committee of the Relatives of the ›Disappeared‹« und der »National Commission for Human Rights« mit der Ermordung der führenden Persönlichkeiten bzw. ebenfalls mit deren »Verschwinden« (Towell, 1994).

GAM (Grupo de Apoyo Mutuo) wurde im Juni 1984 von fünf Personen, die nach ihren »verschwundenen« Angehörigen suchten, gegründet und ist bis heute tätig. Am 12. Oktober 1984 organisierte die Gruppe eine Demonstration in Guatemala City, an der ca. 1.000 Menschen teilnahmen. Ca. 100 TeilnehmerInnen wurden direkt von der Demonstration weg oder später an diesem Tag gekidnappt. Erreicht wurde aber die Aufmerksamkeit einer breiten Öffentlichkeit – die »Verschwundenen« konnten von der Regierung nicht mehr totgeschwiegen werden. Eine Woche später gab es eine Stellungnahme von Minister Sandoval, der behauptete, die »Verschwundenen« hätten Guatemala freiwillig verlassen und seien ins Ausland geflohen, ohne ihren Angehörigen Bescheid zu sagen.

Im November 1984 trafen sich VertreterInnen von GAM mit General Victores und machten ihm klar, dass sie über die geheimen Gefangenenzentren viel Information zusammengetragen hatten. Daraufhin wurden die schwer verstümmelten Leichen von mehreren »verschwundenen« Personen gefunden, oft ganz in der Nähe ihres früheren Wohnortes.

Obwohl die Mitglieder von GAM bedroht und mehrere der Führungspersonen brutal ermordet worden sind, hat GAM weitergearbeitet. Zugleich arbeiten andere Organisationen, wie die Witwengruppe von Mayafrauen (CONAVIGUA), eine indigene Menschenrechtsgruppe (CERJ) und die Organisation FAMDEGUA an der Aufklärung der »Verschwundenen-Fälle« in Guatemala.

Zwischen 1979 und 1984 sind in Guatemala Zigtausende Menschen ermordet und anschließend in Massengräbern verscharrt worden. 1988 wurde erstmals ein Massengrab geöffnet, die Toten identifiziert und schließlich beerdigt.

GAM hat seither ca. 100 Massengräber, in denen vermutlich »Verschwundene« verscharrt worden sind, registriert. Die Öffnung dieser Gräber, die Identifikation der Toten und die Möglichkeit, damit aus den »Verschwundenen« verstorbene Angehörige zu machen und sie mit all den dazu notwendigen Ritualen zu bestatten, stellt eine zentrale Arbeit der Organisationen für die Angehörigen von »Verschwundenen« dar.

Die Wahrheitskommission (CEH, 1997) hat eine aktive Exhumierungspolitik empfohlen, weil sie darin einen wichtigen Schritt für die Versöhnung in Guatemala sieht.

> »It is an act of justice because it constitutes part of the right to know the truth and it contributes to the knowledge of the whereabouts of the disappeared. It is an act of reparation because it dignifies the victims and because the right to bury the dead and to carry out ceremonies for them according to each culture is inherent in all human beings.« (CEH, 1997, zit. n. Kernjak, 2002, S. 31)

Es ist notwendig den Tod zu erinnern, eine Form zu geben und zu betrauern, um weiterleben zu können, beschreibt die Psychologin Susana Navarro Garcia (2001) ihre Hoffnung für ihr Heimatland Guatemala. Die Exhumierungen sind ihrer Meinung nach von sehr großer gesellschaftlicher Bedeutung, nicht nur für die unmittelbaren Angehörigen, sondern für die ganze Gesellschaft.

> »Die Exhumierungen schaffen einen Raum für die Wahrheit, für die Wiedererlangung der Geschichte, für die Anerkennung des Leidens, das die Mehrheit der Bevölkerung Guatemalas zugefügt wurde. Indem sie ermöglichen, dass die Menschen offen aussprechen können ›Sie sind ermordet worden!‹ lösen sie den Konflikt zwischen dem Wissen um die Ermordung und der Unmöglichkeit, dieses Wissen offen auszusprechen.« (Garcia, 2001, S. 40)

Psycho-soziale Begleitung ist besonders notwendig, da in den Jahren des Terrors das spirituelle Bezugssystem gezielt vernichtet worden ist. In vielen Fällen wurden die Priester (katholische, protestantische und Maya-Priester) ermordet oder denunziert, und so haben die Gemeinden auch ihren spirituellen Mittelpunkt verloren.

Die psycho-soziale Begleitung der Exhumierungen, wie sie in der Arbeit von Susana N. Garcia (2001) und ihren MitarbeiterInnen unter dem Titel »Salud Mental« durchgeführt wurde, lässt sich in sechs Punkten zusammenfassen:

1. Die Bildung von Gruppen, deren Zusammenhalt oft auch nach Beendigung der Exhumierungen weiterbestand.

2. Die Möglichkeit, die persönliche Geschichte auszusprechen, zu erzählen und Menschen zu finden, die zuhören.

3. Vertraute Rituale werden wieder erinnert und in die gemeinsame Arbeit integriert.

4. Ein multidisziplinäres Team (Ethnologie, Soziologie, Pädagogik, Medizin, Psychologie und Psychiatrie) arbeitet zusammen, um einen möglichst breiten Raum für Informationen und Erklärungen während des gesamten Prozesses geben zu können.

5. Die sozialen Bedingungen in einer Gemeinde werden, bereits bevor die Exhumierungen beginnen, erhoben. Es werden mögliche positive Effekte – Wiedererlangung der Würde, Anerkennung der gemeinsamen Geschichte etc. – und auch mögliche negative Effekte – Wiederbelebung von Ängsten, Verzweiflung und Traumatisierung – die die Exhumierung auf die Gemeinde hat, analysiert und besprochen.

6. Es müssen von vornherein auch Maßnahmen getroffen werden, für die leider nicht seltenen Fälle, dass »Verschwundene« nicht aufgefunden werden können. Die betroffenen Angehörigen brauchen eine besondere Begleitung durch das Team und Stütze durch die Gemeinde, um mit den neu aufgetauchten Ängsten, Gefühlen der Verlassenheit umgehen zu können.

Werden die Ermordeten exhumiert und können sie in Würde bestattet werden, wird ein wichtiger Beitrag zur Vergangenheitsbewältigung geleistet:

> »Nichts kann die Folgen der politischen Gewalt vollständig beseitigen, noch die in 40 Jahren Krieg verursachte Trauer hunderttausender Guatemalteken heilen. Ist jedoch die gesamte guatemaltekische Gesellschaft eines Tages bereit, die begangenen Verbrechen ausgehend von den Prinzipien Wahrheit und Gerechtigkeit anzuerkennen, sich mit ihnen auseinander zu setzen und Entschädigungen zu leisten, wird die nationale Versöhnung kein Thema wortreicher Reden mehr sein, sondern Wirklichkeit.« (Garcia, 2001, S. 38)

7.2 Stellvertretende Traumatisierung der MitarbeiterInnen der forensischen Teams

Dieses Thema kann hier nur kurz angerissen werden, bedarf aber sicher noch ausführlicher Reflexion und Forschung, um Begleitprogramme entwickeln zu können.

Wie schwierig die Situation für die Teams der Exhumierungen werden kann, beschreiben Kernjak (2002) und Brkic (2004).

Die Archäologin C. Brkic (2004) hat seit 1996 in Exhumierungsteams in Bosnien gearbeitet und ihre Erfahrungen publiziert. Da ihre Familie ursprünglich aus dem ehemaligen Jugoslawien stammte, konnte sie sich mit der Bevölkerung verständigen.

Sie beschreibt, warum sie sich entschloss, nicht mehr weiter in diesem Bereich zu arbeiten. Für sie bedeuteten ihre Sprachkenntnisse direkten Kontakt mit den wartenden Angehörigen. Dadurch war sie in einer viel stärkeren Weise mit den menschlichen Tragödien konfrontiert als ihre KollegInnen, die keinen unmittelbaren sprachlichen Zugang zu den Angehörigen hatten. »At every point, I didn't see bodies – I saw people«, beschreibt C. Brkic (2004, o.A.) ihre Situation und ihre zunehmende Unfähigkeit, sich von ihrer Arbeit zu distanzieren.

8 Symbolische und virtuelle Erinnerungsstätten

8.1 Die Bilder der »Verschwundenen«

Hier möchte ich nochmals auf das so schnell entstandene gemeinsame Ritual der Anfertigung von Postern mit den Bildern der zuerst »Vermissten« nach der Katastrophe vom 11.9. 2001 in New York hinweisen. Bereits nach wenigen Stunden kamen die ersten Angehörigen mit Flugzetteln, die alle eine ähnliche Struktur hatten: In der Mitte war das Bild der – vorläufig noch – vermissten Person und ober- und unterhalb des Bildes standen wichtige Eckdaten wie Name und Kontakttelefonnummer und -adresse. An verschiedenen Plätzen der Stadt wurden ganze Wände zu Gedenkstätten, und die Menschen konnten hierher kommen wie zu Gräbern. Waren diese Poster anfänglich als Suchinstrument gedacht, veränderte sich innerhalb weniger Tage ihre Funktion: Sie wurden zu Orten der Trauer und des Gedenkens.

Da nur sehr wenige Leichen geborgen werden konnten, wurden diese Poster zum Ersatz für die fehlenden Körper.

Derek Summerfield traf in Nicaragua Juana, deren zweijährige Tochter Liset zwei Jahre zuvor von einer Guerillagruppe ermordet worden war. Sie war auf der Suche nach einer Fotografie ihrer Tochter, welche von Touristen, die zufällig einige Zeit vor dem Massaker im Dorf waren, gemacht worden war. Obwohl sie vom Tod ihrer kleinen Tochter wusste, wäre diese Fotografie von immenser Wichtigkeit für die Mutter.

> »Standing in her almost bare shack she said: ›Now I have nothing of hers (...) how can I show that she lived?‹ Then she said that shortly before the attack some foreign travellers passing through by chance had taken a photograph of her family. Somewhere abroad, she said, there was proof that Liset had existed. It was important for her to be able to demonstrate that Liset was not her private delusion or hallucination, not a ghost, but had definitely lived – until she was murdered.« (Summerfield, 1998, S. 26)

Aber auch die Angehörigen-Organisationen tragen die Bilder ihrer »verschwundenen« Kinder, Geschwister und Ehepartner bei ihren Demonstrationen und Märschen mit.

E. Varier, dem es nach Jahren der Ungewissheit gelungen ist, Aufklärung über die Geschehnisse nach der Verhaftung und dem »Verschwinden« seines Sohnes Rajan zu erhalten, wird eine Kompensation für die Ermordung seines Sohnes in Polizeihaft zugesprochen. Mit diesem Geld baut er eine Krankenstation, die er »Rajan Memorial« nennt. Durch diesen sozialen Akt konnte er auf Grund dessen, dass sein Sohn gelebt hat, auch Jahre nach Rajans Tod seinem Leben eine sinnvolle Komponente geben. Da die Leiche Rajans an einem unbekannten Ort verbrannt worden ist, gibt es keine Grabstätte. Durch die »Rajan Memorial« Krankenstation haben die Familie und die Freunde Rajans aber einen Ort erhalten, der an ihn erinnert (Varier, 2004).

8.2 Die gestickten Namen der »Verschwundenen«

Die argentinischen Mütter und Großmütter entwickelten auch ein gemeinsames Symbol: Bei den Donnerstags-Demonstrationen tragen sie weiße Kopftücher, die sie zum Teil aus den alten Windeln oder anderen Wäschestücken ihrer Kinder genäht und mit den Namen der »Verschwundenen« bestickt haben. Diese Kopftücher gelten als ihr besonderes Erkennungsmerkmal und sind zugleich Teil der »Verschwundenen«.

Interessanterweise hat sich unter den »verschwundenen« Frauen im Iran ein ganz ähnliches Symbol herausgebildet. M. Baradaran schreibt über ihre Haft als politische Gefangene von 1981 bis 1990. Besonders schlimm war die Phase 1988/89, als sie gemeinsam mit ihren Mitgefangenen wochenlang in der Angst leben musste, zur Hinrichtung abgeholt zu werden:

> »Jede von uns schrieb oder stickte ihren Namen ganz dick und groß auf die Tasche (…). Für uns war es von eminenter Wichtigkeit, dass unsere Dinge an die Familien zurückgegeben wurden. Diese Kleidungsstücke, gebraucht und alt, waren unser ganzes Hab und Gut, eine Erinnerung an unsere Gefangenschaft, unser Leben.« (Baradaran, 1998, S. 289)

Die gestickten Namen wurden so von außen und von innen zum Symbol für das Leben der »Verschwundenen«. Die argentinischen Mütter wollten ihre Kinder in dieser Form repräsentieren, und die iranischen Gefangenen wollten, dass zumindest ihr Schicksal bekannt wurde, dass sie mit dem, was sie erlitten haben, eine Geschichte haben: sowohl politisch wie auch persönlich und familiär. Sie wollen nicht einfach »verschwinden«.

8.3 Der Gedächtnispark in Buenos Aires

Es gibt zahlreiche Projekte, die die fehlenden Gräber für die »Verschwundenen« ersetzen sollen.

In Argentinien hat sich die Organisation Memoria Abierta die Aufgabe gestellt, die Erinnerung an die Opfer des staatlichen Terrors – und damit an fast 30.000 »Verschwundene« – wach zu halten.

Es wurde ein Gedächtnispark am Ufer des Rio de la Plate geschaffen. Von hier aus waren Tausende Menschen in den Fluss geworfen worden. Geplant ist auch ein Gedächtnismuseum.

8.4 Virtueller Friedhof für »Verschwundene« im World Wide Web

Eine spannende Form der Erinnerungsstätten für »Verschwundene« nutzt auch neue Medien. So ist im Internet eine Homepage für die »Verschwundenen« eingerichtet worden. Durch dieses Instrument kann einer sehr großen Gruppe von Menschen gedacht werden. Nach einem sehr einfachen Prinzip über Regionen und alphabetische Suche können Menschen, die um »verschwundene« Personen trauern, ihre Angehörigen statt in einem Friedhof an einer virtuellen Erinnerungsstätte besuchen und ihrer gedenken. Auf der Webpage www.disappearance.com gibt es diesen »virtuellen« Friedhof. Alle Menschen, die in Sri Lanka während des Bürgerkriegs »verschwanden« und deren Namen bekannt sind, wurden aufgelistet. Zu jedem Namen gibt es das Bild eines Grabsteins und einer Kerze, als ein Symbol aller Religionen.

9 Weiterleben der Hinterbliebenen nach dem »Verschwinden« von Angehörigen

9.1 Forderung nach Gerechtigkeit

Erforderlich wäre darüber hinaus auch, dass eine Rechtssprechung, die für das »Verschwindenlassen« Verantwortlichen nach dem jeweiligen Gesetz bestraft. Die zurückgebliebenen Angehörigen brauchen die Bestätigung, dass es unrecht und ungesetzlich war, was ihrem/r Vater, Ehemann oder -frau, Sohn oder Tochter widerfahren ist.

Diese – an und für sich für eine Demokratie selbstverständliche – Forderung ist meist schwer durchzusetzen, obwohl es von immenser Bedeutung für die unmittelbar betroffenen Angehörigen, aber auch für die gesamte Gesellschaft wäre.

> »When those in power refuse to own up to atrocious acts committed by agents in their name, they seem still to be insisting that the ›disappeared‹ either never existed or were not the victims but the guilty ones... It was important in connecting these lost lives to the causes of violent conflict and the motivation of its major players, in measuring the true cost of the violence and mending the holes in the fabric that had resulted. The dead are lost but they may be redeemed to the extent that their names and fates recover a place on the public stage and their stories become part of contemporary history, on whose scales they have weighed something.« (Summerfield, 1998, S. 26f.)

Erst die Einsetzung von überstaatlichen Institutionen, wie der Internationale Gerichtshof in Den Haag oder nationale Formen der Bewältigung wie die Dorfgerichte »Gacaca« in Ruanda, sind Ansätze, Gerechtigkeit einzufordern.

In Sri Lanka wurde Dr. Manorani Saravanumuttu zur Galionsfigur der Bewegung der Mütter, die Aufklärung über das »Verschwinden« ihrer Männer und Kinder forderten.

Dr. Saravanumuttu's einziger Sohn, der in Sri Lanka äußerst bekannte und populäre Schauspieler und Moderator Richard de Souza, »verschwand« während der schweren politischen Unruhen im Jahr 1989. Er wurde vor den Augen seiner Mutter in deren Haus in Colombo »verhaftet«. Einige Tage später fand man seine Leiche am Strand. Dr. Saravanumuttu nahm den Tod ihres Sohnes nicht einfach hin. Trotz Einschüchterungsversuchen benannte sie die Männer, die in ihr Haus gekommen waren und ihren Sohn mitgenommen hatten. Damit wurde sie zu einer Symbolfigur für viele Mütter in Sri Lanka, die in dieser Zeit ihre Söhne, Töchter, Brüder, Ehemänner verloren hatten, wobei die meisten von ihnen niemals die Leiche des verlorenen Familienmitglieds zurückbekamen.

Dr. Saravanumuttu sagte mir in einem Gespräch, was sie auch wiederholte Male ausgesprochen hat: So sehr sie unter dem Verlust ihres Sohnes leidet und unter den grausamen Umständen, unter denen er umgebracht worden ist, so ist sie doch eine der glücklicheren. Ihr ist zumindest die Ungewissheit des »Verschwindens« erspart geblieben (Gespräch in Wien 1994 und Colombo 1996).

9.2 Unversöhnlichkeit akzeptieren

Dort, wo so massive Verluste unter derart grausamen Umständen passiert sind, müssen die Gefühle der Betroffenen respektiert werden. Die Forderung nach Versöhnung – von Nichtbetroffenen gestellt – könnte sonst leicht zynisch werden und die Realität des Leidens verleugnen. »Nur an meinen Unversöhnlichkeiten erkenne ich mich, an denen halt ich mich fest (...). Ich kann nicht vergessen. Verzeihen ist zum Kotzen«, schreibt Ruth Klüger (1994, S. 279), die selbst als Teenager Auschwitz überlebt hat. Ihr Vater und ihr Bruder sind im NS-Regime ermordet worden, und es ist nicht bekannt, was mit ihren Leichen passiert ist.

Ähnlich wie Jean Amery besteht Klüger darauf, dass Unversöhnlichkeit nach dem Holocaust ein Teil ihrer Identität ist. Sie kann dadurch »weiterleben« (»Weiter-leben« ist auch der Titel ihres Buches).

Ruth Klüger

> »(...) besteht aber ihrerseits auf der Anerkennung der geschichtlichen Kluft, die den Juden vom deutschen Nicht-Juden trennt. Der Bruch Auschwitz, den beide Schriftsteller am eigenen Körper erfahren haben (Klüger ist zwanzig Jahre jünger als Amery), überleben sie beide gänzlich anders. Wo der Bruch den Menschen Amery schließlich wörtlich zerbricht, lebt Klüger weiter, bei ihr schreibt sich der Bruch ein in eine immer wieder neu erkämpfte Kontinuität.« (Heidenberger-Leonard, 1996, S. 80)

Auch in der therapeutischen Arbeit mit Angehörigen von »Verschwundenen« ist es von großer Bedeutung, die Gefühle und Gedanken zu respektieren. Der Wunsch für einen Patienten/in, dass diese/r sich mit der Situation versöhnen kann oder gar in der Lage ist zu vergeben, ist zwar verständlich – schließlich wäre dies ein wichtiger Schritt der Lösung des Opfers vom traumatischen Geschehen – aber es bleibt meist beim Ringen um diese Versöhnung oder – wie Ruth Klüger es für sich beschreibt – bei offener Unversöhnlichkeit.

9.3 Gefühl der Kohärenz und der Handlungsfähigkeit

Die verschiedenen Formen des Weiterlebens sind kulturell und individuell verschieden. Alle der in diesem Kapitel genannten Formen stellen Erfahrungen von Menschen dar, mit dem »Verschwinden« von Angehörigen weiterzuleben. Diese werden in kreativen Einzel- oder Gruppenaktionen entwickelt und systematisiert, auf gesellschaftlicher und staatlicher Ebene zur Verfügung gestellt oder sind internationale Instrumentarien.

Die hier benannten Strategien mit dem »Verschwinden« von Angehörigen umzugehen, sind eine mir bekannte Auswahl. Alle diese Strategien sind Reaktionen auf extrem traumatische Situationen. Die beschriebenen Versuche der Bewältigung sind zu einem kleinen Teil abgeschlossen, aber zu einem weit größeren Teil geht die Entwicklung weiter.

Dass es Menschen möglich ist, kreativ auf traumatische Situationen, wie dem »Verschwinden« von nahen Angehörigen zu reagieren, kann im Sinne des eingangs beschriebenen Kohärenzgefühls verstanden werden. Durch die verschiedenen Formen der aktiven Suche, des Austauschs mit anderen Betroffenen, des Kämpfens für Gerechtigkeit und kreativen Formen der Erinnerung kann das »Verschwinden« der geliebten Person in einem lebensgeschichtlich und gesellschaftspolitisch sinnvollen Rahmen gesehen und damit das traumatische Erleben bewältigt werden.

IV.

Die psychotherapeutische Arbeit
mit schwer traumatisierten Menschen

Die im Kapitel V. vorgestellten Fallgeschichten fanden alle im Rahmen von HEMAYAT – Verein zur Betreuung von Folter- und Kriegsüberlebenden in Wien statt.

Am Anfang dieses Kapitels soll daher die Darstellung der Diagnose und der speziellen Therapieform für extrem traumatisierte Flüchtlinge stehen.

Ich arbeite seit der Gründung im Jahr 1994 mit schwer traumatisierten Flüchtlingen bei Hemayat, der ältesten Organisation in Österreich für medizinische, psychologische und psychotherapeutische Betreuung von Folter- und Kriegsüberlebenden. Seither wurden weitere Betreuungseinrichtungen in Graz (Zebra und Omega), Klagenfurt (Aspis), Linz (Volkshilfe) Salzburg (Oneros) und Innsbruck (Ankyra) gegründet, und damit verfügen wir in Österreich über ein gutes – wenn auch nach wie vor ausbaufähiges – Netzwerk an Spezialeinrichtungen für schwer traumatisierte Flüchtlinge.

1 Die Rahmenbedingungen in der Arbeit mit AsylwerberInnen

Menschen, denen es nach so extremen Erfahrungen wie Folter gelingt, nach Europa zu flüchten, wünschen sich vor allem einen Platz, an dem sie sicher vor Verfolgung durch andere Menschen sind, und einen Ort, wo sie sich ausruhen können (vgl. Herman, 1992). Das Entsetzen ist groß, wenn sie sich im schlimmsten Fall in Schubhaft/Abschiebehaft oder in verhörartigen Interviews zum Asylverfahren wiederfinden. Das, was sie am liebsten vergessen wollen, wird auf einmal minutiös abgefragt: Ob und wann und wie sie gefoltert worden sind und welche weiteren traumatischen Erlebnisse sie erlitten haben.

Viele reagieren abwehrend und verneinen die Frage nach der Folter. Verzögerungen und Ablehnung des Asylantrags sind die Folgen.

Sehr oft werden AsylwerberInnen von ihren Sozial- und RechtsbetreuerInnen zur Psychotherapie vermittelt. Auch die Bitte, ein medizinisches und/oder psychologisches Gutachten über die Folgen der Folterungen für das Asylverfahren zu erstellen, kann Grund für den Erstkontakt sein.

Die Wartezeit auf die Erledigung des Asylantrags wird meist in beengten Flüchtlingsunterkünften verbracht. Im Vordergrund steht der Stress der Bewältigung des täglichen Lebens: ein Leben mit wenig Geld auf knappem Raum in einem fremden Land. Und dies ist zugleich ständig mit der Angst, zurück ins Heimat- und damit ins Folterland geschickt zu werden, verbunden.

Um psychologische Krisenintervention wird meist erst dann gebeten, wenn die Situation noch »extremer« wird: bei Suizidversuchen, nach Gewaltausbrüchen in einer Unterkunft, oder wenn jemand durch völligen Rückzug oder völlige Orientierungslosigkeit auffällt.

In diesen Fällen kann psychologische/psychotherapeutische Intervention bei der Bewältigung der Ängste vor einer Abschiebung und bei der Bewältigung des Stresses, der das tägliche Leben als AsylwerberIn bestimmt, unterstützen. Wichtig ist hierbei, immer wieder die genaue Erklärung der rechtlichen Situation und der Schritte, die unternommen werden, um die drohende »Rückschiebung« zu verhindern. Die Zusammenarbeit mit den jeweiligen RechtsberaterInnen ist dabei unbedingt erforderlich, um die beängstigenden Fragen möglichst präzise (dies könnten schließlich die RechtsberaterInnen besser als PsychotherapeutInnen). Immer wieder werden die gleichen Fragen gestellt. Es geht schließlich um die gesamte Existenz, und auf Grund der überflutenden Angst kann eine Erklärung oft nicht beim ersten Mal erfasst und verstanden werden.

1.1 Sozialer und rechtlicher Kontext in dem die Psychotherapie stattfindet

HEMAYAT ist die einzige Organisation, die keine Sozial- und Rechtsbetreuung anbietet. Dies hat sich im Kontext der Flüchtlingsorganisationen, die in Wien und Umgebung tätig sind, als sinnvolles Modell erwiesen, da andere Organisationen diesen Teil der Betreuung übernehmen. Die intensive Zusammenarbeit mit den jeweiligen Rechts- und SozialbetreuerInnen gehört aber unbedingt zu den notwendigen Rahmenbedingungen der Psychotherapie mit Flüchtlingen.

Der rechtliche Status (Aufenthaltsrecht, Status im Asylverfahren etc.) und die soziale Situation (menschenwürdige Wohnsituation, Kursmaßnahmen, Fahrtkostenersatz etc.) müssen geklärt und zumindest eine Basisabsicherung muss gegeben sein, um mit Asylsuchenden therapeutisch arbeiten zu können. Die dafür notwendige Sozial- und Rechtsbetreuung kann in der gleichen Einrichtung erfolgen, in der auch die Psychotherapie stattfindet (z.B. Zebra in Graz) oder – wie eben in der Arbeit von HEMAYAT – durch andere NGO's durchgeführt werden.

Wichtig ist dabei die personelle Trennung: Der/die PsychotherapeutIn kann nicht zugleich die Sozialberatung übernehmen.

1.2 Diagnose bei extrem traumatisierten Flüchtlingen

Die Hauptdiagnose, nach denen die Flüchtlinge behandelt werden, ist die Posttraumatische Belastungsstörung (PTBS bzw. PTSD für Post Traumatic Stress Syndrom). Diese wurde zuerst im DSM III/R und später auch im ICD 10 definiert (American Psychiatric Association, 1980; WHO, 1994).

1.2.1 Kriterien der Posttraumatischen Belastungsstörung

Die Ereignisse und Umstände müssen außerhalb normaler menschlicher Erfahrung liegen und für nahezu jeden außerordentlich belastend sein.

Das umfasst Situationen ernsthafter Lebensbedrohung, Bedrohungen der eigenen körperlichen Integrität, aber auch die Bedrohung anderer Menschen, oder die Zeugenschaft bei Tod, Verletzung oder Bedrohung von anderen Menschen. Das kann bei einer Naturkatastrophe, einer technischen Katastrophe oder bei durch Menschen verursachter Gewalt (»man made desaster«) geschehen. Die von Menschen verursachten Verletzungen müssen als schwerwiegender betrachtet werden, da sie das Vertrauen in menschliche Beziehungen fundamental erschüttern.

1. Das traumatische Ereignis wird ständig wieder erinnertund als sehr quälend erlebt.

Diese belastenden Erinnerungen können sowohl während des Tages auftreten wie auch in den nächtlichen Träumen. Ein Kind kann das Erlebnis z. B. in einem ständig wiederholenden Spiel zeigen; auch wiederkehrende Bewegungsmuster können ein Hinweis sein.

Durch bestimmte Reize, wie z. B. eine Melodie, eine Uniform, einen Brandgeruch, werden Ereignisse in Illusionen, Halluzinationen wiedererlebt.

In sogenannten »Flashbacks« (Rückblenden) fühlen sich Betroffene in die belastende Situation zurückversetzt und vermögen Vergangenes und Gegenwärtiges nicht zu unterscheiden. Sie werden von dem »Flashback« überwältigt und erleben die traumatische Situation erneut als jetzt gegenwärtig.

Bei der Konfrontation mit Ereignissen, die an das Geschehene erinnern, entsteht massiver psychischer Stress. Dies können bestimmte Jahrestage, Briefe, Telefonanrufe etc. sein.

2. Es wird alles vermieden, was in irgendeiner Form an das Ereignis erinnert.

Gedanken oder Gefühle, die mit dem Trauma verbunden sind, werden vermieden, um den Schmerz, der damit verbunden ist, nicht mehr spüren zu müssen. Z. B. wird nur über die schönen Zeiten des Lebens berichtet. Manche Betroffene reagieren auf Fragen, die das Erlebnis berühren, mit Verleugnung.

Es wird aber auch der Kontakt mit Personen, die die Erinnerung an das Trauma wachrufen könnten, vermieden. Zum Beispiel wird sofort die Straßenseite gewechselt, wenn eine uniformierte Person entgegenkommt, oder es werden alle Personen der »feindlichen« Nation gemieden. Manche unserer PatientInnen weichen aber auch dem Kontakt mit ihren eigenen Landsleuten aus. In schlimmen Fällen kann dies bis zum totalen Rückzug und den Abbruch aller sozialen Kontakte gehen.

Der Versuch, sich durch Vermeidung zu schützen, führt mitunter dazu, dass wichtige Aspekte des Traumas nicht mehr erinnert werden können; dass allgemeine Interesse an Aktivitäten geht verloren. Aus Angst vor Albträumen kommt es zu massiven Schlafstörungen.

Die Menschen fühlen sich dumpf und abgestumpft. Gefühle werden nicht mehr gespürt und gezeigt. Es erscheint besser, nichts zu fühlen, als sich mit der ganzen Wucht der Wut und der Verzweiflung konfrontieren zu müssen.

In massiven Fällen fühlen sich die betroffenen Personen von anderen entfremdet, getrennt. Jean Amery nannte es in seiner sehr persönlichen Reflexion über Folter und Konzentrationslager: »Wer der Folter erlag, kann nicht mehr heimisch werden in dieser Welt« (Amery, 1988, S. 58).

3. Betroffene sind dauerhaft gesteigert schreckhaft und erregt.
An und für sich normale Alltagssituationen werden negativ überbewertet, und es kommt sehr leicht zu Panik. Körper und Psyche sind ständig in »Alarmbereitschaft«; immer wird mit dem Schlimmsten gerechnet. Schwer traumatisierte Menschen wirken so, als müssten sie noch immer Lebensbedrohung abwenden. Auf die Umwelt wird nervös reagiert. Viele unserer PatientInnen klagen über Lärmbelästigungen. Besonders quälend wird dabei erlebt, wenn Eltern ihre Kinder nicht mehr ertragen können.

Aber auch Merk- und Konzentrationsstörungen sind Kennzeichen von posttraumatischem Stress und können den Alltag stark beeinträchtigen. Dies sollte vor allem bei Menschen, die Kurse besuchen, in die Schule oder zur Universität gehen, besonders berücksichtigt werden.

1.2.2 Weitere Diagnosen

Gekoppelt mit der im PTSD beschriebenen Symptomatik sehen wir in unserer Praxis häufig:

Orientierungsstörungen (zeitlich und räumlich), schwere Essstörungen, Schmerzzustände (hauptsächlich Kopfschmerzen und Schmerzen im Rücken und Brustkorb) und gynäkologische Probleme.

Neben der Diagnose des PTSD können aber auch andere psychiatrische Folgen von Extremtraumatisierungen vorliegen. Diese reichen von Persönlichkeitsveränderung nach Extremtrauma (F 62.0 nach ICD 10) hin zu schweren Depressionen, dissoziativen Störungen bis – in extremen Fällen – reaktiven Psychosen (Brune, 2000; Haenel, 2002, Fischer/Riedesser, 2003).

Gemeinsam ist allen Überlebenden, dass sie Situationen erlebt haben, in denen sie vollkommen schutz- und hilflos waren: Es ist ihnen Ungeheuerliches geschehen, verursacht durch andere Menschen.

Folter richtet sich gegen die körperliche, aber auch gegen die psychische Integrität eines ganz individuellen Menschen. Sie zielt darauf ab, diesen Menschen zu zerstören – ohne dabei unbedingt den physischen Tod herbeizuführen. Folter ist möglicherweise die grausamste Form des menschlichen Umgangs: Ein Mensch nimmt sich alle Macht über einen anderen und nutzt diese auf die denkbar destruktivste Weise.

Überlebt jemand die Folter physisch, bedeutet die Entlassung aus dem Gefängnis oder Lager nicht das Ende des zugefügten Schmerzes. Die Psyche ist meist schwer verletzt.

Hier ist die Erklärung der Diagnose PTSD bzw. PTBS sehr hilfreich. Dass wir ihre Symptome erklären und ihre Leidenszustände diagnostisch einordnen können, wird von vielen unserer PatientInnen als große Entlastung erlebt. Sie sind nicht »verrückt« geworden.

2 Sequenzielle Traumatisierung bei Asylsuchenden

Nicht nur die traumatischen Erlebnisse selbst sind für die spätere Bewältigung ausschlaggebend. Hans Keilson hat bereits in seiner Studie »Sequentielle Traumatisierung bei Kindern« (1979) nachgewiesen, dass sehr wohl die prätraumatische Phase wie auch die Phase nach dem eigentlichen Trauma von wesentlicher Bedeutung für die psychischen (Spät-)folgen sind (siehe dazu auch Kap. I. 3.2).

Wenn wir mit Flüchtlingen arbeiten, haben wir keinen Einfluss mehr auf die Phase vor und während des Traumas. Was diesen Menschen, die nun hier in unserem Land Schutz suchen, passiert ist, kann nicht mehr ungeschehen gemacht werden. Wie sie aber die Phase *nach* der Traumatisierung erleben, können wir sehr wohl mitgestalten und beeinflussen.

> »Manchmal frage ich mich in meiner Arbeit, ob es denn wirklich einer akademisch ausgebildeten Fachkraft bedarf, um Stellungnahmen (…) abzugeben, die kurz so zusammengefasst werden könnte: ›Nach dem Verlust der Heimat, der Ermordung mehrerer Familienmitglieder, Verhaftung und Folter wäre der erneute Verlust von Wohnung, Nahrung und medizinischer Versorgung für die psychische Gesundheit der betroffenen Person ungünstig‹.
> Würde hier nicht ein wenig Empathie und menschlicher Hausverstand reichen, um zu dieser Erkenntnis zu gelangen?« (Preitler, 2004a, S. 367)

3 Der psychotherapeutische Prozess

3.1 Beginn der Therapie

Der Raum, in dem Psychotherapie stattfindet, ist oft der erste Raum in Österreich, in dem sich jemand – der/die TherapeutIn – exklusiv eine Stunde für diese Person Zeit nimmt. In diesem sicheren Rahmen der Psychotherapie gelingt es erstmals nach Wochen, Monaten oder gar Jahren der Extrembelastung durch Terror, Krieg und Flucht ein wenig zur Ruhe zu kommen. Hier ist Platz für ein Stück Regression. Die aufgestauten Tränen und die Wut auf dieses System, das Sicherheit verwehrt, haben endlich einen Raum.

Auch die eigene Wahrnehmung wird überprüft. Die Folter wird als so ungeheuerlich erlebt, dass manche, die sie erlitten haben, danach selbst an dieser Realität zweifeln. Mit der Zusicherung, dass sie hier erzählen können, was ihnen passiert ist und dass ihnen geglaubt wird, was sie von ihren Foltererfahrungen erzählen, kann es gelingen, der eigenen Erinnerung wieder zu trauen.

Solange der Aufenthalt nicht gesichert ist, bleibt unsere Intervention meist in diesem Rahmen. Die schmerzhafte Erinnerung an das traumatische Geschehen ist für viele aber erst dann möglich, wenn soziale Sicherheit im Asylland gegeben ist, und damit auch genug Energie mobilisiert werden kann, um die Bewältigung in Angriff zu nehmen.

3.2 Psychotherapeutische Schwerpunkte in der Arbeit mit Flüchtlingen

Zwei Zugänge sind hier notwendig: zum einen geht es um die Bewältigung der Folterungen; zum anderen haben schwer traumatisierte Menschen immer auch viel zu betrauern.

3.2.1 Trauerbegleitung

Fast alle traumatisierten Flüchtlinge haben Angehörige verloren. Oft konnten sie ihre Verstorbenen nicht verabschieden. Um dies nachzuholen, besprechen wir oft über längere Phasen der Therapie die kulturellen Zeremonien, die im Herkunftsland vorgesehen wären, und wie dies für den jeweiligen Angehörigen ausgesehen hätte. Die PatientInnen formulieren die Texte für die Inschriften am Grabstein und den Nachruf.

Oft steht die Art des Todes als absolut beherrschende Erinnerung an den Verstorbenen im Mittelpunkt. Gelingt es, in der Erinnerung auch wieder die Zeit vor den traumatischen Ereignissen zurückzugewinnen, ist ein Stück Trauerarbeit gelungen.

Am schlimmsten ist für sehr viele PatientInnen die Erinnerung an das Zusehen müssen, Zeuge werden von Ermordung(en) von Angehörigen. In der therapeutischen Arbeit wird behutsam versucht, an die Zeit vor dem traumatischen Ereignis zu erinnern, um damit dem Grauen der Ermordung etwas entgegen zu setzen. Wenn z.B. die Mutter nicht mehr nur in ihrer Todesstunde erinnert werden muss, sondern durchaus auch wieder als die fröhliche Frau, die ihre Kinder umsorgt, ist dies ein wichtiger Schritt in der Trauerarbeit. Die Erinnerung an die Mutter wird langsam wieder positiv besetzt, der Verlust dieser Beziehung kann betrauert werden. Die Erstarrung der Trauer durch die gewaltsamen Todesumstände ist gelöst.

Eine besondere therapeutische Aufgabe stellt die Trauerbegleitung um »verschwundene« Familienmitglieder und Freunde dar. Dies ist in den vorangegangenen Kapiteln bereits beschrieben worden und wird im nächsten Kapitel ausführlich diskutiert.

3.2.2 Zusammenarbeit von Medizin und Psychotherapie

Zur psychologischen und psychotherapeutischen Arbeit mit der Foltererfahrung ist die enge Zusammenarbeit mit unseren ÄrztInnen unbedingt erforderlich. Vor dem Beginn einer Psychotherapie werden alle PatientInnen medizinisch untersucht und bei Bedarf Behandlungspläne erstellt. Die körperliche Symptomatik spielt fast immer eine wesentliche Rolle, wenn psychotherapeutische Hilfe gesucht wird. Wichtig ist es daher zu klären, ob die Schmerzen über die psychische Nicht-Bewältigung hinaus eine physische Ursache haben.

Einer meiner Patienten klagte über massive Rückenschmerzen. Auf Grund seiner Biografie wäre es durchaus verständlich gewesen, dass es hier zu langfristigen organischen Schädigungen gekommen ist. Allerdings hat die sorgfältige medizinische Abklärung keine körperliche Ursache für diese Schmerzen ergeben, und auch physikalische Therapien brachten keine Besserung. In der Psychotherapie konnten wir schließlich herausarbeiten, dass er unter der Last seiner Geschichte schwer zu tragen hat und diese »seinen Rücken krümmt«. Sehr langsam beginnt er in der Therapie, diese Lasten zu benennen und wagt es, sie sich anzusehen, auch wenn dies erneut mit großen Schmerzen und Trauer verbunden ist.

Trotzdem ist es wichtig, immer wieder auch medizinisch zu klären, ob körperliche Veränderungen auch einer physikalischen Therapie bedürfen. Ähnliches gilt für eine bemerkenswerte Fallgeschichte einer jungen Patientin, die mir bei einer Supervision in Sri Lanka vorgestellt wurde:

Die 13-jährige K. wird vom Krankenhaus in die psychologische Beratungsstelle überwiesen, da ihr Leiden keine physischen Ursachen hat. Sie kann seit dem Tod ihres Vaters nicht mehr gehen und wird immer wieder ohnmächtig. Die Beraterin ist zuerst ratlos, wie sie der jungen K. helfen kann.
   Ich frage nach dem Tod des Vaters. Er war mit dem Fahrrad unterwegs, als er einen Herzinfarkt erlitt. Die Vorstellung, wie seine Füße nicht mehr in der Lage waren, die Pedale und Bremsen des Rades zu beherrschen und er tot (ohnmächtig) zu Boden stürzt, machen die Symptomatik des Mädchens sehr verständlich. Die Trauer um den Vater und den Wunsch K.'s, ihm noch verbunden zu sein, wird in den nächsten Sitzungen angesprochen und thematisiert werden. Es ist zu hoffen, dass in der Trauer um den verlorenen Vater – und da möglicherweise auch in der Bearbeitung der Konflikte in der Vater-Tochter-Beziehung, eine langsame Lösung für K. möglich ist und sie auch in der Lage sein wird, ihre körperlichen Symptome wieder aufzugeben.

Wenn K. sehr lange an ihrer Symptomatik festhält, wird sie auf jeden Fall physiotherapeutische Unterstützung bei der Wiedererlangung ihrer körperlichen Funktionen brauchen.

3.2.3 Psychotherapie mit DolmetscherInnen

Um überhaupt eine Möglichkeit zur Kontaktaufnahme zu bekommen, ist es in der Arbeit mit Flüchtlingen durchaus üblich, mit Dolmetschern zu arbeiten. Es handelt sich dabei um eine einschneidende Veränderung des üblichen Settings in Psychotherapien. In der Einzeltherapie wird die Zweierbeziehung um eine weitere Person erweitert, der/die PatientIn steht mit zwei Personen in Beziehung (Van der Veer 1992; Vesti 1992). Probleme, die sich daraus ergeben, können die Aussagen von PatientIn und TherapeutIn betreffen (wie die Kürzung und die Veränderung des Gesagten durch den Übersetzenden), und die Beziehung zwischen PatientIn und TherapeutIn, aber auch zwischen PatientIn und ÜbersetzerIn belasten. Ein Beispiel dazu:

Nach der dritten Sitzung bittet mich ein Klient um ein Gespräch unter vier Augen, ohne Übersetzer. Er nennt den Namen des Übersetzers und fragt: »Faschist?« Ich verneine diese Frage und biete dem Klienten trotzdem an, mit einem anderen Dolmetscher zu arbeiten. Er denkt eine Weile nach, meint dann aber, dass dies nicht notwendig sei, da er mir und meinen Angaben vertraue und damit auch dem Übersetzer. In den darauf folgenden Stunden gelingt es dem Klienten sich allmählich zu öffnen und über seine Inhaftierung auf Grund seiner politischen Überzeugung und seine Flucht zu sprechen.

Am Anfang einer Therapie in diesem Setting müssen die Rollen gegenüber dem/r ÜbersetzerIn und dem/r PatientIn klar definiert werden. Wenn der/die PatientIn oder der/die TherapeutIn in der ersten Person spricht, soll dies auch in der ersten Person übersetzt werden. Alles, was der/die PatientIn im Rahmen der Sitzung sagt, wird übersetzt. Der Dolmetscher soll eine klare Rolle haben, da sonst die Funktionen des Dolmetschers und des Therapeuten verwechselt werden könnten.

Grundregeln für die übersetzende Person sind: Sie darf mit dem/r PatientIn weder verwandt noch bekannt sein und der Kontakt beschränkt sich während der Zeit der Behandlung ausschließlich auf die Therapiesitzungen, um die notwendige Neutralität, die vom Übersetzenden erforderlich ist, zu gewährleisten. Der/die PatientIn ist damit nicht durch die Anwesenheit einer Bezugsperson gehemmt, über die erlittene Traumatisierung zu sprechen. Zugleich ist auch der/die ÜbersetzerIn, der/die oft selbst Flüchtling aus dem gleichen Land ist, geschützt, persönlich in die Lebensgeschichte des/der PatientIn involviert zu werden. Trotz der Problematik, die sich aus der Arbeit mit ÜbersetzerInnen in der psychotherapeutischen Arbeit ergibt, steht die positive Erfahrung mit diesem Setting im Vordergrund (Vesti, 1992; Preitler, 1998/99). Vielfach ermöglicht diese Form der Kommunikation erst die Beziehungsaufnahme zwischen PatientIn und TherapeutIn. Die länder- und kulturspezifischen Kenntnisse der übersetzenden Person können zugleich auch eine wichtige Bereicherung für die Therapie darstellen.

3.2.4 Bearbeitung der Traumatisierung

Die Folter war ein so ungeheuerliches Erlebnis, dass alle im Alltag erprobten Bewältigungsstrategien vollkommen wirkungslos sind. »Die Schmach der Vernichtung lässt sich nicht austilgen (…). Darüber blickt keiner hinaus in eine Welt, in der das Prinzip Hoffnung herrscht. Der gemartert wurde, ist waffenlos der Angst ausgeliefert«, schrieb Jean Amery (1988, S. 58) in seiner Reflexion über die Folter, die er selbst im NS-Regime erlitten hatte.

Unsere psychotherapeutische Arbeit setzt ein mit einem »Trotzdem«. Es geht darum, die Angst langsam zu bewältigen und die Schmach an die zurück zu geben, die sie verursacht haben, an diejenigen, die gefoltert und getötet haben.

Der Raum der Therapie ist oft der erste Raum seit dem Gefängnis und der Flucht, in dem Flüchtlinge ein wenig zur Ruhe kommen können. Es ist oft der erste Ort, an dem die Angst keinen Zutritt hat. Von dieser Position aus kann langsam der Weg in eine angstfreiere Gegenwart zurückgewonnen werden. Die therapeutische Beziehung ist ein Modell, wie die von anderen Menschen zutiefst Verletzten wieder Vertrauen lernen können. Der Aufbau dieser Beziehung dauert mitunter Monate und braucht auch unkonventionelle Wege. Ein Schritt dabei ist, dass den PatientInnen in der ersten Therapiesitzung die Möglichkeit eingeräumt wird, auch Fragen an uns TherapeutInnen (und wenn anwesend auch an den/die ÜbersetzerIn) zu stellen. Dieses Angebot wird wenig genutzt und wenn, geht es meistens um die Hinterfragung von politischen Positionen. Es erscheint mir trotzdem wichtig, um unseren PatientInnen möglichst viel Sicherheit zu geben. Die PatientInnen dürfen sich auch ihren Platz selbst aussuchen und den Raum – im gewissen Rahmen – verändern. Z.B. fand ein Klient das Sonnenlicht unerträglich und zog die Vorhänge vor, sodass wir im Dämmerlicht saßen.

Folter bedeutet absoluten Kontrollverlust, daher ist es in der Arbeit mit diesen Menschen notwendig, ihnen möglichst viel Autonomie und Kontrollmöglichkeit einzuräumen.

3.2.5   Ziel der Psychotherapie

Heilung im Sinne von Wiedergutmachung ist nicht möglich. Was geschehen ist, kann nicht mehr rückgängig gemacht werden. Die toten Familienangehörigen und Freunde sind unwiederbringlich verloren, die körperlichen Verstümmlung und Narben bleiben sichtbar. Das Grauen der Folter wurde ein überdimensionaler Bestandteil der Lebensgeschichte.

Ziel der psychologischen und psychotherapeutischen Intervention kann es aber sein, die Zeitdimensionen wieder richtig zu stellen: Die Folter muss nicht mehr jede Nacht in Albträumen und tagsüber in ständig wiederkehrenden Erinnerungen wieder erlebt und erlitten werden.

3.2.6   Abschluss der Therapie

Abgeschlossen kann die psychologische und psychotherapeutische Arbeit werden, wenn verlorene Menschen und verlorenen Lebensbezüge betrauert, Beziehungen erneuert und neu aufgebaut werden konnten und auch Strategien für ein Leben in Österreich bereits praktisch umgesetzt werden.

Nachdem Retraumatisierungen immer wieder auftreten können, wird den PatientInnen beim Abschied das Angebot für spätere Kontakte, Krisenintervention oder bei Bedarf auch nochmalige Kurztherapie mitgegeben.

4 Übertragung und Gegenübertragung

Der Grund, warum extrem traumatisierte Menschen in Psychotherapie kommen, ist oft der Wunsch nach einer schnellen Betäubung. Das Erlittene soll vergessen und beendet werden. Dies gilt auch für die Angehörigen von »Verschwundenen«, die den Verlust und damit die Trauer überwinden wollen. Die Unmöglichkeit, mit dem Verlust umzugehen, ist traumatisch und erscheint ausweglos. Also wird der Wunsch, eine Lösung für die unmögliche Situation zu finden, an die Psychotherapie oder medizinische Betreuung delegiert. Gewünscht wird eine Art von Betäubungspille, die bis zur Rückkehr des »Verschwundenen« wirkt und danach soll das gemeinsame Leben dort, wo es durch das »Verschwinden« unterbrochen worden ist, fortgesetzt werden. Das Trauma soll ungeschehen gemacht werden – ein verständlicher, aber unmöglicher Wunsch, der fast immer am Beginn der Therapie steht. »Alle Extremtraumatisierten haben nur einen Wunsch: die Zerstörung zu vergessen und wieder ein integriertes und unverletztes Subjekt zu werden«, schreibt David Becker (1992, S. 261) über die Erwartungen an die Therapie.

Der Widerspruch zwischen dem Wunsch, möglichst schnell alles zu vergessen und der Notwendigkeit, die erlittenen Traumata zu akzeptieren, auszuhalten, zu betrauern und zu bearbeiten, ist die Aufgabe des/der TherapeutIn.

Dabei stößt aber Psychotherapie immer wieder an die Grenzen ihrer Möglichkeiten.

> »Wenn man den Prozess der Gesundung nicht als Prozess der bruchlosen Wiederherstellung einer Totalität missverstehen und den Umfang der Zerstörung nicht verkennen oder verleugnen will, dann kann Reparation nur dann entstehen, wenn akzeptiert wird, dass es eigentlich keine wirkliche Gesundung geben kann.« (Becker, 1992, S. 260)

Gerade in der Hilflosigkeit und der, durch die Ungewissheit des Schicksals oft sehr erschwerten, Trauer um den Verlust der Angehörigen ist es notwendig, auf die Übertragungsreaktionen der PatientInnen und auf die Gegenübertragungsphänomene der TherapeutInnen zu achten. Nathan Durst weist darauf hin, dass wir uns oft Fragen über die PatientInnen stellen, ohne unsere eigene persönliche Kapazität und unsere Grenzen als PsychotherapeutInnen in Frage zu stellen.

> »Zu oft wird von den Therapeuten gefragt: Hat der Überlebende genügend innere Kraft, um diese anstrengende Reise in die Vergangenheit zu unternehmen?

> Stattdessen sollten wir uns selbst fragen, ob wir als Therapeuten stark genug sind, mit unserer eigenen Konfrontation mit dem Tod umzugehen.« (Durst, 1999, S. 111)

Der Anlass für meine eigene Auseinandersetzung mit dieser Thematik war meine persönliche Form der Gegenübertragung in der therapeutischen Arbeit mit Angehörigen von »Verschwundenen«. Das »Verschwinden« einer oder mehrerer wichtigen/r Bezugsperson/en verursacht Ratlosigkeit. Ich – die Helferin und ausgebildete Expertin – weiß nicht mehr als mein/e PatientIn. Ich teile ein Nicht-Wissen mit denen, die zu mir kommen, weil sie Hilfe erwarten. Während – dank theoretischer Konzepte und praktischer Erfahrung mit anderen PatientInnen – im Bereich der Traumarbeit und der Begleitung durch Trauerprozesse für verstorbene Personen für mich als Therapeutin Zielvorstellungen des psychotherapeutischen Prozesses vorhanden sind, weiß ich dort, wo Personen »verschwunden« sind, nicht mehr als die Betroffenen selbst. Dies erzeugt für mich als Therapeutin eine unangenehm hilf- und ratlose Situation. Ich stehe nicht auf der sicheren Basis meines erworbenen Wissens und meiner Erfahrung.

Manche »verschwundene« Angehörige »tauchen« wieder auf. Also wäre es ein schwerer therapeutischer Fehler gewesen, den Trauerprozess um das verlorene Familienmitglied zu fördern. Hingegen erscheint auch das Verharren im Warten auf die Rückkehr des »Verschwundenen« oft zermürbend und verhindert Entwicklung.

Neue Trends in der Traumatherapie weisen verstärkt auf die Wichtigkeit der Erinnerung hin. Mittels neurologischer Konzepte wird versucht, die Erinnerung an traumatische Ereignisse zu verändern und weniger emotional besetzt und damit weniger schmerzhaft zu memorieren.

Aber diese Versuche, klare Formen und Techniken für die (psychotherapeutische) Arbeit mit extrem traumatisierten Menschen zu entwickeln, die hin bis zu klaren Anweisungen, welche Schritte in welcher Therapiesitzung zu vollziehen sind, reichen, sagt wohl mehr über die Abwehr der ForscherInnen und BehandlerInnen des allzu beängstigenden Materials – Trauma, Tod und spurloses »Verschwinden« von Menschen – aus.

George Devereux meint, dass die Angst, die in verhaltenswissenschaftlichen Daten liegt und darin, dass die subjektiven Verzerrungen, die Resultate beeinflussen können, dazu führt, dass wir dazu neigen »(...) mehr und mehr Filter – Tests, Interviews, technische Errungenschaften und andere heuristische Kunstgriffe – zwischen uns und unsere Objekte zu schieben« (Devereux, 1984, S. 18).

Die psychotherapeutische Arbeit mit schwer traumatisierten Menschen, die massive schwierige Verlusterlebnisse erlitten haben, kann sehr lange dauern und es bedarf immer wieder viel Geduld, in Phasen der Erstarrung mit den PatientInnen durchzuhalten.

Hinzu kommt in der Arbeit mit Flüchtlingen auch noch der Aspekt der fremden Kultur. Die Flucht in die Intellektualisierung scheint eine der häufigsten Formen der Abwehr der BehandlerInnen zu sein.

> »Das Intellektualisieren hat bei dieser Vermeidungsreaktion seinen eigenen Reiz. Sehr beliebt ist die ›Kreuzigung‹, ›crucification‹, der lebendigen Erfahrung in Tabellen mit orthogenal gekreuzten Linien, oder auch Vierfelder-Schemata, die man dann bei Kongressen nach vorne projizieren kann. Auch eine diagnostische Überspitzfindigkeit kann ein Teil der objektivistischen Vermeidung sein.« (Ottomeyer, 2002, S. 142)

Eine andere Form der Abwehr des traumatischen Erlebens kann die Verleugnung des Leidens der PatientInnen sein. Es ist erstaunlich, wie lange es gedauert hat, bis traumatische Störungen als eigenständige Symptomatik anerkannt wurden. Aber zugleich beinhaltet die Diagnose eine Möglichkeit der Krankschreibung des traumatisierten Menschen: Es muss nicht die gesellschaftliche und politische Dimension des Traumas gesehen und verstanden werden, sondern nur der individuell Leidende, der von einem Defekt (= Posttraumatische Belastungsstörung) zu heilen ist. »Verzerrte Wahrnehmung der Dynamik des Traumas (›disortion‹) wäre eine andere Möglichkeit dem Schrecken auszuweichen« (ebd.).

Butollo und seine Mitarbeiterinnen weisen dabei wiederum auf die Gefahr der falschen oder zu frühen Forcierung der Traumaerzählung auf Grund der Befindlichkeit des/der TherapeutIn hin.

> »Manchmal drängt es den Therapeuten, die Konfrontation des Klienten mit den belastenden Erfahrungen zu forcieren, weil er selbst die geringe Wirksamkeit seiner Arbeit fürchtet. Die Ohnmacht des Klienten wird für den Therapeuten selbst u. U. unerträglich, und er schützt sich, indem er seinen Klienten antreibt. ›Macht‹ der dann nicht weiter, ist wenigstens offenkundig, an wem es liegt, wenn der schnelle Erfolg ausbleibt – zumindest dem Anschein nach.« (Butollo, Krüsmann & Hagl, 1998, S. 317)

Immer wieder, werden Techniken vorgestellt, in denen eine rasche Traumabearbeitung durch gezieltes Forcieren der Traumaerzählung erreicht werden soll (z. B. Foa, 1998; Schauer, Neuner & Elbert, 2005). Das Bedürfnis aber, über das traumatische Geschehen zu sprechen, ist individuell und situationsbedingt extrem verschieden. Eine vereinheitlichte Strategie für alle Überlebenden entspringt, meiner Meinung nach, eher dem Wunsch der Betreuenden nach einer handhabbaren Methode gegen die Überwältigung und gegen die eigene professionelle Hilflosigkeit, als den psychischen Möglichkeiten der betroffenen Personen.

Methoden der Konfrontation (»exposure«) mit einer traumatischen Situation geben keine Antwort auf das eigentliche Nicht-Ereignis des »Verschwindens« einer Person und damit auf anhaltende traumatische Lebenserfahrung. Es gibt höchstens eine traumatische Situation wie die unmittelbare Verschleppung des/der Angehörigen. Aber der gewaltsamen Trennung folgt die Zeit der Suche, des Wartens, des Hoffens und Verzweifelns – über Tage, Wochen, Monate. Die Behörden wollen niemanden mit diesem Namen kennen; alle Nachfragen verlaufen im Sand. Es ist, als hätte dies Person nie gelebt, als wäre sie vom Erdboden »verschwunden«.

Das Leben ist fortan geprägt von der Ungewissheit, die durchaus als traumatisch angesehen werden muss. Eine traumatische Einzelsituation lässt sich da nicht heraus isolieren.

Neue oder auch schon etablierte standardisierte Methoden können eine wertvolle Hilfe bei der Bewältigung von traumatischen Einzelsequenzen sein. Ich sehe aber keinerlei Hinweis, wie diese Methoden bei Trauerprozessen oder bei erstarrter oder unmöglich gemachter Trauer, wie sie die meisten Angehörigen von »Verschwundenen« erleben, helfen können.

In diesem Bereich wäre auch das Phänomen der Gegenübertragung zu diskutieren: EMDR, Hinweise auf neurologische Veränderungen etc. geben uns als PsychotherapeutInnen potente Mittel zur Veränderung in die Hand. In sehr kurzer Zeit kann ein Verbesserung der Symptome, wie sie im PTSD beschrieben und diagnostiziert werden, erreicht werden. Allerdings wird auf die massiven Verlusterlebnisse, die alle Menschen, die durch Krieg und Folter traumatisiert sind, erlitten haben, viel zu wenig Beachtung geschenkt.

Ein möglicher Grund dafür könnte in der Hilflosigkeit der PsychotherapeutInnen liegen.

Während es bei einem Todesfall – wie traumatisch dieser auch gewesen sein mag – Antworten aus der Trauerforschung und Literatur gibt, wird die Sachlage beim »Verschwinden« einer Bezugsperson wesentlich diffuser. Es ist relativ schwer, hier zu einer Theoriebildung, die uns in den heilenden Berufen stützt, zu kommen.

Unsere Möglichkeiten, zu helfen und zu heilen sind bedingt. PsychotherapeutInnen stoßen an ihre Grenzen, werden – ähnlich den PatientInnen – hilflos.

David Becker schreibt über das Dilemma des Therapeuten, der mit extrem traumatisierten Menschen arbeitet:

»Einerseits braucht er ein gehöriges Maß an Omnipotenzphantasien, um sich auf den therapeutischen Prozess mit einem Extremtraumatisierten überhaupt einzulassen, andererseits muss er aber von Anfang an einen gewissen Omnipotenzverlust hinnehmen, wenn die Therapie erfolgreich verlaufen soll. Es besteht die Gefahr, dass zwischen der Omnipotenzphantasie des Therapeuten und dem Harmonisierungswunsch des Patienten eine unheilige Allianz entsteht, die nur das Scheitern der Behandlung zur Folge haben kann.« (Becker, 1992, S. 260)

Dabei kann sich dieses Gefühl der Allmacht des/der TherapeutIn ins Gegenteil verkehren. Extrem traumatisierte PatientInnen haben immer Hilflosigkeit erlebt und diese geht weiter, wenn die posttraumatische Situation problematisch ist. Für Menschen, die als Flüchtlinge in einem fremden Landleben und dort oft jahrelang auf den Ausgang ihres Asylverfahrens warten müssen, wird dieses Gefühl weiter bestehen und verstärkt. Ist dann zusätzlich das Schicksal von Familienmitgliedern und/oder FreundInnen unbekannt und muss befürchtet werden, dass diese unter Terror oder Folter leiden oder bereits ermordet worden sind, nimmt die Hilflosigkeit weiter zu. Nicht einmal der Aufenthaltsort des Vaters, des Sohnes, der Schwester kann in Erfahrung gebracht werden. Keine Strategie ermöglicht Information geschweige denn, eine Möglichkeit Kontakt aufzunehmen oder zu helfen.

In der Psychotherapie kann diese verdichtete Hilflosigkeit auch zu massiver Gegenübertragung führen:

»The therapist also empathically shares the patient's experience of helplessness. This may lead the therapist to underestimate the value of her own knowledge and skill, or to lose sight of the patient's strengths and resources. Under the sway of countertransference helplessness, the therapist may also lose confidence in the power of the psychotherapy relationship. It is not uncommon for experienced therapists to feel suddenly incompetent and hopeless in the face of a traumatized patient.« (Herman, 1992, S. 141)

Psychotherapie mit extrem traumatisierten Menschen heißt also immer auch, sich der eigenen Hilflosigkeit und Machtlosigkeit zu stellen und auch dem eigenen Grauen über Folter, Tod und »Verschwinden«.

Ans Ende dieses Kapitels stelle ich ein Zitat aus einem Artikel von Nathan Durst, der in Israel mit Überlebenden der Shoa arbeitet. Die Menschen, denen er in seiner psychotherapeutischen Arbeit begegnet, haben unzählige Verluste erlitten. Sehr oft gibt es kein Grab und keine Gewissheit um die Umstände des »Verschwindens« und des Todes von geliebten Menschen.

»Unsere Entschuldigung für unsere Weigerung, mit Überlebenden zu arbeiten und uns deren Schmerz und Leid auszusetzen, besteht darin, dass wir ihnen nicht auf ihrer Reise in die Vergangenheit folgen wollen; denn wir haben Angst vor dem Inhalt der Büchse der Pandora. Doch nach meinen Erfahrungen ist die Büchse der Pandora lediglich mit Tränen gefüllt; mit Tränen, die nie geweint wurden in Anwesenheit eines Zeugen, eines bedeutsamen Anderen, in einer zwischenmenschlichen tragfähigen Beziehung, die ihm Nähe und Trost spenden könnte. Wir wissen, dass die Zeit diese Wunden nicht heilt, und dass Traurigkeit wie eine Welle im Ozean zurückkommen wird. Trauer ist der emotionale Ausdruck für die Beziehung mit den verlorenen Menschen und bleibt ewig bestehen. Die Frage, die wir uns als Therapeuten stellen müssen, ist: Können wir dem Überlebenden erlauben, diesen Moment der Traurigkeit mit uns zu leben, oder lassen wir ihn damit allein? Denn Verlust bedeutet Alleingelassensein. Zusammenfassend ist zu sagen, dass wir in der Therapie mit Überlebenden und mit Traumatisierten in unseren Erwartungen bescheiden bleiben sollten. Wir können die Realität nicht ändern, jedoch manchen Schmerz lindern helfen.« (Durst, 1999, S. 111)

V.

Fallgeschichten
zur psychotherapeutischen
Arbeit mit Angehörigen von
»Verschwundenen«

Die in diesem Kapitel vorgestellten Fallgeschichten fanden alle im Rahmen von »HEMAYAT – Verein zur Betreuung von Folter- und Kriegsüberlebenden« in Wien statt.

All diese PatientInnen haben erst im Laufe der Therapie vom »Verschwinden« ihrer Angehörigen gesprochen, bzw. diese Thematik stand am Anfang nicht im Mittelpunkt unserer Arbeit. Alle unsere PatientInnen sind selbst Opfer von unmenschlichen Grausamkeiten, haben Jahre unter Folter gelitten oder wurden Zeugen grausamster Kriegshandlungen. Am Beginn der Psychotherapie bei HEMAYAT stand so gut wie immer die Folter, die sie am eigenen Körper und der eigenen Seele erleiden mussten.

Dies kann auch im Zusammenhang mit dem Überweisungsmodus stehen: Viele PatientInnen kommen zuerst einmal, um ein medizinisches und zum Teil auch psychologisches Gutachten für ihr Asylverfahren zu erhalten. Manche werden von SozialarbeiterInnen und RechtsberaterInnen geschickt, nachdem das Asylverfahren abgeschlossen ist. Das heißt, irgendwann im Rahmen des Asylansuchens musste jede/r unsere/r PatientInnen ihre/seine Gründe für die Flucht und die Fluchtgeschichte bereits erzählt haben. Was im Asylverfahren kaum eine Rolle spielt, ist das Schicksal von Angehörigen, vor allem dann nicht, wenn keine klare Aussage getroffen werden kann. Hingegen sind Gründe wie die Folter, die eine Person am eigenen Leib erfahren musste, wesentlich greifbarer (und oft mit medizinischen Methoden und psychologischen Messverfahren belegbar) und damit im Asylverfahren von zentraler Bedeutung.

Die Symptome, unter denen unsere PatientInnen leiden, stehen auch meist im Zusammenhang mit der aktuellen Traumatisierung und können als Posttraumatische Belastungsstörung (PTBS) diagnostiziert werden. Der Wunsch nach Reduktion bzw. Beendigung der Symptome steht im Vordergrund. Es geht also darum, Schlafstörungen, Nervosität, Flashbacks und quälende Erinnerungen in den Griff zu bekommen. Die Albträume und Erinnerungen sind voll mit Bildern der traumatischen Situationen, die erlebt worden sind (siehe dazu auch Kapitel IV).

In den ersten Stunden der Therapie geht es zusätzlich oft um die spezifischen Probleme der Neuorientierung in einem fremden Land. Der Stress, sich in Österreich zurechtfinden zu müssen, stellt täglich eine Herausforderung dar und kann nicht ignoriert werden. Lösungen müssen täglich gefunden werden, und solange nicht die Sicherheit durch die Gewährung von Asyl gegeben ist, ist es oft lebensnotwendig, sich mit den sozialen und rechtlichen Konsequenzen von Asylbedingungen auseinander zu setzen.

In allen beschriebenen Fallgeschichten kommt dies zum Ausdruck: Das Schicksal der Angehörigen wurde zwar in allen Fällen verbalisiert und grob umschrieben, aber es wurde über längere Zeit nicht zum zentralen Thema der Therapie.

Erst im Aufbau der therapeutischen Beziehung wird oft das Misstrauen gegen jede zwischenmenschliche Beziehung sichtbar. Liegt dies einerseits im Misstrauen gegen die Folterer und mordenden Soldaten, die jedes Vertrauen in normale mitmenschliche Umgangsformen zerstört haben, kann der zweite Grund darin liegen, dass der Schmerz um den Verlust der engsten Bezugspersonen zu groß ist.

Jede Beziehung zu vermeiden bedeutet dann auch, jede Möglichkeit eines erneuten Verlusts von Beziehung, und damit Schmerz, zu vermeiden

1 Daten zu den ausgewählten Fallgeschichten

12 Fallgeschichten aus meiner psychotherapeutischen Arbeit liegen dem folgenden Kapitel zu Grunde. Ausgewählt wurden die Fallgeschichten, in denen das »Verschwinden« von Angehörigen in den Therapien eine zentrale Rolle gespielt hat.

Die Psychotherapien wurden in den Jahren 1995 bis 2004 durchgeführt; drei dieser Therapien sind zum Zeitpunkt dieser Arbeit noch nicht abgeschlossen.

1.1 Herkunft

Die PatientInnen kommen aus: Afghanistan (1), Äthiopien (3), Iran (2), Kambodscha (1), Kongo (1), Ruanda (2), Syrien (1) und der Türkei (1); davon sind 7 Frauen und 5 Männer. Gemeinsam ist allen, dass sie als Flüchtlinge nach Österreich gekommen sind.

Die Kommunikationssprache war in 2 Fällen von Beginn an Deutsch; in 3 Fällen Englisch. Bei 7 Therapien waren DolmetscherInnen Teil des psychotherapeutischen Settings (Amhari, Farsi, Französisch, Kurdisch, Türkisch), wobei in 3 Therapieverläufen die PatientInnen so gut Deutsch erlernten, dass die Therapien ab einem bestimmten Zeitpunkt auf Deutsch (und damit ohne DolmetscherIn) weitergeführt werden konnten.

Der jüngste der beschriebenen Patienten war zum Beginn der Psychotherapie 13 Jahre, der älteste Patient 52 Jahre alt. 3 PatientInnen waren unter 18 Jahre alt, 3 zwischen 20 und 30 Jahre, 4 zwischen 30 und 40 Jahre, und 2 waren knapp über 50 Jahre alt. Keiner der beschriebenen PatientInnen war in der Altersgruppe von 40 bis 50 Jahren.

1.2 Soziale und rechtliche Situation in Österreich

Zu Beginn der Psychotherapie sind 11 Personen AsylwerberInnen und ein Patient ist bereits seit 5 Jahren als Flüchtling in Österreich anerkannt.

Von den 11 AsylwerberInnen erhalten im Verlauf der Psychotherapie 5 Personen Asyl in Österreich. Die übrigen 6 PatientInnen sind während der gesamten Therapiezeit AsylwerberInnen.

1.3 Therapiesetting

Alle Therapien wurden in »HEMAYAT – Verein zur Betreuung von Folter-und Kriegsüberlebenden« in Wien durchgeführt.

Die Erstkontakte wurden in allen Fällen über betreuende Sozialarbeiter-Innen und RechtsberaterInnen hergestellt, denen die besondere Belastung der PatientInnen aufgefallen war und die daher um einen Termin bei HE-MAYAT ersuchten. In 3 Fällen wurde das Erstgespräch von einem Arzt geführt; eine Patientin hatte bereits 8 Monate zuvor für 3 Stunden bei einer Kollegin eine Psychotherapie begonnen, aber dann wieder abgebrochen; für eine Patientin wurde von einer der klinischen Psychologinnen ein Gutachten für das Asylverfahren erstellt, in allen anderen (7) beschriebenen Fallgeschichten hatte ich selbst den Erstkontakt zu den PatientInnen.

Die Kontakte mit den PatientInnen variierten zwischen 6 Sitzungen (in einem Zeitraum von 3 Monaten) bis zu 140 Sitzungen in 3 Jahren. Das normale Setting ist eine Psychotherapiesitzung wöchentlich. In massiven Krisensituationen wurde das Setting für kurze Zeit auf 2–3 Mal wöchentlich verdichtet. Auf Grund von Krankenhausaufenthalten der PatientInnen und auf Grund mehrerer Auslandsaufenthalte meinerseits gab es in allen Fällen mehrwöchige Unterbrechungen.

1.4 Formen der Traumatisierungen der PatientInnen

Einige Gemeinsamkeiten der traumatischen Situationen in den Lebensgeschichten – neben der zentralen Problematik des »Verschwindens« von Angehörigen – lassen sich kurz zusammenfassen:

6 der PatientInnen waren selbst Opfer systematischer Folterungen, eine Patientin wurde während des Überfalls auf ihr Dorf Opfer von Massenvergewaltigungen, ein jugendlicher Patient wurde von paramilitärischen Kräften bis zur Bewusstlosigkeit geschlagen; 4 PatientInnen wurden ZeugInnen massiver Gräueltaten, ohne selbst physisch angegriffen worden zu sein.

1.5 Form des »Verschwindens« der Angehörigen

In 8 Fällen waren die Angehörigen Opfer der systematischen Menschenrechtsverletzung »Verschwindenlassen«, wobei 5 der betroffenen PatientInnen darüber hinaus während oder nach der Flucht den Kontakt zu anderen Familienmitgliedern verloren haben.

In 4 Fällen brach der Kontakt zu den Angehörigen während der Flucht vor Massakern, Bürgerkrieg und Genozid (Kambodscha, Ruanda) ab und konnte nicht mehr hergestellt werden.

1.6 Verwandtschaftsverhältnis zu den »Verschwundenen«

In einem Fall war ein einziger Angehöriger (der Ehemann der Klientin) »verschwunden«, alle anderen 11 PatientInnen waren mit dem »Verschwinden« von mehreren Angehörigen konfrontiert.

»Verschwunden« waren in 2 Fällen die Söhne, in einem Fall eine Tochter; von 3 der Frauen war der Ehemann »verschwunden«, von 2 Männern die Ehefrau.

Väter waren in 5 Fällen »verschwunden«; eine Mutter »verschwand« bei einem Übergriff des Militärs, und in 5 weiteren Fällen war der Kontakt zur Mutter nach der Flucht nicht mehr möglich.

Von 9 der PatientInnen waren 1 bis 4 Geschwister »verschwunden«.

1.7 Familiensituation in Österreich

5 der 12 PatientInnen sind allein nach Österreich gekommen und leben auch während der gesamten Zeit der Psychotherapie alleine. 2 der Frauen sind ebenfalls allein gekommen, leben aber in Österreich in Wohngemeinschaften mit anderen Frauen zusammen.

Ein Vater lebt mit einem seiner Söhne in Österreich, 2 Frauen mit ihren Kindern und eine Frau wohnt gemeinsam mit ihren Kindern und einer jüngeren Schwester hier. Alle 4 sind von ihrem »verschwundenen« Partner getrennt und damit AlleinerzieherInnen. Ein Jugendlicher lebt mit seiner Mutter und 3 weiteren Geschwistern in einem Flüchtlingsheim.

2 Methodische Grundlage

2.1 »Szenisches Verstehen«

Alfred Lorenzer (1993, S. 158) meint, dass es sich im Gegensatz zur Kategorisierung und Beschreibung von klinischen Bildern in der Medizin »bei Freud um das Verstehen und Interpretieren einer Szene und um das Begreifen der Szene im Rahmen einer angemessenen Theorie« handelt, und dies in der psychoanalytischen Praxis von wesentlicher Bedeutung ist. Im Mittelpunkt steht die Handlung an und für sich und nicht der Handelnde. Vor allem in der späteren Psychoanalyse hat sich gezeigt, dass aus den einzelnen präsentierten Szenen sich nicht so sehr die Lebensgeschichte erfassen lässt, sondern die Persönlichkeit mit ihren Lebensentwürfen und ihren Vorstellungen sichtbar wird.

Von dieser Grundhaltung in der Psychoanalyse aus hat Lorenzer den Begriff des »szenischen Verstehens« in die psychoanalytische und sozial wissenschaftliche Diskussion eingebracht.

> »Der Psychoanalytiker befindet sich mit dem Patienten in einem praktisch-sinnlichen Zusammenspiel, in dem der Patient lebensgeschichtliche-konflikthafte Entwürfe, die zunächst nur teilweise bewußt sind, aktualisiert bzw. reaktualisiert. Der Analytiker, der ebenfalls seine Entwürfe in das Zusammenspiel hineinträgt – die vielleicht etwas reflektierter, ›kontrollierter‹ sind, aber momentan auch aus dem Unbewußten aufsteigen – versucht, das Zusammenspiel zu verstehen. Auf der Grundlage des ›logischen Verstehens‹, d. h. der Rekonstruktion dessen, was gesagt wurde, der Herstellung verbal-sprachlicher Konsistenz (u. a. durch einfache Verständnisfragen) und auf der Grundlage des eingeschobenen ›psychologischen Verstehens‹, das heißt der Einfühlung in die Emotions-, Affekt- und Beziehungsqualität einer Lebensäußerung (z. B. Freude, Trauer, Wut in bezug auf ein Gegenüber) kommt es zum ›szenischen Verstehen‹, zum Herausheben, Herausarbeiten eines szenischen Musters, das die Interaktion prägt.« (Goldmann, Krall & Ottomeyer, 1992, S. 196)

Der Aspekt des tiefenhermeneutischen Verstehens zielt auf die Herausarbeitung des verborgenen Sinnes wie ihn die Psychoanalyse versteht.

> »Das ›Szenische Verstehen‹, das auf verborgene, zunächst unbewußte Wünsche und Abwehrvorgänge gerichtet (also ›Tiefenhermeneutik‹) ist, beruht auf den Elementarbestandteilen unseres Verstehensprozesses, die Lorenzer ›logisches‹ und ›psychologisches‹ Verstehen nennt. Beim logischen Verstehen erkennt und

anerkennt der Therapeut eine Äußerung des Patienten/der Patientin, wie z. B. ›Mutter‹ oder ›Richter‹ als sinnvoll im Rahmen einer gemeinsam gesprochenen Sprache. Allerdings sind nicht einzelne Wörter, sondern Sätze der Angelpunkt des logischen Verstehens, deren innerer Zusammenhang oder Nichtzusammenhang – ohne jede Konfrontation mit der Faktenwahrheit – vom Analytiker wie von einem Textinterpreten wahrgenommen, analysiert wird.« (Ottomeyer, 1987, S. 77)

Auch nichtsprachliche, wie körpersprachliche und gestische, Ausdrucksweisen werden in dieses logische Verstehen mit einbezogen. Ein gemaltes Bild, eine Skulptur oder ein Musikstück können präsentative Symbole sein, die für das Verstehen des Zusammenhangs von immenser Wichtigkeit sind. Gerade in der Arbeit mit Flüchtlingen, und damit immer mit Menschen aus einem anderen Sprachraum, sind andere Ausdrucksmittel neben der Sprache wesentlich, um im psychotherapeutischen Prozess die Darstellung des Patienten verstehen zu können.

»Für das Verständnis von Wünschen, Abwehrprozessen und Entwürfen von Menschen ist über weite Strecken hin, eine bildhafte Sprache mit ihren Vagheitsrisiken präziser als eine an Struktureindeutigkeit orientierte diskursive Sprache (…). Auch Gegenstände, am reinsten im Kunstgegenstand, können Träger präsentativer Symbolik sein.« (ebd., S. 79)

Im »szenischen Verstehen« wird der psychotherapeutische Prozess, in dem die Lebensgeschichte durch verschiedene Formen der Lebensäußerungen innerhalb der Beziehung zwischen PatientIn und TherapeutIn sichtbar wird, analysiert. Dabei spielen Übertragung und Gegenübertragung eine wesentliche Rolle.

Alfred Lorenzer und seine Schüler haben den Begriff des »szenischen Verstehens« auch auf außerklinische Bereiche wie die Kulturanalyse ausgedehnt. In dieser Arbeit wird er aber in der ursprünglich gedachten Form der Reflexion der psychotherapeutischen Arbeit angewandt.

2.2 Forschung und Gegenübertragung

»In der ›Gegenübertragung‹ steckt einerseits immer ein Teil, der die Rolle oder den Entwurf des Patienten gewissermaßen typisch und stimmig komplettiert, und andererseits – als ›Übertragung in der Gegenübertragung‹ – auch ein Teil spezifischer Konfliktgeschichte, ein sehr persönliches, mehr oder minder ›restneurotisches‹ biographisch-dramatisches Muster des Analytikers. Die Nachspürbewegung in bezug auf die eigene Gegenübertragung (...) ist für den analytisch orientierten Praktiker der wichtigste Weg zum Verstehen der gemeinsam mit dem Patienten produzierten Szene, d. h. auch des fremden Inszenierungsanteils. Leichter ist psychologische Objektivität unter lebendig interagierenden Menschen kaum zu haben.« (Goldmann, Krall & Ottomeyer, 1992, S. 197f.)

Georges Devereux (1984) beschäftigt sich in »Angst und Methode in den Verhaltenswissenschaften« ausführlich mit dem Thema der angstbesetzten Annäherung an fremde und leidvolle Forschungsthemen. Dies gilt wohl in einem besonderen Maß für ein Thema wie dem »Verschwindenlassen« von Menschen.

Sich psychotherapeutisch und forschend einem Thema wie dem spurlosen »Verschwinden« von Menschen zu nähern, ist hochgradig emotional besetzt.

Mit der psychotherapeutischen Gegenübertragung habe ich mich bereits im Kapitel IV. 4 auseinander gesetzt und auch in den folgenden Darstellungen (Kap. V. 3 und V. 5) wird dieser Thematik Platz eingeräumt.

Aber auch die wissenschaftliche Auseinandersetzung fordert die Reflexion dieser Thematik. »Man forscht nur über das, was einen (bewußt oder unbewußt) befremdet« (Ottomeyer, 1987, S. 98).

Es gibt Situationen in der Forschung, in denen die Angst und die Hilflosigkeit sehr spürbar werden. Als Beispiel dafür zitiere ich Selvi Thiruchandran (1999, S. 90), die Kriegswitwen und Frauen von »verschwundenen« Männern in Sri Lanka interviewt hat. Sie schreibt über ihre Gegenübertragung während der Gespräche. Sie hat die Frauen gebeten, über ihre derzeitige Lebenssituation als allein erziehende Mütter zu berichten:

»The mothers felt that they were inadequate for the ideal of motherhood. They felt guilty that they were not living up to expected social standards. They also fell disgraced when neighbours comment about the children's behaviour. Their transparency did bother us and inflicted subtle burdens on us. Having listened to the problems and not able to suggest solutions has indeed made us also guilty. The guilt of inactivity is a continuing problem for researchers of this kind when the research is not linked to some remedial action.«

Die Gegenübertragung, die sich in Gefühlen der Hilflosigkeit und in Schuldgefühlen zeigt, ist überall dort, wo menschliches Leid zum Untersuchungsgegenstand wird, präsent. Die Diskussion, wieweit geforscht werden kann, ohne dies mit einem konkreten Hilfsangebot zu verbinden, kann hier nicht geführt werden, da eine solche Auseinandersetzung einen breiteren Raum benötigen würde.

Diesem Dilemma kann ich mich in dieser Arbeit entziehen, da meine wissenschaftliche Auseinandersetzung sich ausschließlich auf psychotherapeutische Fallgeschichten aus meiner eigenen Praxis bezieht.

Auch wenn damit eine nur sehr kleine Gruppe von betroffenen Menschen beschrieben wird und daher keine breiteren Schlussfolgerungen zulässig sind, halte ich diesen methodischen Zugang für günstig. Durch die intensive Fallarbeit in mehrjährigen Psychotherapien ist eine genaue Prozessbeobachtung und -analyse möglich.

Grundlage der Beschreibung sind die Gedächtnisprotokolle, die jeweils nach den Psychotherapiesitzungen verfasst worden sind. Einige der Fallgeschichten fanden bereits in früheren Publikationen (Artikel) Eingang.

Um den gesamten Therapieverlauf, und darin eingebettet, die lebensgeschichtliche Bedeutung des »Verschwindens« von Angehörigen, verstehen zu können, habe ich drei der zwölf ausgewählten Fallgeschichten in ihrer Gesamtheit beschrieben, um mich anschließend einzelnen Problembereichen in vergleichender Form zu nähern.

3 Drei Fallgeschichten im Gesamtverlauf der Psychotherapie

Exemplarisch sollen hier drei Falldarstellungen ausführlicher geschildert werden. Diese dienen dazu, den Kontext der psychotherapeutischen Arbeit verständlich und überschaubar zu machen. In diesen Fallbeispielen versuche ich den gesamten Verlauf des therapeutischen Prozesses darzustellen.

3.1 M. aus einem Land im Süden Afrikas

3.1.1 Biografischer Hintergrund

M. wuchs als ältestes von fünf Kindern in einer Mittelschichtfamilie auf. Die Erinnerungen an das Dorf ihrer frühen Kindheit bringen sie später – nach Monaten der Therapie – auch wieder zum Lächeln. Dort hat die Familie im Verband mit der Großfamilie gelebt. M. war oft bei ihrer Großmutter, hatte aber auch viel Kontakt zu Tanten, Onkeln, Cousinen und Cousins.

Als M. ca. acht Jahre alt ist, übersiedelt die Familie in die Hauptstadt. Der Vater arbeitet als Angestellter in einer Handelsfirma und ist politisch aktiv. Welche Aktivitäten das waren, weiß M. nicht.

3.1.2 Traumatische Erlebnisse

Als sie vierzehn Jahre alt ist, beginnt sich ihre Welt dramatisch zu verändern. Die Mutter bricht zu einer kleinen Reise auf, die ein bis zwei Wochen dauern soll. Sie möchte, dass ihre älteste Tochter sich während ihrer Abwesenheit um die jüngeren Geschwister kümmert.

Ein Wunsch, von dessen Dimension und von dessen Unerfüllbarkeit beide noch nichts wissen. Die Mutter kehrt nicht zurück, und es gibt auch keine Nachrichten von ihr. M. muss die Mutterrolle immer mehr übernehmen, was ihr schwer fällt. Sie würde ihre eigene Mutter in dieser schwierigen Zeit so dringend brauchen. Aber sie versucht trotzdem, die Geschwister gut zu versorgen. Unterstützt wird sie dabei von Freundinnen der Mutter, die M. so gut es geht, bei der Haushaltsführung und bei der Sorge um die jüngeren Kinder helfen.

Die Familie ist hin- und hergerissen zwischen Verzweiflung und Hoffnung.

Es dauert ca. ein Jahr, bis die schreckliche Nachricht die Familie erreicht: M.'s Mutter war Opfer einer Seuche geworden und ist bereits einige

Wochen, nachdem sie die Familie verlassen hat, gestorben. Durch die zunehmenden Kriegswirren im Land war es nicht möglich gewesen, die Familie vorher zu verständigen, oder gar den Leichnam der Familie zu übergeben. Die nun 15-jährige M. muss die Schule verlassen und eine Rolle übernehmen, die nicht die ihre ist. Sie wird Hausfrau und Mutter ihrer jüngeren Geschwister. Assistiert wird sie dabei auch weiterhin von Tanten und Freundinnen der verstorbenen Mutter.

Einige Monate später ist M. allein mit ihrem Vater zu Hause, die Geschwister sind bei einer Tante. Mitten in der Nacht dringen bewaffnete Männer in das Haus ein, und vor den Augen der entsetzten M. wird der Vater gefoltert und ermordet. Das vollkommen verstörte Mädchen wird einige Stunden nach diesem furchtbaren Geschehen von Freunden des Vaters gefunden und aus dem Haus weggebracht. Da M. Zeugin dieses Verbrechens war, glauben die politischen FreundInnen des Vaters, dass auch ihr Leben in Gefahr ist, und so beginnt für M. eine Odyssee von Versteck zu Versteck. Ein weiterer Kontakt mit den Geschwistern ist nicht möglich, da dies von den Freunden des Vaters als zu gefährlich eingestuft wird. Schließlich organisieren sie – nach Monaten des Versteckens an verschiedenen Orten – die Flucht für M. in ein nordeuropäisches Land, wo M. von einer Familie, die ihren Vater gekannt hatte, abgeholt werden soll.

3.1.3 Flucht

Ab diesem Zeitpunkt war sie vollkommen auf sich selbst gestellt: 16-jährig, schwer traumatisiert, nicht wissend wohin diese Reise ohne Rückfahrkarte gehen wird. Sie ist tatsächlich nicht am geplanten Ziel angekommen. Ihre Flucht war in Österreich zu Ende, eine Weiterreise in den Norden Europas, wo sie erwartet worden wäre, war auf Grund der Asylgesetzgebung nicht möglich.

Der Weg vom Heimatland bis nach Österreich ist eine neue und wiederum schreckliche Erfahrung. Was genau passiert ist, bleibt auch in der Therapie unaussprechlich. Das junge –sehr hübsche – Mädchen war immer wieder Schleppern vollkommen ausgeliefert gewesen.

Aber auch das Erreichen eines Landes, in dem sie den Asylantrag stellen konnte, heißt noch nicht Sicherheit.

3.1.4 Ankunft in Österreich

M. findet sich in der Schubhaft wieder. Statt endlich in Sicherheit zu sein, ist sie, die doch Opfer von so vielen Grausamkeiten geworden ist, auf einmal im Gefängnis. Sie kann die Situation nicht verstehen: Was hat sie denn falsch gemacht? Und sie wird mit der Abschiebung in ihr Heimatland bedroht. Der

Schock, dass sie, nachdem sie endlich ihre Bitte um Asyl ausgesprochen hat, in ein Gefängnis gebracht wird, ist furchtbar. Das tiefe Misstrauen gegen jede österreichische Behörde wird sie noch lange weiter begleiten. Es ist zutiefst unverständlich, warum sie, statt Schutz zu erhalten, wie eine Verbrecherin behandelt wird. Die Rückkehr in ihr Heimatland ist für sie ausgeschlossen, das Bild der Ermordung ihres Vaters ständig vor ihren Augen.

Sie sieht, dass andere Gefangene in Hungerstreik treten und beginnt ebenfalls die Nahrung zu verweigern. Drei Wochen dauert dieser verzweifelte Kampf mit den Behörden, bis sie schließlich wegen Haftunfähigkeit aus der Schubhaft entlassen und in ein Wohnheim für Jugendliche überstellt wird. M.'s Asylverfahren ist im Gang; noch ist sie nicht sicher.

3.1.5 Kontaktaufnahme/Beginn der Psychotherapie

In dieser Zeit kommt M., durch Vermittlung der WohnheimbetreuerInnen, zum ersten Mal zu uns. Wir beginnen auf Grund der massiven Suizidgefährdung sofort mit der Psychotherapie bzw. mit Krisenintervention, die aber über einige Monate andauern wird – bis M. endlich Asyl erhält.

Beim Erstkontakt ist M. kaum ansprechbar. Ihre BetreuerInnen sind sehr besorgt, da sie kaum Nahrung zu sich nimmt, sehr viel weint; sie erscheint akut selbstmordgefährdet. Auf alle Erklärungen reagiert sie sehr nervös und verstört.

Die Angst vor Abschiebung macht sie schlaflos, und in diesem einen Punkt ist das junge Mädchen fest entschlossen: Lebendig wird sie nicht in ihr Heimatland zurückkehren.

Da M. noch nicht Deutsch spricht, ist eine Dolmetscherin im Therapiesetting integriert. M.'s Vertrauen zu gewinnen, ist nicht leicht. Sie hat gelernt, allen zu misstrauen. Verzweifelt hält sie an ihrer scheinbar einzigen Freiheit fest: Bevor sie abgeschoben wird, will sie Selbstmord begehen.

Durch die Freundschaft zu den Mädchen, mit denen sie im Wohnheim zusammen lebt, beginnt sie langsam wieder Vertrauen zu fassen und Anteil am Leben zu nehmen. In den Sitzungen bei uns geht es zuerst einmal stundenlang um Erklärungen über Asylverfahren, Fremdenrecht und was wir für sie anbieten können. Sie muss sich immer wieder versichern, dass wir es nicht zulassen würden, dass sie abgeschoben wird. Das einzige Thema in den therapeutischen Sitzungen ist zuerst einmal, Sicherheit zu schaffen. Kann M. sich bei uns sicher fühlen und kann sie uns vertrauen?

Eine Frage, die auch uns als BehandlerInnenteam beschäftigt: Können wir sie auch wirklich schützen? Wir können diese Frage selbst nicht beantworten. Wir können versprechen, dass wir alle zur Verfügung stehenden Mittel wie Petitionen, Verständigung der Presse etc. für sie im Bedarfsfall ausnutzen würden. Aber wir wissen nicht, ob das im Ernstfall tatsächlich auch reichen würde.

3.1.6 Bearbeitung der traumatischen Erfahrungen

Die Übersiedlung in eine andere Wohnung und ein direkter Kontakt zu ihrem Rechtsberater ermöglichen, dass wir allmählich von einer »permanenten Krisenintervention« zu einem Setting, das Psychotherapie eher entspricht, wechseln können. Die Situation wird damit für uns alle entlastet: Die Möglichkeit der Selbsttötung ist nicht mehr als ständige Bedrohung für uns alle – Klientin, Dolmetscherin und Therapeutin – im Raum.

Als sich ihr Asylverfahren einige Monate später zum Positiven wendet und M. als Flüchtling in Österreich anerkannt wird, reagiert sie zuerst mit Misstrauen. Das Gefühl, dass auf ihrem Lebensweg alles katastrophal ist, sitzt zu tief. Es braucht erneut mehrere Stunden, bis sie in der Lage ist, der Information zu vertrauen und noch einige Wochen länger, bis sie in der Lage ist, sich zu entspannen.

Erst hier kann Therapie im Sinne der Aufarbeitung der erlittenen Vergangenheit beginnen. Es folgen Phasen der tiefen Trauer um die verlorenen Eltern; Phasen der Wut und Verzweiflung über das erlittene Schicksal. M. präsentiert sich in dieser Zeit in der Therapie als sehr kindlich und anlehnungsbedürftig.

Ihre Essstörungen werden zu einem zentralen Thema. M. vergisst tatsächlich sehr oft zu essen. Um dieser Störung auf den Grund zu gehen, verändere ich das psychotherapeutische Setting erneut. Ich stelle einen Teller mit Keksen vor Beginn der Stunde auf den Tisch und biete M. davon an. Sie isst wie ein normaler – sehr hungriger – Teenager; am Ende der Stunde ist kein einziger Keks mehr übrig.

Ich interpretiere dieses Verhalten als Regression. M. will bekocht und gefüttert werden. Zum anderen ist das Nicht-Essen eine Form ihrer Trauer. Gemeinsame Mahlzeiten waren das zentrale Element des Familienlebens, das sie verloren hat. Ich nutze diesen Umstand zum Stärken ihrer Erinnerungen und Ressourcen. M. gelingt es, dass Bild des Familienabendessens sehr lebendig werden zu lassen. In einer imaginativen Übung lade ich sie ein, sich an den Raum mit allen Sinnen zu erinnern: Gerüche, Geräusche und Bilder. M. ist in dieser Stunde sehr entspannt und kann sehr genau beschreiben, was die Mutter gekocht hat, wie sich die Familie um den Tisch setzt etc.

Die Sorge der beiden mütterlichen Personen – Psychotherapeutin und Dolmetscherin – tut ihr sichtlich gut. Mit Hilfe eines Tagebuches beginnt sie ihre Ernährung aufzuschreiben und darauf zu achten, dass sie zumindest eine warme Mahlzeit und eine Zwischenmahlzeit pro Tag zu sich nimmt.

Nach 22 Monaten Psychotherapie hat sich M. weitgehend stabilisiert. Als ich sie einmal zufällig auf der Straße treffe, bin ich erstaunt über ihr Outfit. Während sie sich in der Therapie nach wie vor als das kleine hilfsbedürftige

Mädchen präsentiert, hat sie sich für ein Fest, zu dem sie gerade unterwegs ist, sorgfältig, aber auffällig geschminkt und ist sehr modern und feminin gekleidet. Sie wirkt wie eine sehr schöne selbstbewusste junge Frau, die sich ihrer Anziehungskraft durchaus bewusst ist.

In dieser Zeit kommt es aber zu einem Rückschlag. Eine zufällige Situation, wie sie im Alltag passieren kann, erinnert an die eigenen traumatischen Erfahrungen. M. kommt vollkommen verstört in die Therapie. Sie ist Zeugin eines Unfalls mit einem Leichtverletzten, der aber stark geblutet hat, geworden. Diese Situation erzeugt bei ihr sofort massiven Schrecken und Todesangst. Durch das Bild des blutenden Verletzten wird sie zurückgeworfen auf das Miterleben-Müssen der Ermordung des Vaters.

In der Psychotherapie hat M. aber bereits gelernt, den Tod des Vaters zu betrauern und ihre eigene Sicherheit wiederzugewinnen. So gelingt es ihr in zwei Therapiesitzungen, den Schrecken, der durch den Unfall ausgelöst worden ist, zu überwinden.

3.1.7 Tod als zentrales Thema der Therapie

Mit M. haben wir in der Therapie versucht, die Begräbnisse für ihren Vater und ihre Mutter zumindest gedanklich nachzuholen. M. hat Texte für die Totenanzeige und für die Grabsteine formuliert und aufgeschrieben. Sie hat erzählt, wie das Begräbnis abgelaufen wäre: Wer gekommen wäre, was gebetet worden wäre, welche Speisen von wem gekocht worden wären etc. Es ermöglicht ihr, um ihre Eltern zu weinen und ihnen – zumindest symbolisch – einen Grabstein zu errichten.

So schmerzhaft für M. und ihre Familie die Nachricht vom Tod der Mutter auch war, es hat der Familie ermöglicht, sich mit der Realität auseinander zu setzen und sich darauf einzustellen. Der Tod des Vaters musste als schreckliche Realität akzeptiert werden, wenn es auch für ihn nicht möglich war, Abschieds- und Trauerrituale zu vollziehen.

Erst in der Therapie kann ein zumindest symbolischer Raum für den Abschied M.'s von ihren Eltern geschaffen werden.

3.1.8 »Verschwinden« von Angehörigen

Die Angst um die Geschwister, die M. in einem von Bürgerkrieg zerrissenen Land zurücklassen musste, wird in der Therapie immer mehr zum zentralen Thema. In den knapp zweieinhalb Jahren der Therapie und darüber hinaus bleibt die quälende Frage nach dem Schicksal der jüngeren Geschwister unbeantwortet. Sie hofft, dass sie irgendwann die Chance haben wird, in ihr Heimatland zurückzukehren und nach den Kindern zu suchen. Dieser Wunsch ist auch von Trauer begleitet. Selbst wenn die Kinder überlebt haben – sie werden dann um viele Jahre älter sein und sie vielleicht gar nicht mehr erkennen.

Immer wieder beschäftigen sie Angstträume, die mit dem harmonischen (und wohl auch verklärten) Zusammenleben der Geschwister beginnen und die im angstvollen Suchen nach ihnen enden (siehe dazu auch Kap. V. 4.2).

Wir besprechen mehrmals die Möglichkeit eines Suchantrages beim Internationalen Roten Kreuz. M. kann sich, wie auch viele andere unserer Patient-Innen, in einer ähnlichen Situation, nicht dazu entschließen. Scheinbar ist die Angst vor einer Antwort, die genauso schrecklich ist wie die Nachricht vom Tod der Mutter, noch zu groß.

M. war mit der Rolle als Ersatzmutter für ihre Geschwister überfordert. Da sie dieser Rolle nicht gerecht werden konnte, quälen sie Schuldgefühle. Sie hat Angst davor, ihre Geschwister zu finden, und von ihnen den Vorwurf zu bekommen, dass sie sie verlassen hat. Und sie fühlt sich schuldig gegenüber ihrer Mutter, der sie ja versprochen hat, während ihrer Abwesenheit auf die Kinder aufzupassen. Ein Traum war für sie besonders quälend:

Die Mutter kam zu ihr und war zuerst sehr liebevoll und mütterlich, wollte aber dann von ihr wissen, wo denn die anderen Geschwister seien. Sie hat keine Antwort und fühlt sich im Traum zutiefst beschämt und schuldig.

Auch nach dem Aufwachen halten diese Gefühle der Schuld gegenüber der Mutter an.

In der Psychotherapie hilft M. die Versicherung, dass sie für ihre Geschwister getan hatte, was für sie möglich war, und sie nichts falsch gemacht hat.

Dieser Traum steht stellvertretend für Träume und quälende Fragen, die während des gesamten Therapieverlaufs immer wieder gestellt werden. M. will von mir, ihrer Therapeutin, oft wissen, ob ich glaube, dass sie mehr für die jüngeren Geschwister hätte tun können. Sie braucht immer wieder die gleiche Antwort – sie hat ihr Möglichstes getan, sie hat nicht versagt. Jetzt darf sie sich um sich selbst kümmern und wir wünschen ihr, dass sie bald eine Chance haben wird, mit ihren Geschwistern wieder Kontakt aufzunehmen (Preitler, 2002).

Nach ca. einem Jahr bringt M. folgendes Bild mit in die Psychotherapie:

Es quält sie, dass ihre Erinnerungen an die Gesichter der Eltern und Geschwister langsam verblassen und sie nicht einmal ein Foto von ihren Lieben hat. Deshalb ist es ihr, der begabten Zeichnerin, auch nicht möglich, ihre Familie mit Gesichtern zu zeichnen oder zu malen.

3.1.9 Gegenübertragung

M. appelliert sofort an mütterliche Gefühle. Ein verschrecktes junges Mädchen, das am Leben erhalten werden muss, wird mir vorgestellt. In ihrem Fall kann auch nicht das strikte psychotherapeutische Setting eingehalten werden. Ich bin Teil des Netzwerks, das für M.'s Aufenthalt und Asyl in Österreich kämpft. Ich bin bereit, für sie auf die »Barrikaden« zu steigen und auch mit Mitteln wie Medienkampagnen, Appellbriefen etc. zu kämpfen, wenn dies auch – Gott sei Dank – nicht gebraucht wird.

Als sich die aufenthaltsrechtliche Situation von M. entspannt, bleibt der Wunsch, dieses schwerverletzte Mädchen zu beschützen, weiter eine Hauptkomponente der Gegenübertragung. Deshalb bin ich sehr froh, dass ich durch Zufall die »andere M.«, die selbstbewusste junge Frau sehe und damit mein eigenes Bild ihrer Schutzbedürftigkeit korrigieren kann.

Die Ablehnung, mittels des Roten Kreuzes die »verschwundenen« Geschwister zu suchen, löst bei mir zuerst Irritation aus, und es bedarf der Supervision, um die dahinterliegenden Ängste zu verstehen.

3.2 Frau F. aus einem arabischen Land

3.2.1 Biografischer Hintergrund

Frau F. kommt aus einer gut situierten Familie. In erster Ehe hat sie drei Kinder, wobei ein Kind bereits im Alter von zwei Jahren an einer Krankheit stirbt. Die beiden anderen entwickeln sich zu Vorzugsschülern. Nach 12-jähriger Ehe erkrankt der Mann und stirbt schließlich. Die Witwe sieht in der Erziehung ihrer Kinder und der Fortführung des Familiengeschäfts den Sinn ihres weiteren Lebens. Aber ihre Geschwister und Eltern drängen auf Wiederverheiratung. Und tatsächlich verliebt sich Frau F. in einen Mann, der ihr vorgestellt wird, und heiratet erneut. Frau F. hat zwei weitere Kinder aus dieser Ehe. Ihr zweiter Ehemann ist allerdings politisch aktiv – ein Umstand, von dem ihre Herkunftsfamilie nichts wusste.

Welche Aktivitäten dies genau sind, erzählt der Ehemann auch nicht, und oft ist er tagelang von zu Hause abwesend, ohne das Frau F. weiß, wo er sich aufhält. Kulturell angepasst, gesteht sie ihrem Mann zu, dass er sie nicht über seine Schritte informieren muss, auch wenn sie sich eine partnerschaftliche Haltung bezüglich dieser Aktivitäten wünschen würde.

3.2.2 Traumatische Erlebnisse

Traumatisch wird die Situation, als Frau F. von Polizisten, die nach ihrem Mann fahndeten, in Haft genommen wird. Dabei sind mehrere Männer in Uniform und Zivilkleidung gewaltsam in ihre Wohnung eingedrungen und haben diese verwüstet. Während der Tage dieser Haft wurde Frau F. massiv misshandelt. Erst nach sechs Tagen, als sich ihr Mann der Polizei stellt, wird sie freigelassen.

Dieser Vorfall liegt sieben Jahre zurück. Für Frau F. war er der Bruch in einer vertrauensvollen Welt. Es ist anzunehmen, dass Frau F. seit dieser Zeit unter Symptomen einer Posttraumatischen Belastungsstörung gelitten hat.

Die Familie wird zunehmend isolierter. Verwandte fürchten sich, die Familie zu besuchen und brechen den Kontakt mit Frau F. ab. Nur in ihrer Wohnung und ihrem Geschäft fühlt sie sich sicher.

Trotzdem trifft sie der nächste Schicksalsschlag zwei Jahre danach unerwartet. Ihr ältester Sohn aus erster Ehe ist Soldat. Bei einem Grenzgefecht wird seine gesamte Einheit als vermisst gemeldet. Später werden mehrere Männer aus der Einheit erschossen aufgefunden; von ihrem Sohn gibt es keine weiteren Nachrichten.

3.2.3 Flucht

Ein Jahr später meint ihr Ehemann, dass es für sie und die Kinder sicherer wäre, das Land zu verlassen. Sie bittet ihn, mit ihnen zu kommen, sie nicht allein wegzuschicken. Er verspricht, so bald als möglich nachzukommen. Frau F. und ihre beiden Kinder begeben sich auf die wohl vorbereitete Flucht nach Europa und gelangen nach Österreich. Die Flucht war gut organisiert, und so konnte die kleine Familie ohne Schwierigkeiten und sehr rasch nach Europa gelangen.

Frau F.'s Ehemann »verschwindet« nur wenige Tage später. Versuche der im Heimatland zurückgebliebenen entfernteren Verwandten, etwas über seinen Verbleib zu erfahren, scheitern. Frau F. hofft, dass er selbst »untergetaucht« ist, aber es gibt Gerüchte, dass er in einem der berüchtigten Folterzentren der Geheimpolizei festgehalten wird.

3.2.4 Ankunft in Österreich

Frau F. und ihre Kinder haben insofern Glück, dass sie relativ schnell in eine sehr gut geführte Pension der Bundesbetreuung aufgenommen werden. Dort kann die kleine Familie eine Zweizimmerwohnung beziehen.

Allerdings erkrankt Frau F., die bisher so gut wie immer gesund war, bald sehr schwer.

3.2.5 Kontaktaufnahme/Beginn der Psychotherapie

Die Heimbetreuerin von Frau F. ruft bei uns an und bittet um einen baldigen Termin. Zu diesem Zeitpunkt ist Frau F. seit fünf Monaten in Österreich und hat gerade den dritten Suizidversuch hinter sich. Sie ist einige Tage zuvor aus der psychiatrischen Klinik, in der sie zwei Wochen stationär aufgenommen war, entlassen worden.

Die Therapie erfolgt mit einem Dolmetscher. Normalerweise versuchen wir, bei Klientinnen immer Frauen (Therapeutin und Dolmetscherin) einzusetzen. Allerdings war zum Zeitpunkt des Therapiebeginns nur ein Mann mit den notwendigen Sprachkenntnissen im Betreuungsteam verfügbar. Daher spreche ich in der zweiten Therapiesitzung dieses Thema an. Ich frage Frau F., ob sie lieber mit einer Frau als Dolmetscherin arbeiten möchte. Frau F. ist über die Frage erstaunt und auch erfreut, dass ihr eine Entscheidungsmöglichkeit geboten wird. Sie erklärt sich einverstanden, mit einer Therapeutin und einem Dolmetscher zu arbeiten.

Frau F. hatte zu Beginn der Therapie ein großes Bedürfnis zu reden und zu weinen. Sie erzählt vor allem, wie sehr sie sich von der Situation, in einem fremden Land allein für die Kinder verantwortlich zu sein, überfordert fühlt.

3.2.6 Bearbeitung der traumatischen Erfahrungen

Frau F. ist insgesamt drei Jahre und vier Monate in Psychotherapie, wobei nach zwei Jahren und fünf Monaten das Setting von einmal wöchentlich auf 14-tägig verringert wird. Nach zwei Jahren Therapie verabschiedet sich der Dolmetscher auf Grund von beruflichen Veränderungen aus dem Therapiesetting. Von diesem Zeitpunkt an wird die Therapie in deutscher Sprache – die Frau F. mittlerweile sehr gut erlernt hatte – fortgeführt.

Sehr bald (bereits am Ende der ersten Sitzung) erzählt Frau F. unter Schluchzen von ihrem Wunsch, in ihr Heimatland zurückzukehren und ihren Ehemann zu suchen. Es seien nur die Kinder, die sie von diesem Vorhaben abhielten und das Versprechen an ihren Mann, die Kinder in Sicherheit zu bringen.

Der Ehemann wird idealisiert. Für Frau F. ist es unvorstellbar, ohne ihn weiter zu leben bzw. wolle sie lieber sterben, als ohne ihn zu leben. Sie sei auf der Suche nach guten Pflegeeltern für ihre Kinder, damit sie zurückgehen kann oder sich endgültig aus diesem Leben verabschieden darf.

Obwohl diese schmerzhafte Verzweiflung und Trauer das gesamte Leben von Frau F. zu dominieren scheinen, beginnt sie sich für das Leben in Österreich zu interessieren. Zuerst ist sie über das Schulsystem erstaunt und begeistert, aber auch die Rolle der Frauen in Österreich irritiert und fasziniert sie zugleich.

In allen Sitzungen der ersten zwei Monate ist Platz für diese ganze Palette von Gefühlen, wobei sich das Interesse am Leben in Österreich ab der fünften Woche mehr und mehr mit der Verzweiflung und der Trauer die Waage halten.

Frau F. wirkt sehr regressiv und wollte für alle Entscheidungen meine Meinung einholen – wobei sie zuerst auch immer wieder versucht, mir die Entscheidungen überhaupt zu überlassen. Sie bittet immer wieder um kleine Hilfsdienste. »Können Sie für mich bei der Sozialarbeiterin anrufen und sie um ... bitten?« Der Balanceakt, Frau F. dort zu unterstützen, wo sie tatsächlich Hilfe braucht und ihre Forderungen wohlwollend zurückzuweisen, wo sie durchaus in der Lage ist, selbst dafür zu sorgen, ist immer wieder aufs Neue auszuhalten.

Frau F. ist es gelungen, relativ schnell Vertrauen zu fassen. Wesentlich dazu beigetragen hat, dass ich ihr in der zweiten Sitzung erklärt habe, dass wir ihre Erkrankung als eine Posttraumatische Belastungsstörung (PTSD) verstehen und sie nicht als »verrückt« ansehen. Sie habe das Recht, auf die abnormalen Ereignisse in ihrem Leben so zu reagieren. Dass ich ihre Symptome kenne und sie auch in einem sinnvollen Kontext erklären kann, gibt Frau F. das Gefühl, verstanden zu werden. Zugleich ist es für sie sehr unterstützend, dass sie ihrem Leiden einen Namen geben kann. Sie fühlt sich daher ihren Schmerzen nicht mehr gänzlich hilflos ausgeliefert.

Trotz der massiven suizidalen Problematik, mit der Frau F. zu uns in Behandlung gekommen ist, verliert diese Thematik schon nach wenigen Sitzungen an Bedeutung und ist im Verlauf der Therapie nur mehr zweimal zur Sprache gekommen. Beide Male war es auf Grund von Situationen im Flüchtlingsheim, wo sie sich erneut überfordert gefühlt hat. Beide Vorfälle (einer betraf einen Streit ihres Kindes in der Schule mit MitschülerInnen; einer einen Konflikt mit Nachbarn im Heim) können mit relativ einfachen Interventionen von Seiten der SozialarbeiterInnen aufgelöst werden.

In der Übertragung ist eine sehr interessante Entwicklung auf Grund von Aussagen von Frau F. ablesbar. Im ersten Therapiejahr sagt sie zu mir »Sie sind wie eine Mutter für mich«, was auch ihrer Form der Regression entspricht. Gegen Ende des zweiten Therapiejahres, in dem sie sich langsam aus der Trauer um ihren Mann zu lösen beginnt, überträgt sie ihre Gefühle erneut auf die Therapeutin: »Sie sind wie ein besserer Ehemann für mich«. Darin kommen auch ihre Wut und Aggression gegenüber ihrem Mann, von dem sie sich verlassen und im Stich gelassen fühlt, zum Ausdruck. In dieser Phase meinte sie auch einmal, dass Österreich für sie besser sorgt, als es ihr Ehemann jemals getan hat. Sie entwickelt in der Zeit die Energie, sich ein selbstständiges Leben ohne ihren Ehemann vorstellen zu können.

Und schließlich, gegen Ende der Therapie, macht sie mir klar, dass ich meine Verantwortung für sie abgeben darf, aber nicht die therapeutische Beziehung: »Sie sind wie eine Tochter für mich.«

3.2.7 Tod als zentrales Thema der Therapie

Frau F. kommt mit einem massiven Todeswunsch – nach drei missglückten Suizidversuchen – zu uns. Das Thema Tod ist von Anfang an in unserer gemeinsamen Arbeit präsent. Sie hat bereits am Anfang von ihrer verstorbenen Mutter und ihrem »verschwundenen« Sohn aus erster Ehe erzählt.

Die Trauer um ihre Mutter ist immer wieder ein zentrales Thema. Von ihrem Kind aus erster Ehe, das zweijährig verstorben ist, hat sie in der Psychotherapie nie erzählt. Ich erfahre davon ein Jahr nach Therapiebeginn in einem Gutachten, das für das Asylverfahren von einem Psychiater erstellt worden ist. Da ich mit ihrem Einverständnis das Gutachten gelesen habe (und sie in der Therapie auch um eine Übersetzung gebeten hat), frage ich sie nach diesem Kind. Sie ist erst zu diesem Zeitpunkt bereit, über dieses Kind und über ihre Trauer darum zu erzählen.

3.2.8 »Verschwinden« von Angehörigen

Durch das Erzählen über das »Verschwinden« ihres ältesten Sohnes in der ersten Begegnung hat Frau F. sichergestellt, dass ich über diesen Sohn Bescheid weiß, obwohl sie nur noch einmal während des gesamten Therapieverlaufs bereit war, über ihn zu reden. Für sie ist nach dem Auffinden der Leichen der Kameraden klar, dass auch ihr Sohn ums Leben gekommen ist. Sie drückt aber aus, dass es ihr sehr Leid tut, das sie nicht weiß, wo er beerdigt ist.

In der gleichen Therapiestunde erzählt Frau F., dass sie während der schlimmsten Zeit des Bürgerkriegs selbst diesen letzten Dienst für unbekannte Tote geleistet hat. Gemeinsam mit einer Gruppe von Frauen hat sie Leichen von Ermordeten zum Friedhof gebracht und beerdigt. Sie hofft, dass auch ihr Sohn zumindest diese Form der Bestattung durch andere Unbekannte erhalten habe.

Die Sorge um ihren »verschwundenen« Ehemann hingegen ist zentrales Thema. Anfangs glaubt sie, ohne ihn nicht überleben zu können. Wobei in ihren Selbstmordversuchen bereits aggressive Anteile gegenüber dem Mann spürbar werden, wenn auch verbal nur der ideale Ehemann dargestellt werden kann. Frau F. fühlt sich zerrissen zwischen der Sorge um ihre Kinder (wozu sie der Ehemann beauftragt hat), ihrem Wunsch, selbst nach ihrem Mann zu suchen und ihrem Bedürfnis, einfach in Ruhe gelassen zu werden. Dass sie sich in einem Land, weit weg von ihm aufhält, erhöht ihr Gefühl, im Bezug auf das »Verschwinden« ihres Mannes hilflos zu sein.

Erst vierzehn Monate nach Therapiebeginn kann Frau F. erstmals ihren Ärger und ihre Wut auf ihren Mann auch aussprechen. Dem stellt sie eine Woche später die Erzählung der sehr romantischen, verspäteten Hochzeitsreise gegenüber. Es ist ihr möglich, die Erinnerungen an diese schönen und harmonischen Tage zu genießen, ohne sofort wieder über die späteren traumatischen Erlebnisse und die Trennung verzweifelt zu sein. In der Trauer um den Verlust ihres Ehemanns ist sie einen Schritt weiter. Sie kann die schönen Teile der Beziehung erinnern, und betrauern, dass diese nun auch verloren sind.

Hier wird das erste Mal auch die Übertragung auf die Therapeutin – als Modell eines Partners – verbalisiert: »Wenn Sie einmal in mein Heimatland kommen, zeige ich Ihnen auch diese schönen Sehenswürdigkeiten.«

Die nächsten Wochen sind erneut geprägt von den Problemen der Kinder in der Schule und dem Leben in der Flüchtlingsunterkunft. Sie ist so sehr mit der Gegenwart beschäftigt und will nicht auf die Vergangenheit angesprochen werden. Dabei wird auch die – ebenfalls gegenwärtige – Sorge um den jetzigen Aufenthalt des Ehemanns nicht thematisiert.

Als sich der Dolmetscher nach zwei Jahren aus der Therapie verabschiedet, wird dies in die Psychotherapie zum Thema: Wir sagen Frau F. bereits einige Wochen vorher, dass dieser Abschied bevorsteht. Die ersten beiden Wochen reagiert sie aber nicht auf diese Information, und wir sind bereits verunsichert, ob sie die Nachricht verstanden hat. Erst in der dritten Stunde nach der Ankündigung (und damit auch der letzten gemeinsamen Therapiesitzung) beginnt sie sich für die Hintergründe des Abschieds zu interessieren. Auf ihre Frage hin erklärt der Dolmetscher in beiden Sprachen, dass er aus beruflichen Gründen nicht mehr kommen kann. Frau F. spricht ihn direkt an, sagt ihm, dass sie ihn vermissen wird und bedankt sich für seine Hilfe. Sie hat als Dank auch Süßigkeiten aus dem Heimatland für den Dolmetscher und Schokolade für die Therapeutin mitgebracht. Ein Stück weit wird ihre Trauer über den Verlust einer Bezugsperson spürbar.

In der darauf folgenden Sitzung beginnt Frau F. sich über ihre mangelnden Deutschkenntnisse zu beklagen. Sie ist aber trotzdem bereit, auf meine Fragen einzugehen. Nach einer halben Stunde meint sie erneut, dass sie nicht gut genug Deutsch spricht und gar nichts sagen kann. Ich mache sie darauf aufmerksam, dass wir bereits seit 30 Minuten miteinander kommunizieren, und das ausschließlich auf Deutsch. Sie ist auch sichtlich stolz auf ihre guten Fortschritte im Erlernen der deutschen Sprache. Ihre Klagen über die mangelnden Sprachkenntnisse sind natürlich einerseits gerechtfertigt, da sie trotzdem ihre Muttersprache wesentlich besser beherrscht als Deutsch, zum anderen sicher als ihre Trauer um den Verlust der Bezugsperson des Dolmetschers zu interpretieren.

Sie richtet am Ende jeder darauf folgenden Sitzung Grüße an den Dolmetscher aus. Gegen Ende der Therapie fragt sie noch immer gelegentlich nach seinem Wohlergehen.

In der Übertragung nehmen die Gefühle der Neuorientierung und Verliebtheit in dieser Zeit des Zweiersettings zu. Den Ärger auf ihren Mann kann sie jetzt wesentlich besser verbalisieren, da kein Mann ihrer eigenen Kultur mehr anwesend ist.

Sie geht in dieser Phase zum Friseur und legt sich eine moderne Kurzhaarfrisur zu. Ab und zu geht sie jetzt auch mit den Kindern auf Feste und genießt die Musik und die Unterhaltung.

Sie hat für sich akzeptiert, dass ihre Ehe nie besonders gut war, und dass diese Ehe – unabhängig davon, was mit ihrem Mann geschehen ist – daran zerbrochen ist, dass er sie und die Kinder alleine weggeschickt hat. Frau F. erfährt in Österreich wie es ist, ohne politische Unterdrückung und ohne ständige Angst zu leben. Sie blüht förmlich auf und macht Pläne – nicht nur für die Zukunft der Kinder, sondern langsam auch für sich selbst. Ein Leben mit ihrem Mann ist darin nicht mehr vorgesehen.

3.2.9 Gegenübertragung

Am Beginn der Therapie bin ich mit der massiven Suizidalität konfrontiert – eine enorme Verantwortung, und zugleich werden auch die aggressiven Anteile spürbar. Entlastend für mich als Therapeutin ist die Tatsache, dass Frau F. bereits über ein großes Netzwerk an BetreuerInnen verfügt und sich die Belastung damit verteilt.

Die Hilflosigkeit in der sich Frau F., die immerhin um einige Jahre älter ist als ich, befindet, ist nicht immer leicht auszuhalten. Auch die Zurückweisungen ihrer vielen Hilferufe bezüglich ihrer sozialen Situation kosten immer wieder Energie. Im späteren Verlauf der Therapie spüre ich auch öfters Verärgerung darüber, da ich auch vergleiche, und weiß, dass Frau F. als anerkannte Asylantin wesentlich günstigere Bedingungen als die meisten anderen meiner PatientInnen zur Verfügung hat. Deshalb ist es wichtig, dahinter auch die wirkliche Bedürftigkeit von Frau F. zu verstehen. Sie hat ihren Lebenspartner verloren und fühlt sich im fremden Land überfordert.

Als Frau F. beginnt, Österreich positiv zu sehen und zu erleben, steht an erster Stelle Erleichterung: Ein wesentlicher Schritt in der Therapie scheint gelungen. In ihrer Übertragungsverliebtheit in die Therapeutin testet sie ihre neuen Lebensmöglichkeiten aus, und sie kann ihre Grenzen dabei gut akzeptieren.

Trotzdem ist es erneut erleichternd, als auch diese Phase vorbei ist, und Frau F. sich realistischer mit ihrer Umwelt auseinander zu setzen beginnt und sich in dieser Phase zugleich aus der Übertragung zu lösen beginnt.

3.3 Herr M. aus einem Land im Mittleren Osten

3.3.1 Biografischer Hintergrund

Herr M. ist Angehöriger einer asiatischen Volksgruppe, die seit Jahrhunderten unterdrückt wird. Sein Vater starb bereits kurz nach seiner Geburt, und er kann sich nicht mehr an ihn erinnern. Er leidet noch immer darunter, dass er auf Grund seiner ethnischen Zugehörigkeit nicht die Schule besuchen durfte. Erst im österreichischen Exil, im Alter von über 30 Jahren, lernt er mühsam zugleich mit der deutschen Sprache auch Grundkenntnisse im Lesen und Schreiben. Aber schwerer als der Mangel der Kenntnisse in dieser Kulturtechnik ist für ihn die Kränkung: Bereits als kleines Kind wurde ihm vermittelt, dass er weniger wert sei als andere. Sein Talent und sein Wunsch zu lernen, haben ihm nichts geholfen. Was immer er tat, der Zugang zur Schule war ihm auf Grund seiner ethnischen Zugehörigkeit verwehrt.

Herr M. kann sich aber auch an die Liebe seiner Mutter zu ihm und den Geschwistern erinnern. Es gab immer wieder schöne Zeiten, wenn die Familie zusammen war.

3.3.2 Traumatische Erlebnisse

Es gibt bereits in der Kindheit ein traumatisches Schlüsselerlebnis. Eines Tages kommt – für das Kind aus vollkommen unverständlichen Gründen – die Armee und zerstört die Gärten entlang der Dorfstraße, darunter auch die Obstbäume vor M.'s Haus. Die Mutter hat sich mit den Kindern im Haus verschanzt und zittert vor Angst. Sie ist nur froh, dass nicht mehr passiert ist. Für den damals Siebenjährigen ist diese sinnlose Zerstörung des familiären Besitzes unerklärlich, zutiefst ungerecht und empörend. Die Hilflosigkeit der Mutter, die Bäume zu schützen, erlebt er wütend und ohnmächtig.

Herr M. heiratet mit 23 Jahren. Er und seine junge Frau wünschen sich eine große Familie. Aber bereits im letzten Monat der ersten Schwangerschaft kommt es zu massiven Komplikationen. Herr M. wird verhaftet, als er um medizinische Hilfe für seine schwerkranke, schwangere Frau bittet.

Er hat sie ins nahe gelegene Krankenhaus gebracht, in dem er zuvor noch nie gewesen ist. Dort wird dem jungen Paar die Behandlung verweigert. Die Situation ist sehr angespannt. Herr M. macht sich große Sorgen und ist daher sehr nervös. Er tut etwas, was er in seinem ganzen Leben noch nicht getan hat, da er ja gelernt hat, dass er als Angehöriger einer verfolgten Minderheit besser nicht auffallen soll. Er beginnt lautstark und vehement für die adäquate Behandlung seiner Frau zu kämpfen. Die Situation endet fatal: Herr M. wird noch im Krankenhaus verhaftet und von seiner jungen Frau weggeschleppt.

Es ist das letzte Mal, dass sich das Ehepaar sieht: Die junge Frau und ihr ungeborenes Kind sterben in den darauf folgenden Tagen. Bis heute weiß Herr M. nicht genau, was der eigentliche Grund für den Tod seiner Frau und des Babys war.

Herr M. bleibt für über zwei Jahre inhaftiert und wird in dieser Zeit massiv psychisch und physisch gefoltert. Als besonders grausam erlebt er Folterformen, die teilweise zum qualvollen Tod oder zu Verstümmelung des betroffenen Mithäftlings führen.

Nach seiner – überraschenden – Entlassung kann er mit seiner Familie Kontakt aufnehmen und erfährt erst jetzt, was er die ganze Zeit befürchtet hat: dass seine Frau und das ungeborene Kind gestorben sind. Herr M. bleibt nur mehr der Besuch am Grab seiner Frau und seines ungeborenen Kindes.

3.3.3 Flucht

Zwischen der Entlassung aus dem Gefängnis und seiner Flucht hat Herr M. nur ca. zehn Tage Zeit. Nach mehr als zwei Jahren Haft kann er seine Familie nur für ein paar Tage besuchen. Aber wenigstens ist es ihm möglich, in dieser Zeit das Grab seiner Frau zu sehen. Jahre nach ihrem Tod nimmt er zumindest in dieser Form Abschied von ihr. Den Ort, an dem sie beerdigt ist, zu kennen, wird für ihn durch all die kommenden Jahre im Exil eine wichtige Stütze in seiner Trauer.

Herr M. hat – zumindest in diesem Punkt – Glück. Er konnte sich von der Mutter und den Geschwistern verabschieden. Auch die Flucht verläuft gut organisiert und wie geplant.

3.3.4 Ankunft in Österreich

In relativ kurzer Zeit kommt er an der österreichischen Grenze an und ersucht um Asyl.

Herr M. kommt in eine Pension im Süden Niederösterreichs und wird dort von der Wirtin sehr fürsorglich betreut. Sie nimmt ihn gegenüber der anderen Flüchtlinge in ihrem Haus, die alle aus anderen Ländern und Sprachräumen sind, in Schutz. Sie ist es auch, die eine Rechtsberaterin auf Herrn M. aufmerksam macht.

3.3.5 Kontaktaufnahme/Beginn der Psychotherapie

Herr M. wird uns von dieser Rechtsberaterin vorgestellt. Da sie ihn mit Hilfe eines Dolmetschers für das Asylverfahren interviewt hat, weiß sie bereits von zahlreichen Formen der Folterungen und vom Tod der jungen Ehefrau. Auf Grund der massiven Problematik erhält Herr M. bereits nach wenigen Tagen den Termin für das Erstgespräch. Die Psychotherapie schließt unmittelbar an diesen Erstkontakt an.

3.3.6 Bearbeitung der traumatischen Erfahrungen

Herr M. erzählt anfangs sehr unzusammenhängend einzelne Fragmente der Folterungen, die er erlitten hat.

In die achte Therapiestunde kommt er mit einem Zeichenblatt, auf dem er die Folterungen skizziert hat. Oberflächlich wirkte das Blatt wie eine skizzierte Comicseite – nur dass jedes der Bilder eine andere Form der Tortur zeigt. Mit diesem Bild ist es Herrn M. möglich, systematischer von den erlittenen Folterungen zu berichten. Er war fast die gesamte Zeit in einem berüchtigten Folterkeller eingesperrt und hatte jahrelang kein Tageslicht gesehen. Er wurde geschlagen, mit Elektroschocks gefoltert und wurde auf die »Folterbank« gespannt. Durch Schläge auf die Fußsohlen und durch die mehrmalige Überstreckung des Rückens entstanden irreparable körperliche Schädigungen. Zusätzlich leidet Herr M. an zahlreichen kleinen Glassplittern in seiner Kopfhaut, da er einmal mit dem Kopf über einen Boden voller Glasscherben gezerrt worden ist. Keine körperlichen, aber durchaus seelische Verwundungen haben Foltermethoden wie Scheinexekutionen, Zeugenschaft der Verstümmelung und Ermordung von Mitgefangenen, Entwürdigung durch Entkleiden oder durch den Zwang Fäkalien zu essen, wochenlange Einzelhaft und nächtelanges Ausharren in gefluteten Zellen, zurückgelassen.

Einige dieser Bilder konnte er erklären, während andere für diese Stunde noch ausgespart bleiben müssen, da das Sprechen darüber zu schmerzhaft gewesen wäre. Das Blatt ist aber gezeichnet, und damit gibt es eine Dokumentation seiner Leiden – sie haben ihren Platz in der Therapie bekommen.

Am Ende dieser Sitzung entscheidet Herr M., dass diese Skizze seiner Erlebnisse bei mir im Therapiezimmer bleiben soll. Im versperrbaren Schrank für die Akten wird dieses Blatt am Ende der Sitzung eingeschlossen.

Wir haben damit ein Ritual für unsere Sitzungen. Wenn Herr M. es will, wird dieses Blatt hervorgeholt – also der Schrank aufgeschlossen, das Blatt entnommen, darüber gesprochen und am Ende der Stunde beobachtet Herr M. wieder, wie diese Zeichnung im Schrank verwahrt und verschlossen wird.

Dass es ihm zuerst gelungen ist, auf einem Blatt diese Szenen zu skizzieren und später auch darüber zu sprechen, ist ein erster Schritt der Erleichterung. Das schier Ungeheuerliche, was Menschen an Bestialitäten einfallen kann, wird mit einem anderen Menschen geteilt. Herr M. ist nicht mehr allein mit seinem Wissen. In den drei Jahren der Psychotherapie mit Herrn M. sind die Folterungen ständiges Thema. Die Skizze begleitet diesen Prozess und gibt ihm einen Rahmen.

Eine wirkliche Verbesserung seiner Lebensqualität in Österreich ist eine begleitende Maßnahme, die wir für ihn organisieren können. Herr M. erhält privaten Deutschunterricht. Ihm ist zwar ein Kurs in einer Gruppe angeboten worden, da er aber nie zur Schule gegangen ist, überfordern ihn die angebotenen Unterrichtsmethoden und werfen ihn wieder auf die schmerzliche Erfahrung des Schulausschlusses in seiner Kindheit zurück. Im Einzelunterricht kann aber auf seine spezifischen Bedürfnisse eingegangen werden, und die sehr engagierte und geduldige Lehrerin bringt ihm neben den Grundkenntnissen der Sprache auch zugleich Schreiben und Lesen bei.

Für Herrn M. bedeutet dies sehr schnell die Rückgewinnung von Autonomie, und damit die Überwindung von Hilflosigkeit. Bereits nach wenigen Wochen des Unterrichts hat er erlernt, Bus und U-Bahnaufschriften zu erkennen, und war so in der Lage, selbstständig zur Therapie und wieder zurück ins Wohnheim zu kommen.

Nach sieben Monaten in Psychotherapie hat Herr M. eine sehr unangenehme Begegnung, die für ihn einen schweren psychischen Rückschlag bedeutet. Er ist auf dem Weg zu seinem Sozialbetreuer in eine Drogenrazzia der Polizei geraten. Da ihn jede uniformierte Person in Panik versetzt, läuft er davon, als er die Polizisten sieht. Natürlich macht er sich damit verdächtigt und wird verfolgt und eingeholt. Bei der Leibesvisitation stoßen die Beamten aber nicht auf Drogen, sondern auf einen orthopädischen Gürtel, den Herr M. wegen seiner Rückenverletzungen tragen muss. Die Beamten reagieren sehr korrekt und auch fürsorglich, indem sie Herrn M. sofort wieder freilassen und den inzwischen völlig verstörten Mann sogar den Weg zur Beratungsstelle zeigen. Dort bricht Herr M. zusammen. Die BeraterInnen sind nicht in der Lage mit ihm Kontakt aufzunehmen und versuchen daher, die Therapeutin zu verständigen. Als ich – durch Zufall in der Nähe – 15 Minuten später eintreffe, finde ich Herrn M. auf dem Boden kauernd vor. Erst nach einer Stunde gelingt es, Herrn M. so weit in die österreichische Realität zurückzuholen, dass er in der Lage ist, sich aufzusetzen und Tee zu trinken. Langsam nur lösen sich die Bilder und das Gefühl, wieder im Gefängnis zu sein und wieder Folter erleiden zu müssen.

Die Psychotherapie von Herrn M. wird aber auch von einer anderen Form der eingeprägten Folterungen mitbestimmt: Auf Grund der schweren physischen Verletzungen, die Herr M. erlitten hat, ist sein Leben von ständigen Schmerzen geprägt. Welche Folterungen in der Therapie zur Sprache kommen, ist auch durch seine körperlichen Schmerzen mitbestimmt. Die therapeutischen Termine müssen immer wieder mit ärztlichen Terminen koordiniert werden. Es ist dabei stets wichtig, über die jeweiligen medizinischen Behandlungen, Diagnosen, und vor allem Prognosen, Bescheid zu bekommen. Herr M. fühlt sich den Schmerzen hilflos ausgeliefert, und damit ist es für ihn, als hätte die Folter gar nicht aufgehört. Obwohl er Asyl in Österreich erhalten hat, erreicht ihn die Folter über seinen Körper in jeder Minute seines Lebens.

Genaue Erklärungen seines körperlichen Zustandes und die Möglichkeiten der medizinischen Behandlung sind dafür ein bestimmender Teil der psychotherapeutischen Arbeit. Genaue Informationen über die Diagnosen und Prognosen helfen Herrn M., sich seinem körperlichen Schmerz nicht mehr ganz so hilflos ausgeliefert zu fühlen.

Das Setting muss auf Grund der oftmaligen Krankenhausaufenthalte von Herrn M. immer wieder flexibel gestaltet werden, und die Sitzungen finden oft im Krankenzimmer statt.

Während Herr M. über die orthopädische Behandlung sehr enttäuscht ist, da die Schmerzen nur geringfügig besser werden, ist eine Augenoperation (die nur in einem indirekten Zusammenhang mit der Folter steht) ein großer Fortschritt für ihn: Der Erfolg der Operation, die seine Sehfähigkeit enorm verbessert und seine Kopfschmerzen eindämmt, wirkt sich auf seine psychische Situation sehr positiv aus. Er kann sich seine Umwelt nach dieser Operation wieder viel selbstständiger organisieren und damit ein Stück der erworbenen Hilflosigkeit überwinden.

Judith Herman meint, die Erfahrung des Kontrollverlusts – auch über körperliche Funktionen – wird als der verletzendste Teil der traumatischen Erfahrung erlebt. »Shame is a response to helplessness, the violation of bodily integrity and the indignity suffered in the eyes of another person« (Herman, 1992, S. 53).

Die Rückgewinnung von körperlichen Fähigkeiten ermöglicht Herrn M., mehr Selbstständigkeit und damit auch wieder Selbstsicherheit aufzubauen. Die Hilflosigkeit und die damit einhergehende Beschämung wird ein Stück weit zurückgedrängt.

3.3.7 Tod als zentrales Thema der Therapie

Der gesamte Therapieverlauf ist geprägt von der Trauer um die junge Frau und das ungeborene Kind. Aber auch die Trauer um den so früh verstorbenen Vater, den Herr M. nie kennen gelernt hat, ist immer wieder präsent. Die gesamte Zeit der Folter ist eine Zeit im Zeichen des Todes: Herr M. selbst ist in der Folterung sehr oft an der Schwelle des Todes, und Todesangst wird von den Folterern sichtlich bewusst eingesetzt, indem die Inhaftierten immer wieder Zeugen von Ermordungen von Mitgefangenen werden müssen. Die Trauer um diese getöteten Mithäftlinge und zugleich die Scham über die Unfähigkeit, ihnen helfen zu können, wird vor allem während den Erzählungen über die Zeit im Gefängnis zum Thema.

3.3.8 »Verschwinden« von Angehörigen

Herr M. weiß während der gesamten Haftzeit nicht, was aus seiner Frau und dem ungeborenen Kind geworden ist. Nach seiner Entlassung ist er dann mit der schrecklichen Gewissheit des Todes konfrontiert. Die Hoffnung, die ihn in der Hölle der Folter gestärkt hat, ist eine falsche gewesen.

Nachdem Herr M. zweieinhalb Jahre in Österreich ist (und knapp zwei Jahre in Psychotherapie), erschüttert ihn ein Telefonanruf. Bisher hat er ca. einmal monatlich – sobald er genügend Geld zur Verfügung hatte – seine Familie angerufen.

Der Nachbar, der als einziger im Dorf ein Telefon hat, wird zuerst durch einen kurzen Anruf verständigt, und eine Stunde später hat dann die Familie, die inzwischen geholt worden ist, mit Herrn M. telefoniert. Dieses Mal sagt dieser Nachbar nur, dass Herrn M.'s Familie weggegangen sei und er nicht mehr anrufen soll, da der Nachbar keine Schwierigkeiten bekommen will. Die Verbindung wird unterbrochen; alle Fragen, die für Herrn M. wichtig sind, bleiben unbeantwortet.

Herr M. ist zuerst sehr verstört und grübelt verzweifelt darüber nach, wie er doch noch Kontakt mit dem Bruder aufnehmen könnte. Angespannt wartet er im Wohnheim auf einen erlösenden Anruf. Vielleicht würde der Bruder sich ja melden und die Situation klären. Als mehrere Wochen vergangen sind, scheint jede Hoffnung sinnlos, und er resigniert. Nachts quälen ihn Albträume, in denen er den Bruder gefoltert sieht. Er ist voller Angst, dass dieser Bruder genau die gleichen Qualen erleiden muss, die er, Herr M., hat erdulden müssen.

Für den therapeutischen Prozess ist es natürlich ein enormer Rückschlag. Die bereits erzielte Verbesserung, die sich in der Verringerung der Albträume und »Flashbacks« besonders gezeigt hat, ist verloren. Auch die Folter ist wieder Teil des täglichen Alltags und nicht mehr ein Teil des Lebens, der in die Vergangenheit gehört. Die Unbeschwertheit der österreichischen Gegenwart, die Herr M. von Zeit zu Zeit bereits genießen konnte, ist verschwunden. Der Terror wird wieder zur gegenwärtigen Realität. Pläne für eine neue Zukunft sind nicht mehr möglich.

Durch das »Verschwinden« des Bruders und seiner Familie ist Herr M. schlagartig zurück in seiner Vergangenheit.

Nichts mehr darf genossen werden. Sitzt Herr M. vor einem guten Essen, erlaubt er es sich nicht, dieses zu genießen, da der Bruder und die Kinder vielleicht gerade hungern. Hätte er sich in seinem neuen – mit orthopädischer Spezialmatratze ausgestattetem – Bett entspannen können, erlaubt er es sich nicht, weil vielleicht gerade die Familie des Bruders in einem Versteck in den Bergen friert. Antwort auf die Frage, wo denn die »verschwundenen« Angehörigen seien, habe ich genau so wenig wie Herr M. selbst. Ich kann ihm nur erneut wieder meine Zeugenschaft und mein Zuhören anbieten.

Herr M. kommt nach diesem Anruf beim Nachbarn vollkommen verstört in die Therapie, und es braucht fast eine halbe Stunde, bis er in der Lage ist, zusammenhängend zu berichten. Dass die Familie nicht mehr im Heimatdorf lebt, ist die einzige Nachricht, die Herr M. auch als Tatsache annehmen kann. Aber die Fragen, wo die Familie jetzt ist und warum sie weg mussten, bleiben offen.

Ich frage M., was er denn vermute. Er hofft, dass die Familie nur fortgegangen ist, um sich zu verstecken. Im besten Fall sind sie in die Berge gegangen und können dort ihre Flucht gut vorbereiten. Es bestehe auch die Chance, dass sie bei anderen Angehörigen der gleichen ethnischen Gruppe aufgenommen worden sind. Aber dieser Hoffnung steht zugleich die schlimmste Befürchtung gegenüber: Es könnte auch sein, dass die Angehörigen ermordet worden sind oder jetzt im gleichen Gefängnis, dem Herr M. entkommen ist, gefangen sind und gefoltert werden. Als Herr M. diese Befürchtung ausspricht, kann er nicht mehr weitersprechen. Er bricht in hilfloses Schluchzen aus.

Die Therapiestunden der nächsten drei Monate sind geprägt von dieser Angst. Herr M. verbietet sich selbst jeden Genuss und jede Entspannung. Die Frage, was der Bruder von Herrn M. sich denn – wo auch immer er gerade ist – für ihn, Herrn M., wünschen würde, hilft ihm nur für kurze Momente. Ja, er ist sich sicher, dass der Bruder hofft, dass es ihm gut gehe in Österreich.

In dieser Zeit nähert sich Herr M. dem Christentum, das ihm bisher fremd war, an. Bei einem seiner vielen Krankenhausaufenthalte hat er sich für eine Kreuzigungsszene in der Spitalskapelle interessiert. Es ist für ihn vor allem der selbst gefolterte – gekreuzigte – Jesus, und Maria, die Mutter Jesu unter dem Kreuz, die für ihn tröstlich sind. Er fühlte sich von diesem gefolterten

Gott und seiner Mutter, die die Folterung und Ermordung ihres Sohnes hilflos mit ansehen musste, verstanden.

Herr M. hat überraschend schnell Asyl erhalten. Eine lange Wartezeit im Asylverfahren ist ihm erspart geblieben. Nach drei Jahren will er von sich aus die Therapie beenden. Er ist kein glücklicher Mensch zu diesem Zeitpunkt – wie auch zu keinem anderen in diesen drei Jahren. Nach wie vor bestimmen die große Trauer um seine toten Angehörigen und die Angst um die Familie seines Bruders seine Nächte.

Tagsüber gelingt es ihm immer wieder für Sekunden und Minuten ganz im »Hier und Jetzt« zu sein. Sein Bekanntenkreis im ersten Jahr der Therapie setzte sich fast nur aus seinem Betreuerstab, bestehend aus Wohnheimleitung, Sozialarbeiterin, Deutschlehrerin, verschiedenen ÄrztInnen und seiner Therapeutin, zusammen. Als wir zum Ende der Therapie kommen, hat er bereits einen beachtlichen Freundeskreis. Freunde haben ihm auch geholfen, eine kleine eigene Wohnung zu finden und zu renovieren. Auch einen Job hat ihm einer dieser Freunde in seiner kleinen Firma besorgt.

Für Herrn M. ist eine Zeit gekommen, in der er sich auch von der Therapie emanzipieren und verabschieden muss. Er steht

»(…) am Ende der Therapie, wobei es einerseits – wie in jeder Therapie – darum geht, die therapeutischen Bindungen aufzulösen, andererseits geht es aber auch darum, zu akzeptieren, dass ein Teil dieser Bindung weiter bestehen bleibt. Herr M. hatte für sich die Entscheidung getroffen, dass er mit dem Umzug in die neue Wohnung einen neuen Lebensabschnitt anfangen möchte und dass es für ihn Zeit war die Therapie zu beenden. Es war Zeit, sich neu – und nicht mehr nur als Opfer – zu verstehen. Auch wenn Herr M. nicht glücklich war – er hatte einen langen und schwierigen Weg hinter sich – und vor sich die Hoffnung auf ein halbwegs normales Leben, das zumindest die Chance für nochmaliges Glücklichsein in sich birgt.« (Preitler, 2004b)

3.3.9 Gegenübertragung

Die psychotherapeutische Arbeit mit Herrn M. ist immer wieder eine besondere Herausforderung.

Das Hören der Erzählungen über die Folter und über die vielen Repressalien, die seine Familie erleiden musste, löst auch bei mir als Therapeutin Entsetzen aus. Es lässt ein Weltbild wanken: So tiefgehend destruktive Perversitäten lassen auch mich an einer Welt, in der man in Würde leben kann, zweifeln. Ist unsere österreichische »Insel der Seligen« nur eine Fassade hinter der solche Abgründe lauern? Sind die Erzählungen von den Folterungen in der ersten Therapiephase durch die zeitliche Distanz beherrschbar, ändert sich dies mit dem »Verschwinden« der Familie im Heimatland von Herrn M.

Genauso wie Herr M. selbst, haben wir keine Antwort zur Verfügung, können nicht verstehen, was mit den Familienangehörigen geschehen ist. Die Befürchtung, dass diese gerade auf die gleiche Art und Weise gefoltert werden wie Herr M. früher, ist massiv und beängstigend.

Der Wunsch, Herrn M. zu trösten, ist auf Grund der Ungewissheit nicht erfüllbar – weder für Herrn M. noch für die Therapeutin.

Psychotherapie ist in dieser Phase eine Begleitung durch das Ungewisse und durch die damit verbundene Angst.

4 Reaktionen auf das »Verschwinden« der Angehörigen

4.1 Die Suche nach den »Verschwundenen«

Da alle unsere PatientInnen sich außerhalb ihres Herkunftslands, in dem es auch zum »Verschwinden« ihrer Familienmitglieder gekommen ist, aufhalten, ist ihnen die Möglichkeit der aktiven Suche erschwert oder gar verwehrt. In zwei Fällen (Frau F. und Herr M.) »verschwanden« die Angehörigen erst, als sie bereits in Österreich waren. Viele hatten zwischen der Entlassung aus der Haft und der Flucht nur sehr kurz Zeit und wurden weitgehend fremdbestimmt. Die Flucht wurde meist von Bekannten oder der Familie organisiert, und es gab kaum persönlichen Spielraum, der eine Entscheidung, wie die zur aktiven Suche nach den »verschwundenen« Angehörigen, ermöglicht hätte.

Im Asylland werden die Nachrichten aus dem Heimatland von den meisten PatientInnen sehr intensiv verfolgt, und es wird versucht, aus diesen allgemeinen Informationen Rückschlüsse auf die individuelle Situation der »verschwundenen« Person zu ziehen.

Frau F. kommt einmal sehr bedrückt in die Therapie. Auf die Frage nach ihrer Bedrücktheit, antwortet sie zuerst ausweichend. Es dauert zehn Minuten, bis sie in der Lage ist, von den Nachrichten, die sie am Vortag gehört hat, zu erzählen. Sie berichtet, dass es zu Massenhinrichtungen in den Gefängnissen ihres Heimatlands gekommen sei. Und seither quälen sie Vorstellungen und Albträume von der Hinrichtung ihres Ehemanns.

Herr S. hingegen hat das »Verschwinden« von zwei seiner Kinder als nicht mehr zu ändern akzeptiert. Die erfolglosen Nachforschungen nach ihnen, die in Drohungen gegen die ganze restliche Familie mündeten, zwangen ihn dazu, die Suche nach den beiden »Verschwundenen« zum Wohle der restlichen Familie aufgegeben. Er ist mit seiner Ehefrau und den fünf jüngeren Kindern aus dem Heimatland geflohen.

Die Unfähigkeit, aktiv nach Angehörigen suchen zu können, erleben alle PatientInnen als massiv belastend und mit großer Hilflosigkeit. Allerdings wird mit den Möglichkeiten, die zur Verfügung stehen, ambivalent umgegangen. So kann M. sich nicht für einen Suchantrag beim Roten Kreuz entschließen. Ein Verhalten, das mir ebenfalls in zwei anderen (hier nicht beschriebenen) psychotherapeutischen Fällen begegnet ist. J. hingegen entschließt sich, aktiv alle Möglichkeiten zu nutzen. Für ihn wäre es wichtig, wieder Kontakt zu seiner Mutter und zu seinem Bruder aufnehmen zu können. Er hat auch Briefe geschrieben, aber keine Antwort erhalten. Nachdem sich seine psychische Situation stabilisiert hat und er auch die notwendigen sozialen Rahmenbedingungen in Österreich durch seine Anerkennung als Asylant erreicht hat, steht die Suche nach seinen Angehörigen für ihn im Mittelpunkt. Mehrere Therapiesitzungen werden verwendet, um mögliche Wege der Suche zu besprechen. Es geht darum, ob diese Möglichkeit durchführbar und für die Familie ungefährlich ist. Er entschließt sich für einen Suchantrag beim Roten Kreuz, will aber auch andere Möglichkeiten suchen.

Lange wiegt er ab, ob er die Faxnummer eines Freundes der Familie verwenden soll, um zu versuchen, mit der Mutter in Kontakt zu kommen. Schließlich wagt er den Schritt. Eine Woche später kommt er freudestrahlend: in der Hand ein Stück Faxpapier mit vier handgeschriebenen Zeilen – eine Nachricht der Mutter.

4.2 Die Sehnsucht nach den »Verschwundenen« – der Wunsch, wieder mit ihnen vereint zu sein

Die Sehnsucht, mit den »verschwundenen« Personen wieder vereint zu sein, ist verständlicherweise sehr intensiv. Im Wachen wird dieser Wunsch nach dem Wiedersehen als zu schmerzlich oder zu unrealistisch unterdrückt, aber in den Träumen der PatientInnen findet er massiv Ausdruck.

Eine Traumsequenz von N., einer jungen Frau aus einem afrikanischen Land, deren Vater in Polizeihaft »verschwunden« ist und die keinen Kontakt zur übrigen Familie hat, zeigt diesen Wunsch sehr deutlich:

N. ist in einem dunklen Busch, der ihr sehr unheimlich ist. Sie hat ein Baby, das noch sehr klein ist. Ihr Bruder ist auch bei ihr, worüber sie sehr erfreut ist. Zugleich ist sie aber sehr besorgt, da der Bruder im Traum taubstumm ist. Sie überhäuft ihn mit Fragen, aber er lächelt sie nur an.

Sie fühlt sich verfolgt. Hinter ihr sind drei Soldaten. N. sagt ihnen, dass sie den Bruder in Ruhe lassen sollen. Da er taub ist, konnte er nichts hören und daher auch nichts verraten. Nach einiger Zeit kommt ein Soldat – N. entwickelt eine enorme Kraft, kämpft mit dem Soldaten und schneidet ihm die Kehle durch.

Noch im Traum, und später beim Erwachen, ist sie erschüttert, dass sie den Soldaten getötet hat. Selbst drei Tage danach, als sie in der Therapie von diesem Traum berichtet, ist sie verstört. Sie ist über ihre eigene Gewalttätigkeit erschrocken, aber sie leidet auch darunter, dass der Bruder im Traum taubstumm war.

Da sie seit zwei Jahren über keine Nachrichten von der Familie verfügt, nimmt sie ihren Traum buchstäblich. Sie hat große Angst, dass ihr Bruder wirklich taubstumm geworden ist.

In der Deutung versuche ich ihr den Wahrheitsgehalt ihres Traumes zu bestätigen: Es ist wahr, dass sie mit ihrem Bruder nicht kommunizieren kann – ihre Worte können ihn nicht erreichen (taub), und seine kann sie nicht vernehmen (stumm). Allerdings heißt dies nicht, dass er tatsächlich taubstumm geworden ist. Die Traumsequenz bezieht sich ausschließlich auf die Unfähigkeit der Geschwister, derzeit miteinander Kontakt aufzunehmen.

In diesem Traum kommt aber auch ihr großes Bedürfnis, den jüngeren Bruder zu schützen, zum Ausdruck – und wenn es sein muss mit Gewalt. N. wurde selbst mehrmals verhaftet und gefoltert; der Vater wurde von Soldaten ermordet. Ihre Aggression gegenüber dem Soldaten, der den Bruder und sie bedroht, bezieht sich aus den sehr realen Geschehnissen, denen N. und ihre Familie ausgesetzt waren.

Die Bedeutung des Babys, das N. in diesem Traum bei sich hat, kann sie anfänglich überhaupt nicht verstehen. Erst im Gespräch benennt sie es als die neuen Entwicklungschancen, die sie in Österreich hat, und die alle noch am Anfang sind. Für ihren Bruder und für die übrige Familie wäre sie bereit, diese wieder aufzugeben.

Frau C. kommt ebenfalls aus Afrika. Ihr Vater wurde von Militärs vermutlich ermordet; der Kontakt zur Familie ist bei der Flucht abgebrochen. C. hat von ihrer Mutter geträumt:

Sie ist wieder zu Hause, im Haus ihrer Mutter. Mutter und Tochter machen sich gemeinsam auf den Weg zur Kirche, da Sonntag ist. Unterwegs trifft C. eine Freundin. Die Mutter setzt den Weg zur Kirche allein fort. C. folgt ihr aber, gemeinsam mit der Freundin. Da sich die Mutter immer mehr entfernt, wird C. ängstlich. Die Freundin weist auf einen anderen Weg hin, weil dieser eine Abkürzung sei. C. sieht die Mutter vor sich, kann sie aber nicht erreichen. Sie kann die Mutter in der Kirche beten sehen. Es beängstigt C., mit welcher Inbrunst die Mutter betet. Sie will zu ihr, kann sie aber nicht erreichen.

M., die von ihren Geschwistern getrennt ist, berichtet ebenfalls einen Traum, der eine ähnliche Dynamik aufwies:

Sie geht eine Straße neben einem Kanal entlang. Auf einmal entdeckt sie ihre Geschwister auf der anderen Seite des Kanals. Sie will unbedingt zu ihnen und ruft ihnen zu. Sie reagieren auf ihr Rufen, antworten aber nicht auf die Fragen, die sie stellt. Sie lächeln ihr zu und geben ihr durch Gesten zu verstehen, dass sie zu ihnen kommen soll. M. versucht einen Weg über den Kanal zu finden, dieser wird immer breiter und die Geschwister verschwinden mehr und mehr, bis sie schließlich nicht mehr zu sehen sind.

In diesen beiden Träumen von C. und M. steht die Wunscherfüllung durch den Traum am Anfang – sie sind wieder mit den »verschwundenen« Angehörigen zusammen. Aber auf dem Weg verlieren sie mehr und mehr den Kontakt. Sie versuchen mit zunehmender Anstrengung und aufkommender Angst, die Angehörigen zu erreichen und können doch nicht zu ihnen gelangen. Ein Stück der Realität dringt in den Traum ein und verhindert das gewünschte Zusammensein.

Beide berichten sehr erschüttert von ihren Träumen, und dass sie sich nach dem Erwachen sehr nach ihren Familien gesehnt hätten.

Über einen ähnlichen Traum eines Patienten aus Angola, dessen gesamte Familie von der UNITA verschleppt und vermutlich ermordet worden ist, berichtet die Kölner Psychotherapeutin Dorothea Irmler (2001). Ihr Patient träumt, dass er seine Mutter im Wald trifft und sie ihm ihre Hand entgegenstreckt und ihn ruft. Es gelingt ihm aber nicht, zu ihr zu gehen.

N. hingegen berichtet von einem Traum, in dem sie mit ihrer Mutter sprechen kann. Als sie einige Tage danach in die Psychotherapie kommt, trägt sie ihre Haare anders. Sie erzählt, dass sie von ihrer Mutter geträumt hat.

Sie hat ihre Mutter getroffen, die sehr fürsorglich zu ihr war. Auf die Fragen der Mutter erzählt N., was sie seit der Trennung alles erlebt hat und wie es ihr jetzt geht. Davor hat die Mutter sie gefragt, warum sie denn die Haare jetzt anders frisiert als früher.

N. will wissen, wie es der Mutter geht und wie sie in den letzten Jahren gelebt hat. Als sie diese Frage gestellt hat, wacht sie auf.

N. ist durch diesen Traum einerseits traurig. Gerne hätte sie die Antworten der Mutter gehört. Sie hofft, bald wieder einen ähnlichen Traum zu träumen. Durch die Änderung ihrer Frisur – so wie sie ihre Mutter kennt – fühlt sie sich ihrer Mutter nun mehr verbunden. Durch diese äußerliche Veränderung sieht N. wieder so aus, wie sie meint, dass die Mutter sie in Erinnerung hat. Fünf Wochen lang bleibt das Haar so gekämmt, dann wechselt N. wieder zu ihrer üblichen – neuen – Frisur. Die Frisur wird so zu einem Übergangsobjekt, das es N. ermöglicht, sich der Mutter für einige Zeit nahe zu fühlen und ihre Ängste über das Schicksal der Mutter besser zu kontrollieren.

4.3 Vermeidung

Eine mögliche Reaktion, mit dem »Verschwinden« der Angehörigen umzugehen, besteht in der Vermeidung des Themas.

Der jüngste der Klienten, der 13-jährige C., ist nicht bereit, über das »Verschwinden« seines Vaters und seiner Schwester zu sprechen. Wann immer ich die Sprache auf dieses Thema bringe, wehrt er massiv ab und flüchtet sich in somatische Beschwerden: »Ich habe Kopfweh, wenn Du mich das fragst«.

Ähnlich verhält sich Herr V., der seine gesamte Familie als Jugendlicher in den Bürgerkriegswirren in seinem Heimatland verloren hat.

Die größte Annäherung an das Geschehen rund um das »Verschwinden« und den Tod seiner Familie ist seine Erzählung vom Tod seines Großvaters und ein anderes Mal von der Ermordung seiner Tante und deren Familie. Über das »Verschwinden« seiner Eltern und seiner Geschwister ist er nicht in der Lage zu sprechen. Er hat davon nur steckbriefartig im Erstgespräch berichtet. Dabei hat er so schnell gesprochen, dass kein Nachfragen möglich gewesen wäre. Allerdings sind die zahlreichen Schmerzzustände, unter denen er leidet, immer wieder Hinweise auf das Erlittene und auf die Verluste.
Er hat panische Angst vor Feuer und fürchtet sich im Wohnheim davor, dass andere Mitbewohner das Haus in Brand stecken könnten. Es dauert einige Zeit, bis er von Gerüchten, die er gehört hat, berichtet. Ein Teil seiner Angehörigen soll bei einem Feuer ums Leben gekommen sein.

Ich möchte durch diese Beispiele darauf aufmerksam machen, dass es auch in längeren psychotherapeutischen Prozessen oft nicht möglich ist, die tiefsten Verletzungen der Traumatisierung in Worte zu fassen.
Dabei gilt es immer, die Balance zwischen dem Respekt vor dem Leiden und dem Schweigen des Patienten und dem Forcieren einer Traumaerzählung zu halten. Der/die TherapeutIn muss sich mit der Frage konfrontieren, welche eigenen Bedürfnisse in dieser Situation eine Rolle spielen: Wäre es in erster Linie für den/die TherapeutIn hilfreich endlich ein klareres Bild des Geschehens zu erhalten oder ist es für den/die PatientIn notwendig, diese Traumen verbal ausdrücken zu können. Oder vermeidet der/die TherapeutIn die Auseinandersetzung mit dem traumatischen Geschehen und den damit verbundenen Gefühlen, so dass der/die PatientIn keinen Ort zum Aussprechen in der Therapie findet.
Zentral dabei müssen die individuellen Bedürfnisse und Möglichkeiten des individuellen Menschen, der in der Psychotherapie Hilfe sucht, sein. Für

manche wird Aussprechen sehr hilfreich sein, für andere wäre dies zu schmerzhaft und erneut traumatisch.

Da Psychotherapie mit Angehörigen von »Verschwundenen« immer auch eine Begleitung durch Trauerprozesse ist, soll es auch möglich sein, im Verlauf dieses Prozesses die richtige Zeit für mögliche Erzählungen finden zu können.

Aber es gilt wie im Fall von Herrn V., der als einziger einer Großfamilie überlebt hat, die Unaussprechbarkeit seiner Traumatisierung und seiner Trauer zu akzeptieren.

Eine für mich als Therapeutin verstörende Form der Vermeidung ist die Ablehnung von möglichen Suchinstrumenten. Die junge M. hat unser Angebot, mit dem Roten Kreuz Kontakt aufzunehmen, um ihre verschollenen Angehörigen suchen zu lassen, abgelehnt. Diese anfangs sehr unverständliche und sogar befremdliche Reaktion wurde im Verlauf der Therapie klar:

Es ist bereits einmal jemand aus der Familie – die Mutter – »verschwunden«. Nach einem Jahr des Bangens und Hoffens kam die niederschmetternde Nachricht vom Tod der Mutter. Um die Wiederholung dieser schrecklichen Nachricht zu vermeiden, wird die Unsicherheit des Nichtwissens vorgezogen. Solange nichts Genaueres bekannt ist, gelten die »verschwundenen« Geschwister für M. als am Leben.

Das direkte Ansprechen der Befürchtung, dass der »verschwundene« Angehörige möglicherweise tot ist, kommt mitunter einem Tabubruch gleich. Nicht nur die Angehörigen selbst versuchen dieses Thema zu vermeiden, wie ein Beispiel, das die Psychotherapeutin Barbara Abdallah-Steinkopf von REFUGIO München beschreibt, zeigt: Eine afghanische Klientin hatte auf der Flucht ihren Sohn verloren. Das Boot, in dem ein Teil des Fluchtwegs zurückgelegt werden musste, ist gekentert und die Klientin wurde bewusstlos. Ihr Sohn, der mit ihr im Boot war, blieb nach diesem Unfall »verschollen«. Die Sorge um diesen Sohn war das Hauptthema in der Therapie. Als die Therapeutin das Thema des möglichen Todes ansprechen wollte, stieß sie auf Widerstand von Seiten des Dolmetschers. »Der Dolmetscher weigerte sich, dies zu übersetzen. Er erklärte seine Weigerung damit, dass die Annahme des Todes einer Sünde gleichkomme. Selbst wenn alle Indizien für den Tod des Sohnes sprächen, dürfte die Mutter dies nicht aussprechen« (Abdallah-Steinkopf, 2003, S. 5).

Dies entspricht den »psychischen Schutzwällen«, wie sie Carlos Madariaga (1992) (siehe auch Kap. III. 6) beschrieben hat. Diese Schutzwälle helfen aber nicht nur, die psychische Gesundheit aufrecht zu erhalten, sondern dienen auch der Verleugnung der möglichen Tatsache des Todes. An jeder noch so kleinen Hoffnung, dass der Angehörige noch am Leben sei, wird festgehalten. Es ist ja – wie oben zitiert – Sünde, auch nur daran zu denken, dass der Angehörige tot sei, oder es gar auszusprechen. Damit ist die Unmöglichkeit der Trauer verfestigt und chronifiziert. Die Suche muss, wie es die srilankischen Ehefrauen von vermissten Soldaten befürchten (De Soysa, 2001; siehe auch Kap. II. 5.2.2), »forever« (für immer) sein. Das Leben darf nicht für neue Möglichkeiten und neue Beziehungen offen sein.

4.4 Aggression und Wut

Während sich N.'s Wut in dem oben geschilderten Traum gegen die Soldaten richtet, die sie persönlich angriffen, vermutlich den Vater ermordet haben und von denen sie auch eine Bedrohung für die im Heimatland zurückgebliebenen Verwandten befürchtet, kann diese Wut und Aggression bei anderen PatientInnen keine so klare Zuordnung finden und richtet sich manchmal besonders schmerzhaft gegen sie selbst.

Besonders einprägsam ist in diesem Zusammenhang ein Traum von Herrn A.:

Er sieht im Traum den Diktator, der sein Heimatland regiert, und den er auch für die Verfolgung seiner Familie und die Folter, die er erlitten hat, verantwortlich macht. Die bislang gestaute Aggression findet im Traum ihren Ausdruck, indem er den Diktator fesselt, ihm einen Sack über den Kopf stülpt und so lange auf ihn einschlägt, bis dieser blutüberströmt ist und sich nicht mehr rührt.

Herr A. spürt in diesem Teil des Traums eine große Kraft und Erleichterung – endlich kann er sich für die Folter und den Tod seiner Frau rächen. Das Gesicht des Diktators ist durch den übergestülpten Sack verdeckt. Als Herr A. in seinem Traum dem nun leblosen Körper diesen blutigen Sack abnimmt, ist es nicht mehr der Diktator sondern – zu seinem großen Entsetzen – seine Mutter.

Dieser Traum erscheint mir so dicht und so treffend für die Lebensgeschichte und das Leid dieses Patienten. Seine Mutter ist zu diesem Zeitpunkt seit fünf Monaten »verschwunden«, und er glaubt nicht mehr, dass sie noch am Leben ist. Lebend kann er sie sich nur leidend vorstellen – aber der Tod ist zu grauenhaft. Zugleich ist es wahnsinnig belastend, sich mit der Möglichkeit ihres Todes zu konfrontieren.

Er fühlt sich schuldig an ihrem »Verschwinden«. Möglicherweise wäre seiner Mutter dieses Schicksal erspart geblieben, wenn er nach jahrelanger Haft, in der er auf brutale Art und Weise gefoltert worden war, nicht ins Ausland geflohen wäre. Die Ohnmacht und die Wut werden in diesem

Traum sichtbar: Der verhasste Diktator soll sterben, genauso entsetzlich wie die vielen Menschen, die Herr A. im Gefängnis sterben gesehen hat. Es ist der Wunsch nach Gerechtigkeit und auch der Wunsch nach Rache. Im Traum kann er sich diesen Wunsch erfüllen.

Aber da kommt die Angst um seine Familie und auch das nagende Schuldgefühl gegenüber seiner Familie zum Ausdruck: Indem ihm mit seiner Flucht und damit seines Überlebens der kleine Triumph über den Diktator gelungen ist, spürt er die Ohnmacht, seine Familie zu schützen. Die Wunscherfüllung im Traum verkehrt sich gegen seine Familie und ist damit gekennzeichnet von Schuld und Trauer. Der Traum beinhaltet noch ein Element: Seine Mutter stirbt in diesem Traum durch ihn. Am schlimmsten für ihn wäre wohl, dass sie im gleichen Gefängnis, in dem er selbst auf unmenschlichste Weise behandelt worden ist, festgehalten würde.

Da ist es schon besser, wenn sie tot ist. Aber kann er seinen engsten Verwandten wirklich den Tod wünschen? Aggression, die er gegen den Diktator und seine Peiniger hat, wird zum Bumerang und richtet sich gegen ihn selber.

Vielleicht sind aber die Wut und die Schuld noch leichter zu ertragen, als das Gefühl, vollkommen hilflos und ohnmächtig dieser Übermacht einer feindlichen Regierung gegenüber zu stehen.

4.5 Autoaggression

Vier der zwölf PatientInnen haben Suizidversuche unternommen; zwei von ihnen sogar mehrmals; vier weitere zeigten autoaggressives Verhalten durch Selbstverletzungen. Herr S. z. B. hat die brennende Zigarette ca. zehn Mal an der linken Hand ausgedrückt. Wenn er an diesem Abend ein Messer gehabt hätte, hätte er sich den Arm abgeschnitten, erzählt er in der darauf folgenden Therapiestunde.

Suizidgedanken und -fantasien werden nur bei zwei der zwölf PatientInnen nicht thematisiert.

Der bereits oben erwähnte Traum eines jugendlichen Patienten, von dem D. Irmler (2001, S. 458) berichtet, beinhaltet den Wunsch nach Suizid. Nachdem es dem Träumer nicht gelingt, die Hand seiner Mutter zu ergreifen, will er sich das Leben nehmen. »Ich will mir das Leben nehmen, ich will mir mit dem Messer den Bauch aufschlitzen. Dann bin ich wieder mit ihr zusammen.«

In seinem Traum kann er den Wunsch nach Selbstverletzung und -tötung durch die Wunscherfüllung der Wiedervereinigung mit der Mutter abwenden.

4.6 Aggression gegen Kinder

Eine der Patientinnen zieht in ihren Suizidgedanken auch immer wieder den »erweiterten Suizid« in Betracht. Sie wolle gemeinsam mit ihren Kindern sterben, um sie nicht auf dieser Welt, die so unsicher ist, allein zurückzulassen. Bereits sehr geringe Formen des alltäglichen Stresses werden von ihr als katastrophal bewertet. So erwägt sie den gemeinsamen Tod mit ihren Kindern, als eines der Kinder ein Bibliotheksbuch beschädigt hat und sie eine Rechnung über den entstandenen Schaden (knapp 10,– Euro) erhält. Sie hat durch das Fehlverhalten ihres Kindes das Gefühl, als Erzieherin zu versagen. Zugleich meint sie, dass die Familienehre durch die Beschädigung eines öffentlichen Objektes in den Schmutz gezogen worden ist. Ein Problem wie dieses hätte ihr Ehemann lösen müssen, und sie fühlt sich vollkommen überfordert. Sie will ihr Kind bestrafen, die Familienehre reinwaschen und nie wieder gefährden, und zugleich auch ihren Mann, der die ganze Verantwortung für die Familie durch sein »Verschwinden« auf seine Ehefrau abgegeben hat, bestrafen. Daher hätte ein von außen betrachteter kleiner Vorfall fast als Anlass ausgereicht, um eine gesamte Familie auszulöschen.

Das Problem ließ sich übrigens sehr einfach lösen. Auf Wunsch der Patientin hat die Psychotherapeutin mit der zuständigen Wohnheimbetreuerin gesprochen, und diese hat wiederum mit der Bibliothek den Schaden geklärt. Die Patientin musste sich damit nicht mehr konfrontieren.

Intervention, auch über übliche psychotherapeutische Wege hinaus, kann in solchen Fällen vor panikartigen Kurzschlusshandlungen helfen. Die Kontrolle der eigenen Aggressionen wird – vorübergehend – abgegeben. Auch Herr S. war nicht mehr in der Lage, seine Aggressionen zu beherrschen:

Herr S. ist sehr erleichtert, als wir ihm die sofortige Einweisung in ein psychiatrisches Krankenhaus vorschlagen, da er zu diesem Zeitpunkt keine Kontrolle mehr über sich selbst und auch über seine Aggression gegenüber seinem Sohn hat. Er erzählt, dass er ihn am Vorabend verprügelt habe, obwohl er nie zuvor eines seiner Kinder geschlagen habe.

4.7 Die Schwierigkeit, neue Beziehungen aufzunehmen

Für die Angehörigen von »verschwundenen« Personen bedeutet der Beginn von neuen Beziehungen eine große Herausforderung. Einerseits soll die Treue und die Loyalität gegenüber dem »Verschwundenen« aufrecht erhalten bleiben, und die könnten durch eine neue Beziehung gefährdet sein; andererseits beinhaltet jede Beziehung auch die Gefahr des Verlusts.

Frau F. hat seit einigen Monaten einen österreichischen Freund. Er lädt sie und ihre Tochter zu sich nach Hause ein. Er kocht für sie, er holt die Tochter von der Schule ab und macht mit ihr Aufgaben, er begleitet Frau F. zu Ämtern und berät sie in sozialen Fragen. Seinen sexuellen Wünschen weicht sie mit Ausreden und Vertröstungen aus.

Als er allerdings Frau F. einen Heiratsantrag macht, ist sie zutiefst verstört und irritiert. Obwohl sie sich mit ihm in eine Lebensgemeinschaft begeben hat, will sie diese auf keinen Fall so benennen. Sie ist ihrem »verschwundenen« Ehemann schließlich treu.

Ihre Ambivalenz wird sehr sichtbar: Sie idealisiert ihren Ehemann weiterhin und will ihm verbunden bleiben. Zugleich ist sie sehr froh über die Freundschaft und Hilfe, die sie von ihrem österreichischen Freund erhält. Solange diese Freundschaft nicht näher benannt wurde, kann sie den Balanceakt zwischen der Treue zu ihrem »verschwundenen« Mann und der Partnerschaft zu ihrem Freund halten. Erst als ihr Freund der Partnerschaft einen bestimmten Status (Heirat) geben will, kann Frau F. diese ambivalente Balance nicht mehr aufrecht erhalten. Sie bricht den Kontakt zu ihm ab, was für sie enormen Alltagsstress als allein erziehende, berufstätige Mutter bedeutet. Sie fühlt sich in dieser Zeit sehr allein gelassen und verloren, obwohl sie in den therapeutischen Sitzungen immer wieder betont, dass sie nur so hat handeln können.

Als ihr Freund nach einigen Wochen einlenkt, ist sie sehr gerne bereit, seine Freundschaft wieder zu akzeptieren. Beide verhalten sich so, als hätte der Heiratsantrag nie stattgefunden. In der Psychotherapie versucht sie den Umstand, dass sie sich mit ihrem Freund wieder versöhnt hat, zu verschweigen, und als er schließlich doch zur Sprache kommt, zu bagatellisieren und mit dem Wohl ihrer Tochter zu begründen: »Er wollte meine Tochter wiedersehen und schließlich braucht das Kind jemand, der ihr bei den Aufgaben hilft.«

Alle meine PatientInnen, deren LebenspartnerInnen »verschwunden« sind, haben keine neuen PartnerInnen. Die meisten leben allein und verneinen bereits die Frage nach dem Wunsch nach einer neuen Partnerschaft. Einer der Männer ist eine Partnerschaft eingegangen, die aber nur kurze Zeit hielt. Die neue Partnerin konnte dem Ideal der »verschwundenen« Ehefrau nicht standhalten.

Allerdings haben auch PatientInnen, deren Eltern und/oder Geschwister »verschwunden« sind, Schwierigkeiten Partnerschaften einzugehen. Außer Frau F. und der kurzfristigen Beziehung, die einer der Männer hatte, ist nur eine junge Frau, deren Mutter und Geschwister »verschwunden« sind, eine Beziehung eingegangen, die allerdings nur wenige Monate hielt.

5 Auswirkungen des »Verschwindens« auf Familien

In vielen Fällen lebt die Restfamilie zusammen. Von den hier beschriebenen PatientInnen leben fünf mit ihren »Restfamilien« im österreichischen Exil. Auf alle fünf dieser Familien trifft zu, was David Becker über Familien von »Verschwundenen« in Chile geschrieben hat: »Der Ausnahmezustand wird zur Normalität, die von Tabuisierungen und Verboten gekennzeichnet ist: Genau das, was alle gleichermaßen belastet, darf nicht angesprochen werden, Trauer und Angst dürfen keinen Ausdruck finden. Es entsteht ein innerfamiliäres depressives Gesamtmuster« (Becker, 1992).

5.1 Übernahme von Rollen

In Familien, in denen Vater oder Mutter oder gar beide Eltern »verschwunden« sind, kommt es – ähnlich wie bei Familien, in denen ein Elternteil verstorben ist – dazu, dass andere Familienmitglieder versuchen, die Rolle der »verschwundenen« Person zu übernehmen.

Sehr oft ist es der älteste Sohn oder die älteste Tochter, die nun die Rolle eines Elternteils übernehmen. So fühlen sie sich nicht nur gegenüber ihren Geschwistern verantwortlich, sondern versuchen auch, dem überlebenden, zurückgebliebenen Elternteil den Partner zu ersetzen. Eine klare Überforderung für ein Kind.

Der 13-jährige C. erweist sich bei der Übernahme der Rolle des Familienoberhaupts als besonders aggressiv.

Als seine Mutter mit einem männlichen Heimbewohner wegen einer Kleinigkeit einen Wortwechsel hat, greift C. zum Messer und bedroht den Mann. Der eher kleiner und jünger wirkende C. hat keinen anderen Weg gewusst, wie er seine Mutter schützen kann. Im Wohnheim kommt es zum Eklat, und die Sozialarbeiterin berichtet mir darüber.

Ich frage C. bei der nächsten Therapiestunde, ob es etwas Besonderes gegeben hat, was von ihm verneint wird. Erst als ich ihm sage, dass ich einen Telefonanruf aus dem Wohnheim erhalten habe, beginnt er zu erzählen. Einerseits sind ihm der Vorfall und das Aufsehen, das er verursacht hat, peinlich; andererseits verteidigt er sein Verhalten, da er sich ja um die »Mutter kümmern« müsse.

Aber nicht nur die veränderten Rollen im jetzigen Familienkontext bringen neue Herausforderungen mit sich und sind für die Angehörigen der

»Verschwundenen« schwierig. Die Überforderung kann auch noch jahrelang später quälend sein, wie das Beispiel von M., die die Rolle der Mutter für ihre Geschwister übernehmen musste, zeigt.

M. musste die Ersatzmutter für ihre Geschwister werden. Ihre Träume von einem Schulabschluss und von einem späteren Studium waren jäh zu Ende. Da sie dieser ihr nun zugedachten Rolle nicht gerecht werden konnte, quälen sie Schuldgefühle. Sie hat Angst davor, ihre Geschwister zu finden, und von ihnen den Vorwurf zu bekommen, dass sie sie verlassen hat. Und sie fühlt sich auch schuldig gegenüber ihrer Mutter, der sie ja versprochen hat, während ihrer Abwesenheit auf die Kinder aufzupassen.

Ein Traum war für sie besonders quälend. Die Mutter kam zu ihr und war zuerst sehr liebevoll und mütterlich, wollte aber dann von ihr wissen, wo denn die anderen Geschwister seien.

Die Versicherung der Therapeutin, dass sie das Versprechen, das sie ihrer Mutter gegeben hat, in der Situation gut erfüllt hat und nichts falsch gemacht hat, erleichtert sie. Es genügt ihr aber nicht, dies nur einmal in der Therapie zu hören. M. fragt immer wieder nach, ob ich glaube, dass sie mehr für die jüngeren Geschwister hätte tun müssen und ist immer wieder erleichtert, die gleiche Antwort zu hören.

5.2 Der Wunsch, die Kinder zu schützen

Drei meiner PatientInnen wollten ihre Kinder schützen, indem sie ihnen die Wahrheit über das »Verschwinden« des Vaters (2) und der Mutter und der Geschwister (1) vorenthielten.

Die Kinder wurden mit Informationen, dass die »Verschwundenen« noch im Heimatland bleiben mussten, aber bald kommen würden, vertröstet.

Frau M. hat ihren Kindern gesagt, dass der Vater sich bei seinen Kameraden versteckt hält und schon bald kommen wird. Sie leidet unter der Aggressivität eines Kindes, das ihr vorwirft, nicht so gut für die Familie zu sorgen, wie der Vater es getan hätte. Dieses Kind wirft ihr in einem Streit auch einmal vor, möglicherweise daran schuld zu sein, dass der Vater nicht bei der Familie ist.

Frau M. ist zutiefst verletzt darüber: Sie fühlt sich von ihrem Mann in Stich gelassen und von ihren Kindern missverstanden.

Auf die Frage, ob es nicht besser wäre, den Kindern die Wahrheit zu sagen, reagiert sie zuerst entsetzt. Sie möchte die Kinder nicht noch mehr belasten, als sie es schon sind. Ich erkläre ihr, dass die Kinder wahrscheinlich sowieso wissen, dass mit dem Vater nicht alles in Ordnung ist und sie der

Mangel an Information wahrscheinlich noch weiter belastet und verunsichert. Frau M. will darüber nachdenken. Ich biete ihr an, das Gespräch mit den Kindern in einer Therapiestunde führen, wenn sie sich dadurch sicherer fühlt. Sechs Wochen lang ringt Frau M. mit sich, ob sie den Kindern die wenigen Details, die sie über den derzeitigen Verbleib ihres Ehemanns weiß, erzählen soll. Sieben Wochen nach diesem ersten Gespräch berichtet sie in einem Nebensatz, dass ihr jüngeres Kind jetzt ruhiger geworden ist. Erst auf die Nachfrage, ob diese Änderung im Verhalten ihres Kindes einen Grund hat, erzählt sie, dass sie mit den Kindern über das »Verschwinden« des Vaters gesprochen hat.

Frau F. hingegen kann sich nicht dazu entschließen, mit ihrer Tochter zu sprechen. Wichtig ist, das Ideal des perfekten Vaters, den die Tochter nur als Säugling kennen gelernt hat, aufrecht zu erhalten.

Der Vater lebe im Heimatland, es gehe ihm gut und er werde kommen. Die sehr liebevolle und sorgende Mutter Frau F. wird streng, wenn die Tochter Fragen zu diesem Thema hat. An diesem Bild darf die Tochter nicht rütteln. Sie muss ein gutes Kind und eine gute Schülerin sein, um dem Vater eine Freude zu machen.

E. Bittenbinder (2000) beschreibt eine ähnliche Therapiesituation. Eine Frau aus dem Iran befürchtet, dass ihr Mann hingerichtet worden ist, da sie seit einem Jahr keine Nachricht mehr von ihm hat. Sie kann mit ihrem achtjährigen Sohn darüber nicht sprechen, weil sie ihn schützen will. In diesem Fall gelingt es nach längeren Gesprächen mit der Mutter, den Sohn in Therapie mit einzubeziehen.

> »Das Gespräch beginnt zunächst zwischen Sohn und Therapeutin, langsam wird die Mutter einbezogen. Erst jetzt wurde der jungen Frau klar, wie viele Gedanken sich ihr achtjähriger Sohn machte, wie belastend die Situation für ihn war, etwas zu ahnen, es aber nicht zu wissen, so dass sie sich zunehmend bereiter fühlte, mit ihm zu sprechen und auf eine angemessene Weise ihm von Erfahrungen im Heimatland zu erzählen. Besonders die Konfrontation mit ihrer Sorge, dass der Vater nicht mehr lebe, war hier bedeutsam.« (Bittenbinder, 2000, S. 43)

In manchen Situation verdichtet sich das Familienschicksal so sehr, dass dieser »Schutz« der Kinder, der mit soviel Energie aufgebaut und aufrecht erhalten wurde, zusammenbricht. Im Fall von Herrn S. ist dieser in der Lage, vor seiner Einlieferung ins Krankenhaus mit seinem achtjährigen Sohn über die Familie zu sprechen:

Herr S. spricht in unserer – Therapeutin und Übersetzer – Anwesenheit mit seinem Sohn über das »Verschwinden« der Familie. Er versucht dem Achtjährigen in einfachen Worten zu erklären, was er weiß, und warum die Familie an diesem absoluten Tiefpunkt angekommen ist und dringend Hilfe braucht. Dieses Gespräch zwischen Vater und Sohn findet kurz vor der stationären Aufnahme von Herrn S. im Krankenhaus statt. Der Bub, der bereits das »Verschwinden« zweier seiner Geschwister im Heimatland, die Flucht, und dort die Trennung von der Mutter und den restlichen Geschwistern miterlebt hat, muss sich an diesem Punkt von seinem letzten noch verbliebenen Familienmitglied, dem Vater, trennen.

Obwohl dies jedes unserer Settings sprengt, geben wir dem Abschied von Vater und Sohn einen sehr breiten Raum – zumindest dieses Mal sollen die Angehörigen voneinander wissen. Wir organisieren an diesem Nachmittag viel, um sicherzustellen, dass Vater und Sohn klare Informationen darüber haben, wo der jeweils andere sich aufhält, und sie sich jederzeit telefonisch miteinander in Verbindung setzen können. Der Sohn begleitet den Vater zum Rettungswagen und verabschiedet sich dort von ihm. Therapeutin und Dolmetscher bringen den Achtjährigen anschließend in ein Übergangswohnheim für Kinder in Krisen und führen hier auch noch ein Gespräch mit dem diensthabenden Pädagogen. Zugleich kann sich das Kind in dieser Zeit in der Wohngemeinschaft umsehen, Kontakte knüpfen und so genügend Sicherheit gewinnen.

6 Rituale nachholen

Die Funktion von Ritualen für die »verschwundenen« Angehörigen nimmt in der psychotherapeutischen Arbeit einen zentralen Stellenwert ein. Wie im Fall der jungen M. (V. 3.1.7) sind diese symbolischen Begräbnisriten auch für Herrn V. von enormer Wichtigkeit:

Herr V. hat im Exil vom grausamen Tod seiner gesamten Familie erfahren. Diese Nachricht erschüttert ihn so sehr, dass er nach einem Suizidversuch stationär in einem psychiatrischen Krankenhaus aufgenommen werden muss. Die darauf folgenden zwei Jahre sind für ihn gekennzeichnet von einem Wechsel zwischen Psychiatrie und Männerwohnheim. Ein Weiterleben ohne Schlaf- und Beruhigungsmittel kann er sich nicht mehr vorstellen. Zugleich fühlt er sich durch seine Abhängigkeit von Medikamenten stigmatisiert und minderwertig. Das sehr erfolgreich begonnene Studium gehört in »eine andere Welt«, die für Herrn V. nicht mehr real ist.

Er kommt in die Therapie mit dem Wunsch, möglichst bald wieder ohne Medikamente auskommen zu können. Ziemlich rasch sind seine fast nächtlich wiederkehrenden Albträume vom Tod seiner Familie Thema in unseren Sitzungen. Darüber hinaus leidet er unter der Angst, von Mitbewohnern des Heimes, in dem er ein Einzelzimmer bewohnt, auf die gleiche Art und Weise, wie seine Familie gestorben ist, ermordet zu werden.

Da mir die Abschiedsrituale seines Heimatlandes nicht bekannt sind, frage ich Herrn V., wie denn dies in seinem Land üblich sei. Er ignoriert diese Frage zuerst. Allerdings ist er nach mehrmaligem behutsamen Nachfragen schließlich doch bereit, auf meine Frage einzugehen. Als ich dieses Thema erneut aufgreife, geht Herr V. darauf ein und schildert in sehr eindrucksvollen Worten und Bildern ein Begräbnisritual in seiner unmittelbaren Heimat. Diese Erzählung ist nicht von Verzweiflung und Hoffnungslosigkeit geprägt, wie ich sie von Herrn V. aus den immer wiederkehrenden Bildern seiner Träume kenne, sondern von Dankbarkeit gegenüber den Verstorbenen und von Hoffnung auf ein besseres Leben nach dem Tod. Ab diesem Zeitpunkt treten die Albträume immer seltener auf und auch die Angst vor einem Mordanschlag nimmt weitgehend ab.

Rituale können unmittelbar im Rahmen der Psychotherapie kreiert und vollzogen werden, aber es kann auch die Ermutigung, sich an die eigene Glaubens- oder Kulturgemeinschaft zu wenden und um ein entsprechendes Ritual zu bitten, im therapeutischen Rahmen erarbeitet werden.

Im Fall von Herrn V. war ich als Therapeutin zuerst bemüht, mir ethnolo-

gisches Wissen über die Bestattungsformen der Heimat von Herrn V. anzu-
eignen. Allerdings lernte ich, dass die individuell richtige Erinnerung, und
auf dieser Basis die symbolhafte Vorstellung der Bestattung und damit des
Abschieds, wesentlich wichtiger als die ethnologische Authentizität ist.

7 Die Wiederkehr der »Verschwundenen«

In bisher drei Fällen (die hier auch alle besprochen werden) habe ich in meiner eigenen psychotherapeutischen Arbeit erlebt, dass »verschwundene« Angehörige wieder gefunden wurden.

Nach Beendigung der Psychotherapie mit C., der zu diesem Zeitpunkt knapp 15 Jahre alt war, kommt es nochmals zum Kontakt mit der Familie. Der Vater ist, von der Familie vollkommen unerwartet, in Österreich angekommen und hat über eine Flüchtlingsorganisation den Aufenthaltsort der Familie ausfindig gemacht. Da die Therapie zu diesem Zeitpunkt bereits abgeschlossen war, kann ich über diesen Fall keine weiteren Aussagen treffen.

Die beiden anderen Fälle – Herr S. und Frau K. – haben mein Bild der »Erstarrung« revidiert. In beiden Fällen hat die Zeit des »Verschwundenseins« eine massive Änderung in der Beziehung und im Selbstbild zur Folge gehabt.

Die beiden ältesten Kinder sind im Heimatland »verschwunden«, und von ihrem Verbleib ist nichts bekannt. Auf der Flucht wird Herr S. dann auch noch von seiner Ehefrau und vier weiteren Kindern getrennt. Er kommt mit einem einzigen Sohn in Österreich an.

Seine Verzweiflung und selbstzermürbenden Vorwürfe münden in massive Selbstverletzung. Unser Angebot als ambulante Einrichtung greift zu kurz; wir bereiten eine sofortige Überweisung in stationäre Behandlung vor. Herr S. ist dankbar für diese Intervention. Er ist in einer Situation, wohl zum ersten Mal in seinem 50-jährigen Leben, in der er selbst nicht mehr weiter kann. Die stationäre Aufnahme verlangt nochmals einen schweren Schritt von ihm. Er muss sich von seinem Sohn, dem einzigen Familienmitglied, das noch bei ihm ist, trennen, wenn auch nur vorübergehend (siehe Kap. V. 5.2).

>»Herr S. ist religiös und hat damit Erklärungen und Glaubensgrundsätze, die ihn auch an ein Weiterleben nach dem Tod glauben lassen. Aber kann er seine Familie schon in dieser anderen – besseren – Welt denken, wo er nicht weiß, ob sie wirklich tot sind, wo er für keinen seiner Angehörigen ein Trauerritual vollzogen hat? Vielleicht sind die Angehörigen genau dort, wovor er geflohen ist: in den Gefängnissen des Heimatlandes – gefoltert und vergewaltigt. Wäre es da besser, ihnen den Tod zu wünschen, damit sie nicht ein solches Schicksal erleiden?« (Preitler, 2002b, S. 175)

Nach einem einmonatigen Spitalsaufenthalt kommt Herr S. wieder in die Psychotherapie. Er wirkt fahrig, und konzentriert sich in regressiver Form auf seine körperlichen Funktionen. Durch den Aufenthalt in der Klinik hat er sich ein komplexes Behandlungssystem geschaffen, und sein Alltag ist durch Arzttermine gekennzeichnet und organisiert. Er entwickelt massive allergische Reaktionen auf verschiedene Lebensmittel und stellt damit auch eine Herausforderung für die MitarbeiterInnen des Flüchtlingsheims, in dem er in der Zwischenzeit untergebracht worden ist, dar. Er erzwingt sich mittels dieser Allergien eine weit größere Zuwendung als sie in dem Großbetrieb vorgesehen wäre, da er ständig spezielle Mahlzeiten braucht. Der Kontakt mit seinem Sohn besteht in täglichen Besuchen – auf Grund der Erkrankung von Herrn S. ist die gemeinsame Unterbringung von Vater und Sohn aufgeschoben worden.

Ca. zwei Wochen später kommt Herr S. freudestrahlend – und verspätet – zur Therapiesitzung. Seine Familie ist »aufgetaucht«. Alle sind wohlbehalten, wenn auch in einer asylpolitisch heiklen Situation. Für Herrn S. ist es jetzt ausschließlich wichtig, seine Familie wieder vereint zu haben. Herrn S. interessieren damit nur mehr Themen bezüglich rechtlicher und sozialer Fragen.

Obwohl wir in der Woche darauf wieder einen Termin vereinbart haben, erscheint Herr S. nicht mehr. Nach einem Telefonat mit dem Rechtsberater von Herrn S. betrachten wir die (vorläufige) Therapie von unserer Seite als abgeschlossen.

Natürlich wäre eine Wiederaufnahme der Psychotherapie möglich gewesen, aber es gab in den darauf folgenden Monaten keinen Kontakt mehr. In diesem Fall blieben sehr viele Fragen unbearbeitet und ungeklärt. Vor allem das »Verschwinden« der zwei (jugendlichen) Kinder im Heimatland blieb nach dem Wiederauftauchen der restlichen Familie unbesprochen und unbetrauert. Möglicherweise war die wieder vereinigte Gesamtfamilie dazu in der Lage – und hat nicht die Hilfe von außen dazu gebraucht.

Der massive psychische Einbruch, den Herr S. erlebt hat, ist nicht einfach umkehrbar. Hat ihn das Verschwinden seiner Frau und der vier Kinder psychisch gebrochen, so ist die Heilung nicht einfach durch das Wiedererscheinen der Familie erreicht, wenn es auch die sicher beste Therapie für ihn war.

Herr S. hat massiv darunter gelitten, dass er nicht in der Lage war, seine Familie zu beschützen. Dieses Gefühl des Versagens ist geblieben. Seine psychosomatischen Beschwerden wurden daher auch nicht besser, als die Familie wieder mit ihm in Kontakt war.

Allerdings wurde durch sein Interesse an Rechts- und Sozialfragen klar, dass es ihm wichtig ist, sich zu orientieren und wieder die Leitung seiner Familie zu übernehmen.

Frau K. hingegen ist bereits zweieinhalb Jahre in Psychotherapie, als sie durch ein Telefonat mit Verwandten im Heimatland vom »Auftauchen«

ihres Ehemanns erfährt. Er war inhaftiert gewesen und, soweit sie dies den Telefongesprächen entnehmen kann, körperlich und psychisch schwer krank. Frau K. reagiert auf die Nachricht sehr verstört.

Sie ist zweieinhalb Jahre davor nach einem Suizidversuch in Psychotherapie gekommen. Sie meinte damals, ohne ihren Ehemann nicht mehr weiterleben zu können. Nur die Kinder hielten sie am Leben. Ansonsten würde sie lieber zurück ins Heimatland gehen und nach ihrem Mann suchen, auch wenn sie sich selbst damit in Lebensgefahr brächte.

In dieser ersten Phase in der Psychotherapie stellt sie ihren Mann als einen idealen Lebenspartner vor. Erst nach einiger Zeit ist es ihr möglich, ihre Wut auf ihren Ehemann, der die politische Arbeit der Familie vorgezogen hatte, zu artikulieren. Sie ist in dieser Zeit sehr verzweifelt über diesen Verrat. Als sie langsam wieder schöne Phasen der Beziehung erinnern kann, wird ihre Trauer weniger verzweifelt. Sie beginnt in dieser Zeit die endgültige Trennung zu akzeptieren. Damit gekoppelt sind auch wieder erste Vergnügungen, die sie sich gestattet. War sie anfangs nicht bereit, Feste zu feiern (»Erst wenn mein Mann wieder bei uns ist, werden wir feiern«), beginnt sie nun, Einladungen anzunehmen, wenn sie diese auch nur mit dem Wohl der Kinder begründet (»Die Kinder sollen ja auch einmal etwas Schönes erleben«). Sie kann aber zugeben, dass sie Einladungen und Gespräche mit anderen Frauen genießt. Auch beginnt sie sich für Österreich zu interessieren und fühlt sich zunehmend mehr zu Hause.

Als nun der Ehemann doch am Leben ist, ändert sich für Frau K. nichts mehr an der zerbrochenen und betrauerten Beziehung. Sie ist nicht bereit, die Pflege für ihren Mann zu übernehmen. Natürlich hat sie Skrupel und fühlt sich sehr egoistisch. »Glauben Sie, dass ich das wirklich darf?« fragt sie in der Therapie immer wieder. Sie würde die Entscheidung gerne teilen, wenn sie auch dazu stehen kann, dass sie sich gegen den Ehemann entschieden hat.

Frau K. erzählt von der Reaktion ihrer Kinder. Es hat sie anfangs große Überwindung (und viel Zeit) gekostet, mit ihren Kindern über das »Verschwinden« des Vaters zu reden. Jetzt hat sie Angst, ihnen vom »Auftauchen« des Vaters zu erzählen. Es braucht einige Wochen, bis sie zu einem Gespräch mit den Kindern in der Lage ist. Das Angebot, dies in Anwesenheit der Therapeutin zu machen, nimmt sie nicht an. Sie redet allein mit den beiden Kindern.

Eines der Kinder teilt die Auffassung von Frau K. und ist mit der Entscheidung der Mutter, nur telefonisch mit dem Vater in Kontakt zu sein, einverstanden. Das zweite Kind, ein Sohn, macht der Mutter Vorwürfe und wünscht sich, den Vater sofort zu sehen. Er beginnt seine Zukunft so zu planen, dass er den Vater später – sobald er Geld verdient – nach Österreich holen möchte.

Interessant fand ich in diesem Fall den Trauerprozess, der, trotz der Ungewissheit des »Verschwindens«, von Frau K. durchlebt worden ist und für sie unumkehrbar ist. Als sie die endgültige Trennung für sich akzeptiert hat, erlaubt sie sich, auch die negativen Seiten der Ehe wahrzunehmen und in der Therapie auch zu besprechen. Zugleich genießt sie ihre neue kulturelle Rolle als Frau in Europa, die ihr der Ehemann nie zugestanden hätte.

Der Bruch der Beziehung ist aber vor allem dadurch entstanden, dass sich Frau K. von ihrem Mann in Stich gelassen fühlt. Sie musste allein in einem fremden Land ein neues Leben mit ihren Kindern beginnen, obwohl ihr Mann ja auch mit ihnen hätte fliehen können. Dies ist für sie im Rückblick der Moment, wo für sie die Lebensgemeinschaft zerbrochen ist.

Auch ein halbes Jahr, nachdem Frau K. erfahren hat, dass ihr Mann noch am Leben ist, ist für sie die Entscheidung, ihn nicht wiedersehen zu wollen, richtig.

An diesen beiden Fällen zeigen sich mehrere interessante Formen des individuellen Umgangs mit dem »Verschwinden« von Angehörigen.

Die Hilflosigkeit, die erlebt wurde, als die Angehörigen »verschwanden«, scheint endgültig zu sein. Wurde die Situation des »Verschwindenlassens« und die Zeit danach als vollkommen hilfs- und potenzlos erlebt, kann auch das Wiederfinden dies nicht mehr ändern. Allerdings bleibt die Frage für weitere Untersuchungen offen, ob die psychotherapeutische Bearbeitung durch die Wiederkehr und damit auch der Fortsetzung der Beziehungen erleichtert wird. Es ist zu vermuten, dass es abhängig von der Reaktion der als »verschwunden« gegoltenen Angehörigen ist, wie die Situation im Nachhinein erinnert und bewältigt werden kann.

Der Trauerprozess kann – trotz der Abwehr und dem Versuch, auf dem Status Quo zu verharren – verzögert stattfinden. Die Trennung wird langsam akzeptiert und neue Lebenswege ohne die oder den »Verschwundene/n« werden eingeschlagen, wenn auch nicht bewusst. Erst durch das Wiederauftauchen müssen sich die Angehörigen mit diesem Prozess der Trennung und der vollzogenen Trauer konfrontieren.

8 Übertragung und Gegenübertragung

Der Wunsch, Klarheit über den Verbleib einer »verschwundenen« Person zu erhalten, wird in der Gegenübertragung oft geteilt. Und so braucht es immer wieder Supervision, um zu akzeptieren, dass Angehörige (noch) nicht bereit sind, internationale Instrumente wie den Suchdienst des Roten Kreuzes, zu nutzen, um zumindest eine minimale Chance zu haben, über den Verbleib ihrer Angehörigen Sicherheit zu gewinnen bzw. diesen ein Lebenszeichen zu geben.

Natürlich spielen hier auch kulturelle Forderungen, die aus europäischer Sicht oft sehr schwer nachvollziehbar sind, eine Rolle. Die Flucht wurde von der Familie finanziert mit der Erwartung, möglichst rasch finanzielle Unterstützung zu erhalten. Meinen PatientInnen gelingt es im Normalfall erst nach Jahren, eigenes Geld zu verdienen. Sie würden also die Erwartung der materiellen Hilfe enttäuschen, und dies wiegt für viele schwerer als die Ungewissheit.

In meinen Gegenübertragungsreaktionen fällt es mir immer wieder schwer, diese Gewichtung zu akzeptieren, da meine eigene kulturelle Sozialisierung – basierend auf materieller Sicherheit – eindeutig eine andere Gewichtung dieser Werte vorsieht.

Aber meist sind meine PatientInnen vollkommen hilflos mit dem »Verschwinden« ihrer Angehörigen konfrontiert. Ich bin Zeuge dieser Hilflosigkeit und Verzweiflung. Wie schon in Kapitel IV. 4 und im Zusammenhang mit den drei ausführlichen Fallgeschichten beschrieben, sehe ich darin die schwierigste Herausforderung für die psychotherapeutische Begleitung. Es geht darum, diese Hilflosigkeit über lange Zeiträume mit zu (er-)tragen. Gerade die lange Zeit, die der verzögerte oder verhinderte Prozess der Trauer braucht, stellt eine besondere Herausforderung dar. Auch nach Monaten und Jahren kommt das gleiche Thema zur Sprache oder steht hinter der Sprachlosigkeit der Therapie. Prozesse sind nur sehr langsam erkenn- und verstehbar.

Schlussfolgerungen

Der Trauerprozess nach dem Verlust einer Bezugsperson, die »verschwunden« ist (vermisst, verschollen), ist in allen Fällen schwierig.

Aus der Literatur über »Verschwindenlassen« und aus den beschriebenen Fallbeispielen lassen sich folgende Thesen ableiten:

1. Nicht-Wahrhaben-Wollen

In jedem normalen Trauerprozess gibt es Zeiten des Zweifelns und Nicht-wahrhaben-Wollens. Durch die Überprüfung der Realität – Anblick des toten Körpers, Begräbnis, Totenschein etc. – wird der Trauernde sehr schmerzhaft an die Realität erinnert und die Tatsache des endgültigen Verlusts muss anerkannt werden, und damit kann Trauer beginnen.

»Verschwinden« Angehörige, gibt es keine Möglichkeit der Realitäts-prüfung. Hinweise, dass die betroffene Person tot ist, sind genauso diffus wie Hinweise, dass es ein Lebenszeichen gibt.

Menschen verharren mitunter ein Leben lang in der Hoffnung, dass der »verschwundene« Angehörige doch noch auftaucht. Besonders einprägsam dafür erscheint mir der Fall der jüdischen Frau, die 1999 in Manhattan ihre Mutter, die sie zuletzt in Auschwitz an der Rampe gesehen hat, sucht.

Zu dieser Gruppe zählen wohl auch die Flüchtlinge, die sich nicht zu einem Suchantrag über das Rote Kreuz entschließen können. Selbst die geringe Chance, über den möglichen Tod der Angehörigen zu erfahren, lässt sie auf die genauso kleine Chance ein Lebenszeichen von den »Verschollenen« zu erhalten, verzichten.

Allerdings scheint auch der Zeitfaktor eine wichtige Rolle zu spielen.

Menschen sind nach einigen Jahren des Hoffens und Nicht-wahrhaben-Wollens bereit, sich der Realität zu stellen, wie z.B. die Wahrheitskom-missionen in Sri Lanka und die Gräberöffnungen in Guatemala gezeigt haben.

Bezüglich des Zeitfaktors ergibt sich noch ein breites Feld für Forschung, auf deren Basis sinnvolle Trauer- und Traumaarbeit mit Angehörigen von »Verschwundenen« aufbauen kann.

2. Erstarrung in der Trauer

Trauer und die Anerkennung des Verlusts darf oft nicht zugelassen werden, wenn ein Angehöriger »verschwindet«. Mit enormer Energie wird an der Erhaltung des Status gearbeitet (Beispiel Penelope). Der Platz des/der »Verschwundenen« muss erhalten bleiben, wenn dies auch die Weiterentwicklung der gesamten Familie behindert und belastet.

Der Schritt des Loslösens ist emotional sehr schwer zu vollziehen, da es wie ein sozialer »Mord« an der geliebten verschwundenen Person empfunden würde.

3. Verleugnung der Existenz des »Verschwundenen« und »Trauerverbot«

Besonders dort, wo Menschen Opfer von politischem »Verschwindenlassen« geworden sind, haben die Angehörigen oft keinen Rückhalt durch ihre Familien und ihre FreundInnen. Es wird so getan, als hätte die »verschwundene« Person nie existiert. Keine Form der Trauerrituale kann durchgeführt werden; es kommt mitunter sogar zum »Totschweigen des Verschwundenen«.

Aber auch in den Therapien begegnet uns diese Vermeidung. Um sich nicht mit dem überwältigenden Verlust konfrontieren zu müssen, wird jedes Gespräch, jeder Gedanke an die vermissten, verschwundenen Angehörigen vermieden. Damit geht aber auch der positive Anteil, die positive, stärkende Beziehung, die bestanden hat, verloren.

4. Ein normaler, zeitlich verzögerter Trauerprozess ist manchmal doch möglich

Nach einer Zeit der Hoffnung nehmen die Resignation und die Gewissheit des Todes überhand.

Der Trauerprozess setzt zeitverzögert ein und kann immer wieder durch Phasen des Nicht-wahrhaben-Wollens unterbrochen und erneut verlängert werden. Trotzdem kann getrauert werden, und eine Neuorientierung im Leben ist möglich.

Besonders deutlich hat es sich am Fall von Frau M. gezeigt. Sie hat in drei Jahren die Beziehung zu ihrem Ehemann in allen Trauerphasen durchlebt, und für sie ist diese Ehe beendet und »gestorben«.

Neben den Verallgemeinerungen, die sich über die Reaktion auf das »Verschwinden« von Angehörigen ableiten lassen, ist es wichtig, die jeweilige individuelle Reaktion zu verstehen. Diese basiert auf:

– prätraumatischen Faktoren: wie der kulturellen und gesellschaftlichen Sozialisierung, und ist geprägt von der Beziehung, die zu der »verschwundenen« Person bestanden hat;

– traumatischen Faktoren: wie den Umständen, unter denen die geliebte Person »verschwand« und welche Mittel der Suche der Familie zur Verfügung standen bzw. wie sehr die übrigen Familienmitglieder eben-

falls bedroht worden sind und ob sie Opfer weiterer traumatischer Ereignisse, wie z. B. Inhaftierung und Folter, wurden;
– posttraumatischen Faktoren: die den gesamten Prozess des Umgangs mit dem Verlust der »verschwundenen« Person umfasst. Hier müssen die individuellen, familiären und gesellschaftspolitischen Komponenten berücksichtigt werden.

In der psychotherapeutischen Arbeit muss es immer um die Begleitung der Bearbeitung dieses ambivalenten Verlusts und der Möglichkeit der Trauer gehen.

Am Beginn einer Therapie versuche ich meinen PatientInnen, die aus sehr verschiedenen Kulturräumen kommen und sich unter Psychotherapie meist nichts vorstellen können, zu erklären, worum es geht. Ich nutze dafür ein »Bild«:

Ähnlich einem Bergführer biete ich meine Begleitung an. Der Weg beginnt in einer sehr dunklen und ausweglos erscheinenden Region und soll in eine bessere, hellere, fruchtbarere Gegend führen. Ich als Begleiterin werde mitgehen, aber nicht für sie gehen. Ich habe schon viele Menschen in ähnlich schwierigem Gelände begleitet, aber genau diesen Weg bin ich auch noch nie gegangen. Da mir aber das Gelände vertraut ist, kann ich auf Unebenheiten und Gefahren aufmerksam machen, Plätze zur Rast erkennen und habe eine Ahnung, wo das Ziel der Reise liegt. Ich kann auf Grund meiner Erfahrung schon wissen, wie es hinter der nächsten Kehre aussieht, auch wenn der/die PatientIn es noch nicht sehen kann. Manchmal – in besonders schwierigem Gelände – werde ich einen Teil des Gepäcks tragen. Natürlich muss ich auf der gesamten Reise nicht nur auf meine/n PatientIn achten, sondern auch auf meine eigene Sicherheit, um eine gute Begleiterin sein zu können.

In über zehnjähriger psychotherapeutischer Praxis mit Folter- und Kriegsüberlebenden, von denen viele ihre Angehörige durch »Verschwindenlassen« verloren haben, konnte ich Menschen auf diesem Weg begleiten und ihnen in ihrer komplizierten Trauer zur Seite stehen. Sie konnten einen Ort erreichen, an dem die Trauer nicht mehr so verzweifelt war, wo psychische Sicherheit wiedergewonnen werden konnte, wo Hoffnung und Vertrauen in menschliche Beziehungen wieder möglich ist.

Literatur

Abdallah-Steinkopff, B. (2003): Psychotherapie und Beratung mit Dolmetschern. Refugio Report November, 4–5.

Acuna, J. E. (1987): Children of the Storm. Experiences of the Children's Rehabilitation Center. Manila: Eigenverlag.

Agosin, M. (1992): Circles of Madness. Mothers of the Plaza de Maya. New York: White Pine Press.

Agosin, M. (1993): Surviving Beyond Fear. Women, Children and Human Rights. In: Agosin, M. (Hg.): Latin America. New York: White Pine Press, S. 98–125.

AHRC (2006): Sri Lanka: 20 forced disappearances reported in December 2005. Urgent Action 17, 2005, Hongkong: Asian Human Right Commission.

Ainsworth, M. et al. (1978): Patterns of Attachment. Hillsdale: Erlbaum.

Alic, A. (2003): Srebrenica Denial Continues. www.ceed.com/aspx/searcharticles.aspx

American Psychiatric Association (1980/1994): Diagnostic and statistical manual of mental disorders. Washington: APA.

Améry, J. (1988): Jenseits von Schuld und Sühne. München: Deutscher Taschenbuchverlag.

Amnesty International (1982): ... nicht die Erde hat sie verschluckt. Bonn: Amnesty International.

Amnesty International (1993): Getting away with murder. Political killings and »disappearances« in the 1990's. London: Amnesty International Publications.

Amnesty International (1996): Latin America Crime without Punishment: Impunity in Latin America. London: Amnesty International Publications.

Amnesty International (1997): Sri Lanka. Government's response to widespread »disappearances« in Jaffna. ASA 37/24/97.

Amnesty International (1998): Urgent Action 78, 11. März 1998. London: Amnesty International.

Amnesty International (2002): Jahresbericht. www2.amnesty.de/intern

Ansary, M. (2003): Flieh, bevor der Morgen graut. Die Geschichte einer iranischen Frau. Bergisch Gladbach: Ehrenwirth.

Antonovsky, A. (1997): Salutogenese. Zur Entmystifizierung der Gesundheit. Tübingen: dgvt Verlag.

Arcel, L. T. et al. (1995): Psycho-Social Help to War Victims: Women Refugees and Their Families from Bosnia and Herzegovina and Croatia. Kopenhagen: IRCT.

Asian Human Rights Commission (1999): Sri Lanka: Disappearances and the Collapse of the Police System. Hongkong: AHRC, Eigenverlag.

Auerhahn, N. C. & Laub, D. (1984): Annihilation and Restoration: Post-traumatic Memory as Pathway and Obstacle to Recovery. International Review Psychoanalysis 11, 327–343.

Auerhahn, N. C. &. Laub, D. (1988): Intergenerational Memory of the Holocaust. In: Danieli, Y. (Ed.): International Handbook of Multigenerational Legacies of Trauma. New York: Plenum Press, S. 21–42.

Baradaran, Monireh (1998): Erwachen aus dem Alptraum. Zürich: Unionsverlag.

Baron, N. (2002): Community Based Psychosocial and Mental Health Services for Southern Sudanese Refugees in Long Term Exile in Uganda. In: De Jong, J.: Trauma, War, and Violence. Public Mental Health in Socio-Cultural Context. New York: Kluwer Academic, S. 157–203.

Bayer, O. (2001): Die Schatten der Verschwundenen. Die Diktatur in Argentinien und ihre Folgen. In: Müller-Hohagen, J. (Hg.): Stacheldraht und heile Welt. Tübingen: Edition Diskord.

BBC (2004): Hidden graves. http://news.bc.co.uk/1/hi/world/south_asia/125691.stm

Becker, D. (1992): Ohne Haß keine Versöhnung. Das Trauma der Verfolgten. Freiburg i.Br.: Kore.

Literatur

Becker, E. (1973): The Denial of Death. New York: Simon and Schuster.

Beckermann, R. (1989): Unzugehörig. Österreicher und Juden nach 1945. Wien: Löcker Verlag.

Belic, M. & Kesic V. (1994): Center for Women. War Victims/Survivors (Zagreb): Wer wir sind und was wir tun. Werkblatt 32, 108–118.

Benedek, E. D. (1985): Children and Disaster: Emerging Issues. Psychiatric Annuals 15 (3), 168–172.

Benson, D. et al. (1975): Waiting: The Dilemma of the MIA Wife. In: Hamilton, I. M. et al. (Ed.): Family Separation and Reunion. Families of Prisoners of War and Servicemen Missing in Action. Washington D.C.: U.S. Government Printing Office, S. 157–168.

Benz, W. (1995): Der Holocaust. München: Beck.

Berk, J. H. (1998): Trauma and Resilience During War: A look at the Children and Humanitarian Aid Workers of Bosnia. Psychoanalytic Review 85(4), 639–658.

Bettelheim, B. (1980): Erziehung zum Überleben. Zur Psychologie von Extremsituationen. Stuttgart: Deutscher Taschenbuchverlag.

Bittenbinder, E. (2000): Trauma und extreme Gewalt – Systemische Psychotherapie mit Überlebenden von Folter und die Bedeutung »innerer Bilder«. Psychotherapie im Dialog 1, 38–44.

Black, L. (1999): Forced Disappearances in Sri Lanka Constitute a Crime Against Humanity. www.disappearances.org/mainfile.php/articles_srilanka/9/ ?print=yes

Blos, P. (1979): Adolescent Passage. New York: International Universities Press

Böhme, K. W. (1965): Gesucht wird ... Die dramatische Geschichte des Suchdienstes. München: Süddeutscher Verlag.

Boss, P. (1999): Ambiguous Loss. Learning to Live with Unresolved Grief. Cambridge u.a.: Harvard University Press.

Boss, P. et al. (2003): Healing Loss, Ambiguity, and Trauma: A Community-Based Intervention With Families of Union Workers Missing After the 9/11 Attack in New York City. Journal of Marital and Family Therapy 29, 455–467.

Bouvard, M. G. (1994): Revolutionizing Motherhood. The Mothers of the Plaza de Maya. Wilmington D.E.: Scholarly Resources Inc.

Bowlby, J. (1958): The nature of the child's tie to his mother. International Journal of Psycho-Analysis 38, 350–373.

Bowlby, J. (1961): Childhood mourning and Its Implications for Psychiatry. Am J Psychiatry 118, 481–498.

Bowlby, J. (1969): Attachment and Loss. New York: Basic Books.

Bowlby, J. (1983): Verlust. Trauer und Depression. Frankfurt a.M.: Fischer.

Bracken, P. J. & Petty, C. (1998): Rethinking the Trauma of War. London, New York: Free Association Books.

Brenner, I. (1988): Multisensory Bridges in Response to Object Loss during the Holocaust. Psychoanalytic Review 75, 573–587.

Brenner, I. (1996a): Multisensory Bridges in Response to Object Loss. In: Kestenberg, J. & Brenner, I.: The last Witness: the Child Survivor of the Holocaust. Washington, London: American Psychiatric Press, Inc., S. 69–78.

Brenner, I. (1996b): Child Survivors as Parents and Grandparents. In: Kestenberg, J. & Brenner, I.: The last Witness: the Child Survivor of the Holocaust. Washington, London: American Psychiatric Press, Inc., S. 107–129.

Brkic, C. A. (2004): Eyewitness: Unearthing Bosnia's dead. http://news.bbc.co.uk/1/hi/world/europe/3975599.stm

Brune, M. (2000): Posttraumatische Störungen. In: Haasen, C. & Oktay, Y. (Hg.): Beurteilung psychischer Störungen in einer multikulturellen Gesellschaft. Freiburg i. Br.: Lambertus, S. 107–125.

Bunster, X. (1993): Surviving Beyond Fear: Women and Torture in Latin America. In: Agosin, M. (Hg.): Surviving Beyond Fear. Women, Children and Human Rights in Latin America. New York: White Pine Press, S. 98–125.

Butollo, W.; Krüsmann M. & Hagl M. (1998): Leben nach dem Trauma. Über den therapeutischen Umgang mit dem Entsetzen. München: Pfeiffer.

Canacakis, J. (1992): Unser Leben – ein ständiges Abschiednehmen. Trauerfähigkeit als notwendige Psychohygiene. In: Goldegger Dialoge. *Schmerz* – Stachel des Lebens. Goldegg: Eigenverlag.

Carlson, E. S. (1996): I remember Julia: voices of the disappeared. Philadelphia: Temple University Press.

Corr, C. (1993): The Day We Went To Auschwitz. Omega 27 (2), 105–113.

Comite International ICRC (1996): Missing Persons on the Territory of Bosnia and Herzegovina. Geneve: Red Cross, Eigenverlag 30.5. 1996.

Damian, S. (1987): The Psychotherapeutic Approach to the Psychological Sequel of Civil War in the District of Jaffna (unveröffentliches Typescript).

Daniel, E. V. (1997): Suffering Nation and Alienation. In: Kleinman, A. et al.(Hg.): Social Suffering. Berkeley: University of California Press, S. 309–358.

Danieli, Y. (1981): The Aging Survivors of the Holocaust. Journal Geriatric Psychiatry 14, 191–210.

Danieli, Y. (1994): Die Konfrontation mit dem Unvorstellbaren. Reaktionen von Psychotherapeuten auf die Opfer des Nazi-Holocaust. In: Stoffels, H. (Hg.): Terrorlandschaften der Seele. Beiträge zur Theorie und Therapie von Extremtraumatisierungen. Regensburg: S. Roderer Verlag, S. 83–103.

Danieli, Y. et al. (Hg.) (1996): International Responses to Traumatic stress. Amityville, New York: Beywood Publishing Company, Inc.

Danieli, Y. (Hg.) (1998): International Handbook of Multigenerational Legacies of Trauma. New York: Plenum Press.

Das, V. (1997): Language and Body: Transactions in the Construction of Pain. In: Kleinmann, A.; Das, V. & Lock, M.: Social Suffering. Berkeley: University California Press, S. 67–92.

Deutsches Rotes Kreuz (1988): Die Genfer Rotkreuz-Abkommen vom 12. August 1949 und die Beiden Zusatzprotokolle vom 8. Juni 1977. Bonn: Schriften des Deutschen Roten Kreuzes (8. Aufl.).

De Jong, J. (2002): Trauma, War, and Violence. Public Mental Health in Socio-Cultural Context. New York: Kluwer Academic.

De Osterheld, E. (2001): »Doch in mir bleibt nichts als Schmerz«. In: Missionszentrale der Franziskaner (Hg.): Verschwunden in Argentinien. Neue Wege gegen Straflosigkeit und Vergessen. Berichte, Dokumente, Kommentare Nr. 84. Bonn: Eigenverlag.

Der Standard (2004): Fischgerichte derzeit tabu. Der Standard 4, 3.1. 2004.

De Soysa, P. (2001): Conflict-related trauma in an Asian country: a report from Sri Lanka. International Review of Psychiatry 13, 201–208.

Devereux, G. (1984): Angst und Methode in den Verhaltenswissenschaften. Frankfurt a.M.: Suhrkamp Taschenbuch.

De Wind, E. (1968): The Confrontation with Death. International Journal of Psycho-Analysis 49, 302–305.

De Zoysa, P. (2001): Conflict-related Trauma in an Asian country: a report from Sri Lanka. International Review of Psychiatry 13, 201–208.

Diner, D. (Hg.) (1988): Zivilisationsbruch. Denken nach Auschwitz. Frankfurt a.M.: Fischer.

Domansky, E. (1997): A lost war. World War II in Postwar German Memory. In: Rosenfeld, A. H. (Ed.): Thinking about the Holocaust. Bloomington, Indianapolis: Indiana University Press, S. 233–272.

Durst, N. (1994): Über Einsamkeit und das unendliche Trauern von alternden Überlebenden des Holocaust. In: Stoffels, H. (Hg.): Terrorlandschaften der Seele. Beiträge zur Theorie und Therapie von Extremtraumatisierungen. Regensburg: S. Roderer Verlag, S. 44–53.

Durst, N. (1999): Psychotherapeutisches Arbeiten mit Überlebenden des Holocaust. Zeitschrift für Politische Psychologie 7/1+2, 101–112.

Edelman, L.; Kordon, D. & Lagos D. (1998): Transmission of Trauma. The Argentine Case. In: Danieli, Y. (Hg.): International Handbook of Multigenerational Legacies of Trauma. New York: Plenum Press, S. 447–463.

Edelman, L.; Kersner D.; Kordon, D. & Lagos D. (2003): Psychosocial Effect and Treatment of Mass Trauma Due to Sociopolitical Events: The Argentine Experience. In: Krippner, S. & McIntyre, T.M. (Hg.): The psychological impact of war trauma on civilians: an international perspective. Westport: Prager Publishers, S. 143–153.

Eyer, D. E. (1992): Mother-Infant Bonding. New Haven: Yale University Press.

FEDEFAM (2004): Fighting Against Forced Disappearances in Latin America. http://www.desaparecidos.org/fedefam/eng.html

Fernando, B. (1998): Disappearances: A Matter of Survival of Society and the Country. Christian Worker 2, 6–11.

Fernando, B. (2004): The Right to Speak Loudly. Essays on Law and Human Rights. Hongkong: Asian Legal Resource Centre.

Final Draft from the Violence and Grief Work Group (1997/98): Document on Violence and Grief. Omega 36 (3), 259–272.

Fink, I. (1996): Die Reise. Frankfurt a.M.: Fischer.

Fischer, J. (1989): Mothers of the Disappeared. Boston: South End Press.

Fischer, G. & Riedesser, P. (2003): Lehrbuch der Psychotraumatologie. München, Basel: Ernst Reinhardt Verlag (3. Aufl.).

Foa, E. B. (1998): Treating the trauma of rape: cognitive-behavioral therapy for PTSD. New York: Guilford Press.

Fogelman, E. (1998): Group Belonging and Mourning as Factors in Resilience. In: Second generation of Holocaust Survivors. Psychoanalytic Review 85 (4), 537–549.

Fravel, D. L. &. Boss, P. (1992): An in-depth interview with the parents of missing children. In: Gilgun, J. F. & Daly, K. (Hg.): Qualitative methods in family research. Newbury Park: Sage Publications Inc.

Freud, S. (1916): Trauer und Melancholie. G.W. Band X. Frankfurt a.M.: Fischer, S. 427–446.

Freud, S. (1961): Hemmung, Symptom und Angst. Frankfurt a.M.: Fischer Taschenbuchverlag.

Freud, S. (1961): *Die Traumdeutung*. Frankfurt a.M.: Fischer.

Freud, S. (1994): Das Unbehagen der Kultur und andere kulturtheoretische Schriften. Frankfurt a.M.: Fischer.

Gampel, Y. (1998): Reflections on Countertransference in Psychoanalytic Work with Child Survivors of the Shoah. Journal of The American Academy of Psychoanalysis 26 (3), 343–368.

Garcia, S. N. (2001): Den Tod erinnern, um weiterleben zu können. In: Medico International (Hg.): Die Gewalt überleben: Psychosoziale Arbeit im Kontext von Krieg, Diktatur und Armut. Frankfurt a.M.: Mabuse, S. 37–42.

Geiger, B. (1996): Fathers as Primary Caregivers. Westport: Greenwood Press.

Gelbin, C. et al. (Ed.) (1998): Archiv der Erinnerung Interviews mit Überlebenden der Shoah. Band I: Videographierte Lebenserzählungen und ihre Interpretationen. Potsdam: Verlag für Berlin-Brandenburg.

Gesellschaft für Bedrohte Völker (2004): Auch Jugendliche »verschwinden«. www.gfbv.de/voelker/asien/lttememo.htm

Goldmann, H.; Krall, H. & Ottomeyer, K. (1992): Jörg Haider und sein Publikum. Eine sozialpsychologische Untersuchung. Klagenfurt: Drava.

Graessner, S., Gurris, N. & Pross, C. (1996): Folter. An der Seite der Überlebenden. Unterstützung und Therapien. München: C.H. Beck'sche Verlagsbuchhandlung.

Greene, W. A. (1958): Role of a Vicarious Object in the Adaptation to Object Loss. Psychosomatic Medicine XX (5), 344–350.

Greenson, R. R. (1978): On Transitional Objects and Transference. In: Grolnick, S. A. et al. (Hg.): Between Reality and Fantasy. Transitional Objects and Phenomena. New York: Jason Aronson.

Grolnick, S. A. et al. (Ed.) (1978): Between Reality and Fantasy. Transitional Objects and Phenomena. New York: Jason Aronson.

Hackl, E. (1997): Sara und Simón. Eine endlose Geschichte. Zürich: Diogenes.

Hamber, B. (1995): Do Sleeping Dogs Lie? The Psychological Implications of the Truth and Reconciliation Commission in South Africa. Paper presented at Seminar No. 5; Centre for the Study of Violence and Reconciliation, Johannesburg 26.7. 1995.

Hamburger Institut für Sozialforschung (1987): Nie Wieder! Ein Bericht über Entführung, Folter und Mord durch die Militärdiktatur in Argentinien. Weinheim; Basel: Beltz.

Hamilton, I. M. et al. (Ed.) (o.A.): Family Separation and Reunion. Families of Prisoners of War and Servicemen Missing in Action. Washington D.C.: U.S. Government Printing Office.

Haney, A. et al. (1997): Spontaneous Memorialization: Violent Death and Emerging Mourning Ritual. Omega 35 (2), 159–171.

Hassel, F. (Hg.) (2003): Der Krieg im Schatten. Russland und Tschetschenien. Frankfurt a.M.: Edition Suhrkamp.

Hayes, G. (1998): We Suffer Our Memories: Thinking About the Past, Healing and Reconciliation. American Imago, Southafrica 55, 29–50.

Heidelberger-Leonard, I. (1996): Ruth Klüger. weiter leben. Eine Jugend. Oldenbourg Interpretation. München: Oldenbourg.

Herman, J. (1992): Trauma and Recovery. The aftermath of violence – from domestic abuse to political terror. New York: Basic Books.

Heyl, M. & Schreier, H. (Hg.) (1994): Die Gegenwart der Schoah. Zur Aktualität des Mordes an den europäischen Juden. Hamburg: Krämer.

Homer (1979): Odyssee. Reihe: Die bibliophilen Taschenbücher. Dortmund: Harenberg Kommunikation.

Horowitz, M. J. (1985): Disasters and Psychological Responses to Stress. Psychiatric annals 15 (3), 161–167.

Human Rights Correspondence School (2004a): Disappearances: Definitions of Disappearance. http://www.hrschool.org/modules.php?name=News&file=article&sid=10

Human Rights Watch (2004b): Other Countries Show Possible Paths on »Disappearance«. http://www.hrw.org/reports/2003/algeria0203/algeria0203-10.html

Human Rights Watch (2004c): The Road to Abu Ghraib (o.A.): Eigenverlag.

Hunter-King, E. J. (1998): Children of Military Personnel Missing. In: Action in Southeast Asia. In: Danieli, Y. (Hg.): International Handbook of Multigenerational Legacies of Trauma. New York: Plenum Press, S. 243–255.

Independent Commission on International Humanitarian Issues (1986): Disappeared! Technique of terror: a report. London and New Jersey: Zed Books Ltd.

INFORM (1993): Annual report. Colombo: Inform.

International Commission on Missing Persons (2004): ICMP announces positive results of the Outreach Campaign intended to inform family members of missing persons. Press Release, 18.8. 2004.

Irmler, D. (2001): »Mein Zimmer hier heißt Schmerz.« Überleben und Leben – Systemische Therapie mit schwerst traumatisierten minderjährigen Flüchtlingen. In: Rotthaus, W. (Hg.): Systemische Kinder- und Jugendlichenpsychotherapie. Heidelberg: Carl-Auer-Systeme, S. 446–461.

Jacobson, L. & Vesti, P. (1992): Torture Survivors – a new Group of Patients. Copenhagen: RCT, Eigenverlag.

Jaffe, R. (1968): Dissociative Phenomena in former Concentration Camp Inmates. International Journal of Psycho-Analysis 49, 310–312.

Jelin, E. (1994): The Politics of Memory. The Human Rights Movement and the Construction of Democracy in Argentinia. Latin American Perspectives 81, 38–58.

Kahne, M. J. (1967): On the Persistence of Transitional Phenomena into Adult Life. Journal for Psychoanalysis 48, 247–258.

Kalayjian, A. & Shahinian, S. P. (1998): Recollections of Aged Armenian Survivors of the Ottoman Turkish Genocide: Resilience Through Endurance, Coping, and Life Accomplishments. Psychoanalytic Review 85 (4), 489–504.

Kast V. (1982): Trauern. Phasen und Chancen des psychischen Prozesses. Stuttgart; Berlin: Kreuz Verlag.

Kauffman, J. (1993/94): Dissociative Functions in the Normal Mourning Process. Omega 28 (1), 31–38.

Keilson, H. (1979): Sequentielle Traumatisierung bei Kindern. Stuttgart: Enke.

Kestenberg, J. & Brenner, I. (1986): Children who survived the Holocaust. The Role of Rules and routines in the Development of the Superego. International Journal of Psycho-Analysis 67, 309–316.

Kestenberg, J. & Brenner, I. (1996): The Last Witness. The Child Survivor of the Holocaust. Washington, London: American Psychiatric Press, Inc.

Kernberg, O. (1984): The couch at sea: psychoanalytic studies of group and organizational leadership. Int J Group Psychotherapy 34, 5–23.

Kernjek, F. (2002): Trauma und Exhumierungen. Am Beispiel Guatemala. Wien: Diplomarbeit an der Fakultät für Human- und Sozialwissenschaften.

Kinzie, J. D.; Boehnlein, J. K. & Sack, W. H. (1998): The Effects of Massive Trauma on Cambodian Parents and Children. In: Danieli, Y. (Hg.): An International Handbook of Multigenerational Legacies of Trauma. New York: Plenum Press, S. 211–224.

Klein, H. & Kogan, I. (1986): Identification Processes and Denial in the Shadow of Nazism. International Journal of Psycho-Analysis 67, 45–51.

Kleinmann, A.; Das, V. & Lock, M. (1997): Social Suffering. Berkeley: University California Press.

Klüger, R. (1994): Weiter leben. Eine Jugend. München: Deutscher Taschenbuchverlag.

Klüger; R. (1996): Einführung. In: Heidelberger-Leonard, I.: Ruth Klüger. weiter leben. Eine Jugend. Oldenbourg Interpretation. München: Oldenbourg, S. 109–110.

Kordon, D. R. et al. (1988): Psychological Effects of Political Repression. Buenos Aires: Sudamericana/Planeta.

Kraushaar, W. (1994): Die Affäre Auerbach. Zur Virulenz des Antisemitismus in den Gründerjahren der Bundesrepublik. In: Schreier, H. & Heyl, M. (Hg.): Die Gegenwart der Schoah. Zur Aktualität des Mordes an den europäischen Juden. Hamburg: Krämer, S. 195–218.

Krishner, L. A. (1994): Trauma, The Good Object, and The Symbolic: A Theoretical Integration. International Journal of Psycho-Analysis 75, 235–242.

Krystal, H. (Hg.) (1968): Massive Psychic Trauma. New York: International University Press.

Krystal, H. (1981): The Aging Survivor of the Holocaust. Integration and Self-Healing. In: Posttraumatic States. Journal Geriatric Stress 14, 165–189.

Kurier (2004): Hunderte Zuwanderer im Meer ertrunken. Kurier 8, 6.1. 2004.

Kübler-Ross, E. (1969): On Death and Dying. New York: Macmillon.

Lagos, D.; Kordon, D.; Edelman, L. & Kersner, D. (o.A.): Argentina: Our Experience in Rehabilitation Work with Relatives of Desaparecidos and other Victims of Political Repression. Buenos Aires: EATIP, Eigenverlag.

Langer, L. (1997): Social Suffering and Holocaust Atrocity. In: Kleinmann A.; Das, V. & Lock, M.: Social Suffering. Berkeley: University California Press, S. 47–66.

Laub, D. (1996): The empty Circle: Children of Survivors and the Limits of Reconstruction. Japa 46 (2), 507–529.

Laub, D. (2000): Eros oder Thanatos? Der Kampf um die Erzählbarkeit des Traumas. Psyche 54, 860–894.

Leahy, J. M. (1992/93): A Comparison of Depression. In: Women Bereaved of a Spouse, Child, or a Parent. Omega 26 (3), 207–217.

Leiser, E. (1996): Ruth Klüger. In: Heidelberger-Leonard, I.: Ruth Klüger. weiter leben. Eine Jugend. Oldenbourg Interpretation. München: Oldenbourg, S. 116–119.

Levi, P. (1992): Ist das ein Mensch? München: Deutscher Taschenbuchverlag.

Lexikon der Wehrmacht (2004): Keitel, Wilhelm. www.lexikon-der-wehrmacht.de/Personenregister/KeitelW-R.htm

Libeskind, D. (1999): Trauma/void. In: Bronfen, E.; Erdle, B. R. & Weigel, S. (Hg.): Trauma. Zwischen Psychoanalyse und kulturellem Deutungsmuster. Köln; Weimar; Wien: Böhlau, S. 3–26.

Lifton, R. J. (1983): The broken connection. New York: Basic Books Inc.

Longerich, P. (Hg.) (1989): Die Ermordung der europäischen Juden. München: Piper.

Lorenzer, A. (1993): Intimität und soziales Leid. Archäologie der Psychoanalyse. Frankfurt a. M.: Fischer Taschenbuchverlag.

Lozowick, Y. (1994): Jüdische Erinnerung und die Schoah. In: Schreier, H. & Heyl, M. (Hg.): Die Gegenwart der Schoah. Zur Aktualität des Mordes an den europäischen Juden. Hamburg: Krämer, S. 93–110.

Löwenthal, L. (1988): Individuum und Terror. In: Diner, D. (Hg.): Zivilisationsbruch. Denken nach Auschwitz. Frankfurt a. M.: Fischer, S. 15–25.

Luft, J. (1989): Einführung in die Gruppendynamik. Frankfurt a. M.: Fischer.

Madariaga, C. (1992): Verschwundene in einer ländlichen Gemeinde: Psychologische und psychosoziale Leiden. Ein Behandlungsansatz auf der Grundlage einer Gruppentherapie. In: IWK (Hg.): Seelenmord – psychosoziale Aspekte der Folter. Mitteilungen des Instituts für Wissenschaft und Kunst 47 (1), 11–17.

Maercker, A.; Bonanno, G.; Znoj, H. & Horowitz, M. J. (1998): Prediction of Complicated Grief by Positive and Negative Themes in Narratives. Journal of Clinical Psychology 54 (8), 1117–1136.

Mahler, M.; Pine, F. & Bergman, A. (1975): The psychological birth of the human infant: Symbiosis and individuation. New York: Basic Books.

Mancini, M. E. (1986): Creating and Therapeutically Utilizing Anticipatory Grief in Survivors of Sudden Death. In: Rando, T. A. (Hg.): Loss and anticipatory grief. Massachusetts: D.C. Heath and Company Lexington, S. 145–152.

Marcussen, H. (1990): Auswirkungen der Folter und Behandlungsmöglichkeiten der Folteropfer – Aus der Arbeit des Rehabilitations- und Forschungszentrums für Folteropfer, Kopenhagen. In: Rauchfleisch, U. (Hg.): Folter: Gewalt gegen Menschen. Freiburg: Paulusverlag.

Meijide, E. F. (1987): Erinnerung eines Vaters. In: Hamburger Institut für Sozialforschung (Hg.): Nie wieder! Ein Bericht über Entführung, Folter und Mord durch die Militärdiktatur in Argentinien. Weinheim;Basel: Beltz Verlag, S. 173.

Meschiany, A. & Krontal, S. (1998): Toys and Games in Play Therapy. Israel Journal of Psychiatry 35 (1), 31–37.

Mittler, G. (2000): Jean Daligault – Eine Passion. Rede anlässlich der Eröffnung der Ausstellung des Künstlers und Nacht-und-Nebel-Häftlings am 12.8. 2000. www.fm.rlp.de/wir_ueber_uns/Minister/Reden/PDF/Ausstellung_jean_daligault.pdf

Mollinca, R. F. et al. (1998): Dose-Effect Relationship of Trauma to Symptoms of Depression and Post-Traumatic Stress Disorder Among Cambodian Survivors of mass violence. British Journal of Psychiatry 173, 482–488.

Mommsen, H. (1992): There was no Führer Order. In: Niewyk, D. L. (Ed.): The Holocaust. Problems and Perspectives of Interpretation. Massachusetts: D.C. Heath and Company Lexington.

Munczek, D. S. & Tuber, S. (1998): Political Repression and its Psychological Effects on Honduran Children. Social Sciences and Medicine 47 (11), 1699–1713.

Mupinda M. (1995): Loss and Grief among the Shona: The Meaning of Disappearances. Paper presented to: VIIth International Symposium on »Torture as a challenge to the medical Profession«, Cape Town.

Murphy, S. (1988): Mental Distress and Recovery in a High-Risk Bereavement Sample Three Years after Untimely Death. Nursing Research 37 (1), 30–35.

Nachmani, G. (1995): Trauma and Ignorance. Contemporary Psychoanalysis 31, S. 423–450.

Nadia, C. S. (1991): The Last Word: Women, Death and Divination in Inner Mani. Chicago: University of Chicago Press.

Nash, J. R. (1978): Among the Missing. An Anecdotal History of Missing Persons From 1800 to the Present. New York: Simon and Schuster.

Neumann, Y. (1998): On the intergenerational Experience – A short-term Intervention with a Holocaust Survivor as Part of a Lengthy Course of Therapy. Israel Journal of Psychiatry 35 (1), 56–67.

Nicoletti, E. (1988): Some Reflexions on Clinical work with Relatives of Missing people. A Particular Elaboration of Loss. In: Kordon, D. et al. (Hg.): From Psychological effects of Political Repression. Buenos Aires: Sudamerikana/Planeta, S. 57–63.

Niederland, W. (1968): Clinical Observations on the »Survivor Syndrome«. International Journal of Psycho-Analysis 49, 313–315.

Ondaatje, M. (2001): Anils Geist. München: Deutscher Taschenbuchverlag.

Ottomeyer, K. (1987): Lebensdrama und Gesellschaft. Szenisch-materialistische Psychologie für soziale Arbeit und politische Kultur. Wien: Franz Deuticke.

Ottomeyer, K. & Peltzer, K. (2002): Überleben am Abgrund. Psychotrauma und Menschenrechte. Klagenfurt: Drava.

Payne, M. (1995): Understanding »going missing«: Issues for social work and social services. British Journal of Social Work 3, 333–348.

Paneerselvam, S. (2003): Background of the issues of »Enforced Disappearance«. Paper presented at Inter-sessional open-ended working group to elaborate a frat legally binding normative instrument for the protection of all persons from enforced disappearance. First session (o.A.).

Panh, R. (2004): S 21 La Machine de mort Khmère Rouge. Stadtkino-Zeitung, 411.

Perera, S. (1999): Stories of Survivors. Socio-Political Contexts of Female Headed Households in Post-Terror Southern Sri Lanka. Colombo: Vikas Publishing House.

Pines, D. (1986): Working With Women Survivors of the Holocaust: Affective Experiences in Transference and Countertransference. International Journal of Psycho-Analysis 67, 295–307.

Preitler, B. (1996): Zwischen Angst und Hoffnung. Südwind 6, 16–17.

Preitler, B. (1998/99): Der/die Dritte im Bunde. Psychotherapie mit Folterüberlebenden unter Beteiligung von DolmetscherInnen. Wien: Hemayat Eigenverlag, S. 19–29.

Preitler, B. (2002a): Wenn Kinder Opfer politischer Gewalt werden. In: Fronek, H. & Messinger, I. (Hg.): Handbuch Unbegleitete Minderjährige Flüchtlinge. Recht, Politik, Praxis, Alltag, Projekte. Wien: Mandelbaum, S. 160–175.

Preitler, B. (2002b): Kriegs- und Folterverletzungen der Seele. Psychotherapeutische Betreuung von Folter- und Kriegsüberlebenden bei Hemayat. In: Ottomeyer, K. & Peltzer, K.: Überleben am Abgrund. Psychotrauma und Menschenrechte. Klagenfurt: Drava, S. 171–186.

Preitler, B. (2004a): Psychologische Betreuung von Flüchtlingen in Österreich. In: Mehta, G. (Hg.): Die Praxis der Psychologie. Wien; New York: Springer, S. 361–372.

Preitler, B. (2004b): Folter erzeugt Hilflosigkeit – Überlegungen zu möglichen therapeutischen Konzepten wider die Hilflosigkeit. Zeitschrift für Psychotraumatologie und Psychologische Medizin 2, 31–42.

Prigerson, H. et al. (1997a): Traumatic Grief as a Risk Factor for Mental and Physical morbidity. Am J Psychiatry 154 (5), 616–623.

Prigerson, H. et al. (1997b). Traumatic Grief: A Case of Loss – Induced Trauma. Am J Psychiatry 154 (7), 1003–1008.

Rando, T. A. (1992/93): The Increasing Prevalence of Complicated Mourning: The Onslaught is Just Beginning. Omega 26 (1), 43–59.

Rando, T. A. (1993): Treatment of Complicated Mourning. Ottawa: Research Press.

Reddemann, L. (2004): Eine Reise von 1.000 Meilen beginnt mit dem ersten Schritt. Freiburg i.Br.: Herder.

Reynolds, M. (2003): Krieg ohne Regeln. Russische Soldaten in Tschetschenien. In: Hassel, F. (Hg.): Der Krieg im Schatten. Rußland und Tschetschenien. Frankfurt a.M.: Edition Suhrkamp, S. 124–136.

Ritterman, M. K. (1991): Under siege. Terror and Family Support in Chile. New Jersey: Norwood.

Riquelme, H. (2001): Die Belagerung des Gedächtnisses. Leben und Arbeit von Psychologen unter den Militärdiktaturen Südamerikas. Bonn: Deutscher Psychologen Verlag.

Rogers, J.; Spencer J. & Uyangoda, J. (1998): Sri Lanka. Political Violence and Ethnic Conflict. American Psychologist, July, 771–777.

Rousseau, C. et al. (1998): Resilience in Unaccompanied Minors from the north of Somalia. Psychoanalytic Review 85 (4), 615–637.

Rütsche, B. (2003): »Die Stimme der Verschwundenen lassen wir nicht zum Schweigen bringen!« Kolumbien-Monatsbericht 9, 1–6.

Sabin, M. et al. (2003): Factors Associated With Poor Mental Health Among Guatemalan refugees Living in Mexico 20 Years After Civil Conflict. JAMA 290 (5), 635–642.

Salahu-Din, S.; Sakinah N. (1996): A comparison of Coping Strategies of African American and Caucasian Widows. Omega 33 (2), 103–120.

Saldinger, A. et al. (1999): Anticipating Parental Death. In: Families with Young Children. American Journal of Orthopsychiatry 69 (1), 39–48.

Sangster, K. (1999): Truth Commissions: The Usefulness of Truth-Telling. Australian Journal of Human Rights, 136–158.

Schauer, M.; Neuner, F. & Elbert, T. (2005): Narrative Expositions Therapie. Eine Kurzzeitbehandlung von Psychotraumata nach Krieg, Terror und Folter. O.A.: Hofgrefe & Huber.

Scheffer, D.J. (2002): Justice for Cambodia. New York Times, 21.12. 2002, 3.

Schindler, R. (1996): Mourning and Bereavement among Jewish Religious Families: A time for Reflection and Recovery. Omega 33 (2), 121–129.

Schmidt-Häuer, C. (2002): Eva in der Mördergrube. Eine Anthropologin aus Island gibt den namenlosen Opfern in den Massengräbern des Bosnienkriegs ihre Identität zurück. Die Zeit 52, o.A.

Schreier, H. & Heyl, M. (Hg.) (1994): Die Gegenwart der Schoah. Zur Aktualität des Mordes an den europäischen Juden. Hamburg: Krämer.

Schrepfer-Proskurjakov, A. (2004): Russlands Krieg in Tschetschenien. asyl aktuell 3, 2–7.

Sharipo, E. R. (1994): Grief as a Family Process. A Developmental Approach to Clinical Practice. New York: The Guilford Press.

Literatur

Simpson, J. & Bennett, J. (1985): The Disappeared and the Mothers of the Plaza. The Story of the 11.000 Argentino Who Vanished. New York: St. Martin's Press.

Solschenizyn, A. (1978): Der Archipel GULAG 1. Reinbek b. Hamburg: Rowohlt Taschenbuchverlag.

Somasundaram, D. & Jamunanantha, C. S. (2002): Psychosocial Consequences of War. Northern Sri Lankan Experience. In: De Jong, J. (Ed.): Trauma, War and Violence. Public Mental Health in Socio-Cultural Context. New York: Kluwer Academic/Plenum Publishers.

Sluzki, C. (1990): Disappeared: Semantic and Somatic Effects of Political Repression in a Family Seeking Therapy. Family Process 29, 131–144.

Sluzki, C. (1993): Toward a Model of Family and Political Victimization: Implications for Treatment and Recovery. Psychiatry 56, 178–187.

Sluzki, C. (1994): Reclaiming Words, Reclaiming Worlds. Journal of Reviews and Commentary in Mental Health 9 (2), 4–7.

Smith, D. N. (1998): The Psychocultural Roots of Genocide. Legitimacy and Crisis in Rwanda. American Psychologist 53 (7), 743–753.

Spitz, R. (1967): Vom Säugling zum Kleinkind. Stuttgart: Klett-Cotta.

Spolyar, L. (o.A.): Die Grieving Process in MIA Wives. In: Hamilton, I. M. et al. (Ed.): Family Separation and Reunion. Families of Prisoners of War and Servicemen Missing in Action. Washington D.C.: U.S. Government Printing Office, S. 77–84.

Staub, E. (1998): Breaking the Cycle of Genocidal Violence: Healing and Reconciliation. In: Harvey, J. H. (Ed.): Perspectives on Loss. A sourcebook. Philadelphia: Brunner/Mazel.

Staub, E. (2000): Genocide and Mass Killing: Origins, Prevention, Healing and Reconciliation. Political Psychology 21, 367–382.

Stroebe, M. et al. (1992): Broken hearts or broken bonds: Love and death in historical perspective. American Psychologist 47, 1203–1212.

Stroebe, M.; Schut, H. & Stroebe, W. (1998): Trauma and Grief: A Comparative Analysis. In: Harvey, J. H. (Ed.): Perspectives on Loss. A Sourcebook. Philadelphia: Brunner/Mazel, S. 115–132.

Summerfield, D. (1998): The Social Experience of War and Some Issues for the Humanitarian Field. In: Bracken, J. & Perry, C. (Ed.): Rethinking the Trauma of War. London; New York: Free Association Books, S. 9–37.

Talbot, K. (1997/98): Mothers now Childless: Structures of the Life-World. Omega 36 (1), 45–62.

Tamil Times (1996): HRTF Probes »Missing Persons«. No. 12.

Tauber, Y. & Van der Hal, E. (1998): Countertransference and Life-and-Death Issues in Group Psychotherapy with Child Holocaust Survivors. Am J Psychotherapy 52 (3), 301–313.

Taylor, D. (1997): Disappearing Acts. Durham, London: Duke University Press.

Thiruchandran, S. (1999): The Other Victims of War. Emergence of Female Headed Households in Eastern Sri Lanka. Colombo: Vikas Publishing House.

Thornton, S. W. (2000): Grief Transformed: the Mothers of the Plaza de Mayo. Omega 41 (4), S. 279–289.

Thangavelu, V. (1996): The Rape and Murder of Teen Aged Krishanti Kumaraswamy by Sinhalese Soldiers. http://nakeeran.tripod.com/KrishanthiA.htm

Towell, L. (1994): House on Ninth Street. Dunvengan, Ontario: Cormorant Books.

Tschetschenien-Komitee (2004): Tschetschenien. Die Hintergründe des blutigen Konflikts. Kreuzlingen; München: Heinrich Hugendubel Verlag.

Ullmann, K. & Donat, U. (2004): Justiz in Ruanda 2004. www.rav.de/infobrief93/ullmann.htm

Valent, P. (1998): Resilience in Child Survivors of the Holocaust: Toward the Concept of Resilience. Psychoanalytic Review 85 (4), 517–535.

Van der Veer, G. (1992): Counselling and Therapy with Refugees. Psychological Problems of Victims of War, Torture and Repression. West Sussex: John Wiley & Sons.

Van der Kolk, B. A. (1985): Adolescent vulnerability to post traumatic stress disorder. Psychiatry 48, 365–370.

Van der Kolk, B. A. (1987): Psychological Trauma. Washington: American Psychiatric Press, Inc.

Van Dexter, J. (1986): Anticipatory Grief: Strategies for the Classroom. In: Rando, T. A. (Hg.): Loss and anticipatory grief. Massachusetts: Lexington Books, D.C., S. 155–173.

Vesti, P. et al. (1992): Psychotherapy with torture survivors. Copenhagen: RCT/IRCT.

Varvin, S. (1998): Psychoanalytic Psychotherapy with Traumatized Refugees: Integration, Symbolization, and Mourning. Am J Psychotherapy 52, 64–71.

Volkan, V. D. (1981): Linking Objects and Linking Phenomena. New York: International Universities Press, Inc.

Volkan, V. & Zintl, E (2000): Wege der Trauer. Leben mit Tod und Verlust. Gießen: Psychosozial-Verlag.

Welzer, H. (1997): Verweilen beim Grauen. Essays zum wissenschaftlichen Umgang mit dem Holocaust. Tübingen: Edition Diskord.

Winnicott, D. W. (1956): Primary matural preoccupation. Collected papers: through paediatrics to psychoanalysis, 300–305.

Winnicott, D.W. (1971): Playing and Reality. London: Tavistock Publications.

Zalaquett, J. (1992): Balancing Ethical Imperatives and Political Constraints: The Dilemma of New Democracies Confronting Past Human Rights Violations. Hastings Law Journal 43, 1425–1438.

Zelman, L. (1995): Ein Leben nach dem Überleben (aufgez. von Thurnher A.). Wien: Remayr & Scheriau.

Zepf, S. (2001): Trauma, Reizschutz und traumatische Neurose. Versuch einer Klärung der Konzepte Freuds. Forum der Psychoanalyse 17, 332–349.

Zisook, S. & De Vaul, R. (1983): Grief, Unresolved Grief and Depression. Psychosomatics 24 (3), 247–256.

Zuckermann, M. (1998): Zweierlei Holocaust. Der Holocaust in den politischen Kulturen Israels und Deutschland. Göttingen: Wallstein-Verlag.

Zvizdic, S. & Butollo, W. (2000): War-Related Loss of One's Father and Persistent Depressive Reactions in Early Adolescents. European Psychologist 5 (3), 204–214.

Anhang

I. Auszug aus den Genfer Rotkreuz-Abkommen

vom 12. August 1949 und Die Beiden Zusatzprotokolle vom 8. Juni 1977 sowie das Abkommen betreffend die Gesetze und Gebräuche des Landkrieges vom 18. Oktober 1907 und Anlage

Zusatzprotokoll I – Abschnitt III – Vermisste und Tote

Artikel 33: Vermisste

(1) Sobald die Umstände es zulassen, spätestens jedoch nach Beendigung der aktiven Feindseligkeiten, forscht jede am Konflikt beteiligte Partei nach dem Verbleib der Personen, die von einer gegnerischen Partei als vermisst gemeldet worden sind. Die gegnerische Partei erteilt alle zweckdienlichen Auskünfte über diese Personen, um die Suche zu erleichtern.

(2) Um die Beschaffung der Auskünfte nach Absatz 1 zu erleichtern, hat jede am Konflikt beteiligte Partei für Personen, die nicht auf Grund der Abkommen und dieses Protokolls eine günstigere Behandlung erfahren würden,

(a) die in Artikel 138 des IV. Abkommens genannten Auskünfte über Personen zu registrieren, die infolge von Feindseligkeiten oder Besetzung festgenommen, in Haft gehalten oder anderweitig mehr als zwei Wochen gefangengehalten worden sind oder die während eines Freiheitsentzugs verstorben sind;

(b) soweit irgend möglich die Beschaffung und Registrierung von Auskünften über solche Personen zu erleichtern und erforderlichenfalls selbst durchzuführen, wenn sie unter anderen Umständen infolge von Feindseligkeiten oder Besetzung verstorben sind.

(3) Auskünfte über die nach Absatz 1 als vermisst gemeldeten Personen sowie Ersuchen um Erteilung solcher Auskünfte werden entweder unmittelbar oder über die Schutzmacht oder den Zentralen Suchdienst des Internationalen Komitees vom Roten Kreuz oder die nationalen Gesellschaften des Roten Kreuzes (Roten Halbmonds, Roten Löwen mit Roter Sonne) geleitet. Werden die Auskünfte nicht über das Internationale Komitee vom Roten Kreuz und seinen Zentralen Suchdienst geleitet, so trägt jede am Konflikt beteiligte Partei dafür Sorge, dass die Auskünfte auch dem Zentralen Suchdienst übermittelt werden.

(4)   Die am Konflikt beteiligten Parteien bemühen sich, Regelungen zu vereinbaren, die es Gruppen ermöglichen, im Kampfgebiet nach Toten zu suchen, sie zu identifizieren und zu bergen; diese Regelungen können vorsehen, dass diese Gruppen von Personal der gegnerischen Partei begleitet werden, wenn sie ihren Auftrag in den von dieser Partei kontrollierten Gebieten ausführen. Die Mitglieder dieser Gruppen werden geschont und geschützt, solange sie sich ausschließlich diesem Auftrag widmen.

II. Explanatory note for the submission of information on enforced or involuntary disappearances of persons

Reports of enforced or involuntary disappearances of persons may be transmitted to the Working Group on Enforced or Involuntary Disappearances of the Commission of Human Rights, c/o Centre for Human Rights, United Nations Office at Geneva, CH-1211 Geneva 10, Switzerland, cable address UNATIONS GENEVA, telex 289696.

Experience has shown that information on the enforced or involuntary disappearance of a person varies greatly in detail by reason of the nature of each case and the surrounding circumstances. While it is important to receive as much information as possible, missing details should not prevent the submission of reports. However, the Working Group can only deal with clearly identified individual cases containing the following minimum elements of information:

–   Full name of the missing person (including any available data relevant to the missing person's identification, such as national identity document number, photograph, etc.);
–   Year, month, day of the disappearance;
–   Place of arrest or abduction or where the missing person was last seen;
–   Indication of the persons believed to have carried out the arrest or abduction;
–   Indication of the action taken by the relatives or others to locate the missing person (inquiries with authorities, habeas corpus petitions, etc.);
–   Identity of the person or organization submitting the report (name and address, which will be kept confidential upon request).

Information on the enforced or involuntary disappearance of a person may be submitted in any written form, in urgent cases preferably by cable or telex. In submitting such reports, consideration may be given to preparing a narrative summary of the events and providing, to the extent possible, the information listed on the attached form. A photograph of the missing person and annexes, such as habeas corpus petitions or statements of witnesses, can be sent with the suggested form. Please send only copies of documents, the originals should remain in your files. The person or organization making the reports should be clearly identified and an address should be given at which they can be contacted. If the author of the report is not a relative of the missing person, but acts, directly or indirectly, upon the family's request, he should remain in contact with the family, since any replies obtained by the Working Group on the missing person's fate or whereabouts are for the exclusive information of the relatives.

Report on the enforced or involuntary disappearance of a person

I. Identity of the person subjected to enforced or involuntary disappearance
1. Family name:
2. First name:
3. Sex: Male, Female
4. Birth date or age (at time of disappearance):
5. Nationality (ies):
6. Civil status (single, married, etc.):
7. Identity document/ Nr.
8. Profession:
9. Adress of usual residence:
10. Activities: (trade union, political, religious, humanitarian/solidarity, press, etc.)

II. Date of disappearance
–   Year, month, day and hour when missing person was arrested or abducted:
–   Year, month, day and hour when missing person was last seen:
–   Other indications relating to date of disappearance:

III. Place of disappearance
(Please indicate as precisely as possible country, province, city, location, etc. and if identical with home address)
–   Place where missing person was arrested or abducted:
–   Place where missing person was last seen:
–   If subsequent to the disappearance of the person information was received about him/her being detained, please indicate, if possible, the places (official or others) and period of detention, as well as the source of the information, in particular witnesses who have seen the disappeared person in captivity. (Do you wish the identity of the witnesses or sources to be kept confidential?)
–   Other indications concerning the place of disappearance:

IV. Forces believed to be responsible for the disappearance
–   If the person was arrested or abducted, please indicate who carried out the arrest: military, police, persons in uniform or civilian clothes, agents of security services, unidentified; whether these agents identi-fied themselves (with credentials, orally, etc.); whether they were

armed; whether they appeared to act with impunity; whether a vehicle was used (official, with or without licence plages, etc.).
–   If the forces or agents who carried out the arrest or abduction cannot be identified, state why you believe that Government authorities, or persons linked to them, are responsible for the disappearance:
–   If the arrest or abduction took place in the presence of witnesses indicate the names of the witnesses. If the witnesses have not identified themselves or wish to withhold their names, indicate if they are relatives, neighbours, bypassers, etc.:
–   If any written evidence of the arrest exists, please describe (arrest order, communiqués, official notes, letters, etc.):
–   If a search took place of the missing person's domicile, office of place of work (or that of any other person connected with him/her), before, during or after the disappearance, please indicate and describe the search:
–   If someone was questioned concerning the disappeared person by agents of the security services, official authorities or other persons related to them, before of after the arrest (or disappearance), please indicate and provide available information concerning the questioning:

V.   National action (legal or other) on behalf of the missing person
–   Habeas corpus, amparo or similar:
–   Nature of the action:
–   Date:
–   Tribunal:
–   Result (date and nature):
–   If a judicial decision exists please indicate its contents, if possible:
B.   Criminal complaints
–   Nature of the action:
–   Date:
–   Tribunal:
–   Result (date and nature):
–   If a judicial decision exists please indicate its contents, if possible:
–   Other measures taken at the national level
(Letters, petitions, etc., or other steps taken before the civil or military authorities):

VI.   Measures taken at the international level on behalf of the missing person
–   Organizations addressed:
–   Date:
–   Result (date and nature):

VII. Related cases of arrest or disappearance, in particular missing relatives of children
- Please give a narrative account indicating relevant names, dates and places:
- If the missing person was pregnant at the time of disappearance, please indicate the date on which her baby might have been born:

VIII. Information concerning the author of the present report
- Surname:
- First name:
- Nationality (ies):
- Relationship with the missing person:
- Present address:
- Telephone:

IX. Confidentiality
- Please state whether the author of the present report wishes his/her identity to be kept confidential:

Note: If any information contained in the present report should be kept confidential please print the word »CONFIDENTIAL« beside the relevant entry.

X. Date
- Signature of author:

III. UN General Assembly: Declaration on the Protection of all Persons from Enforced Disappearance (Resolution 47/133 of 18 December 1992)

(www.unchr.ch/huridoca.nsf/Sym.../A.RES.47.133.En?OpenDocument)

Draft International Convention on the Protection of All Persons from Forced Disappearance

PREAMBLE

The States Parties to this Convention,

Considering that, in accordance with the principles proclaimed in the Charter of the United Nations and other international instruments, recognition of the inherent dignity and of the equal and inalienable rights of all members of the human family is the foundation of freedom, justice and peace in the world,

Bearing in mind the obligation of States under the Charter, in particular Article 55, to promote universal respect for, and observance of, human rights and fundamental freedoms,

Taking into account that any act of forced disappearance of a person constitutes an offence to human dignity, is a denial of the purposes of the Charter and is a gross and flagrant violation of the human rights and fundamental freedoms proclaimed in the Universal Declaration of Human Rights, and reaffirmed and developed in other international instruments in this field,

In view of the fact that any act of forced disappearance of a person constitutes a violation of the rules of international law guaranteeing the right to recognition as a person before the law, the right to liberty and security of the person, and the right not to be subjected to torture and other cruel, inhuman or degrading treatment or punishment,

Considering that forced disappearance undermines the deepest values of any society committed to the respect of the rule of law, human rights and fundamental freedoms, and that the systematic or widespread practice of such acts constitutes a crime against humanity,

Recognizing that forced disappearance violates the right to life or puts it in grave danger and denies individuals the protection of the law,

Taking into account the Declaration on the Protection of All Persons from Enforced Disappearance adopted by the General Assembly of the United Nations,

Recalling the protection afforded to victims of armed conflicts by the

Geneva Conventions of 12 August 1949 and the Additional Protocols thereto of 1977,

Having regard in particular to the relevant articles of the Universal Declaration of Human Rights and the International Covenant on Civil and Political Rights, which protect the right to life, the right to liberty and security of the person, the right not to be subjected to torture and the right to recognition as a person before the law,

Having regard also to the Convention against Torture and Other Cruel, Inhuman or Degrading Treatment or Punishment, which provides that States Parties shall take effective measures to prevent and punish acts of torture,

Bearing in mind the Code of Conduct for Law Enforcement Officials, the Basic Principles on the Use of Force and Firearms by Law Enforcement Officials, the Declaration of Basic Principles of Justice for Victims of Crime and Abuse of Power, the Standard Minimum Rules for the Treatment of Prisoners, and the Principles of international cooperation in the detection, arrest, extradition and punishment of persons guilty of war crimes and crimes against humanity,

Affirming that, in order to prevent acts that contribute to forced disappearances it is necessary to ensure strict compliance with the Body of Principles for the Protection of All Persons under Any Form of Detention or Imprisonment, adopted by the General Assembly on 9 December 1988, and the Principles on the Effective Prevention and Investigation of Extra-legal, Arbitrary and Summary Executions, endorsed by the General Assembly on 15 December 1989,

Taking into account also the Vienna Declaration and Programme of Action adopted by the World Conference on Human Rights on 25 June 1993,

Wishing to increase the effectiveness of the struggle against forced disappearances of persons throughout the world,

Have agreed as follows:

Part I

Article 1

1. For the purposes of this Convention, forced disappearance is considered to be the deprivation of a person's liberty, in whatever form or for whatever reason, brought about by agents of the State or by persons or groups of persons acting with the authorization, support or acquiescence of the State, followed by an absence of information, or refusal to acknowledge the deprivation of liberty or information, or concealment of the fate or whereabouts of the disappeared person.

2. This article is without prejudice to any international instrument or national legislation that does or may contain provisions of broader application, especially with regard to forced disappearances perpetrated by groups or individuals other than those referred to at paragraph 1 of this article.

Article 2

1. The perpetrator of and other participants in the offence of forced disappearance or of any constituent element of the offence, as defined in article 1 of this Convention, shall be punished. The perpetrators or other participants in a constituent element of the offence as defined in article 1 of this Convention shall be punished for a forced disappearance where they knew or ought to have known that the offence was about to be or was in the process of being committed. The perpetrator of and other participants in the following acts shall also be punished:
   (a) Instigation, incitement or encouragement of the commission of the offence of forced disappearance;
   (b) Conspiracy or collusion to commit an offence of forced disappearance;
   (c) Attempt to commit an offence of forced disappearance; and
   (d)Concealment of an offence of forced disappearance.
2. Non-fulfilment of the legal duty to act to prevent a forced disappearance shall also be punished.

Article 3

1. The systematic or massive practice of forced disappearance constitutes a crime against humanity.
2. Where persons are suspected of having perpetrated or participated in an offence, as defined in articles 1 and 2 of this Convention, they should be charged with a crime against humanity where they knew or ought to have known that this act was part of a systematic or massive practice of forced disappearances, however limited the character of their participation.

Article 4

1. The States Parties undertake:
   (a) Not to practise, permit or tolerate forced disappearance;
   (b) To investigate immediately and swiftly any complaint of forced

disappearance and to inform the family of the disappeared person about his or her fate and whereabouts;

(c) To impose sanctions, within their jurisdiction, on the offence of forced disappearance and the acts or omissions referred to in article 2 of this Convention;

(d) To cooperate with each other and with the United Nations to contribute to the prevention, investigation, punishment and eradication of forced disappearance;

(e) To provide prompt and appropriate reparation for the damage caused to the victims of a forced disappearance in the terms described in article 24 of this Convention.

2. No circumstance – whether internal political instability, threat of war, state of war, any state of emergency or suspension of individual guarantees – may be invoked in order not to comply with the obligations established in this Convention.

3. The States Parties undertake to adopt the necessary legislative, administrative, judicial or other measures to fulfil the commitments into which they have entered in this Convention.

Article 5

1. The States Parties undertake to adopt the necessary legislative measures to define the forced disappearance of persons as an independent offence, as defined in article 1 of this Convention, and to define a crime against humanity, as defined in article 3 of this Convention, as separate offences, and to impose an appropriate punishment commensurate with their extreme gravity. The death penalty shall not be imposed in any circumstances. This offence is continuous and permanent as long as the fate or whereabouts of the disappeared person have not been determined with certainty.

2. The States Parties may establish mitigating circumstances for persons who, having been implicated in the acts referred to in article 2 of this Convention, effectively contribute to bringing the disappeared person forward alive, or voluntarily provide information that contributes to solving cases of forced disappearance or identifying those responsible for an offence of forced disappearance.

Article 6

1. Forced disappearance and the other acts referred to in article 2 of this Convention shall be considered as offences in every State Party. Con-

sequently, each State Party shall take the necessary measures to establish jurisdiction in the following instances:

(a) When the offence of forced disappearance was committed within any territory under its jurisdiction;

(b) When the alleged perpetrator or the other alleged participants in the offence of forced disappearance or the other acts referred to in article 2 of this Convention are in the territory of the State Party, irrespective of the nationality of the alleged perpetrator or the other alleged participants, or of the nationality of the disappeared person, or of the place or territory where the offence took place unless the State extradites them or transfers them to an international criminal tribunal.

2.   This Convention does not exclude any jurisdiction exercised by an international criminal tribunal.

Article 7

1.   Any State Party on whose territory a person suspected of having committed a forced disappearance or an act referred to in article 2 of this Convention is present, shall, if after considering the information at its disposal it deems that the circumstances so warrant, take all necessary measures to ensure the continued presence of that person in the territory and if necessary take him or her into custody. Such detention and measures shall be exercised in conformity with the legislation of that State, and may be continued only for the period necessary to enable any criminal or extradition proceedings to be instituted.

2.   Such State shall immediately make a preliminary investigation of the facts.

3.   When a State, pursuant to this article, gathers evidence of a person's responsibility but does not exercise its jurisdiction over the matter, it shall immediately notify the State on whose territory the offence was committed, informing it of the circumstances justifying the presumption of responsibility, in order to allow that State to request extradition.

Article 8

1.   States Parties shall afford one another the greatest measure of legal assistance in connection with any criminal investigation or proceedings relating to the offence of forced disappearance, including the supply of all the evidence at their disposal that is necessary for the proceedings.

2. States Parties shall cooperate with each other, and shall afford one another the greatest measure of legal assistance in the search for, location, release and rescue of disappeared persons or, in the event of death, in the return of their remains.

3. States Parties shall carry out their obligations under paragraphs 1 and 2 of this article, without prejudice to the obligations arising from any treaties on mutual legal assistance that may exist between them.

Article 9

1. No order or instruction of any public authority – civilian, military or other – may be invoked to justify a forced disappearance. Any person receiving such an order or instruction shall have the right and duty not to obey it. Each State shall prohibit orders or instructions commanding, authorizing or encouraging a forced disappearance.

2. Law enforcement officials who have reason to believe that a forced disappearance has occurred or is about to occur shall communicate the matter to their superior authorities and, when necessary, to competent authorities or organs with reviewing or remedial power.

3. Forced disappearance committed by a subordinate shall not relieve his superiors of criminal responsibility if the latter failed to exercise the powers vested in them to prevent or halt the commission of the crime, if they were in possession of information that enabled them to know that the crime was being or was about to be committed.

Article 10

1. The alleged perpetrators of and other participants in the offence of forced disappearance or the other acts referred to in article 2 of this Convention shall be tried only in the courts of general jurisdiction of each State, to the exclusion of all courts of special jurisdiction, and particularly military courts.

2. No privileges, immunities or special exemptions shall be granted in such trials, subject to the provisions of the Vienna Convention on Diplomatic Relations.

3. The perpetrators of and other participants in the offence of forced disappearance or the other acts referred to in article 2 of this Convention shall in no case be exempt from criminal responsibility including where such offences or acts were committed in the exercise of military or police duties or in the course of performing these functions.

4. The States Parties guarantee a broad legal standing in the judicial pro-

cess to any wronged party, or any person or national or international organization having a legitimate interest therein.

Article 11

1. Each State Party shall ensure that any person who alleges that someone has been subjected to forced disappearance has the right to complain to a competent and independent State authority and to have that complaint immediately, thoroughly and impartially investigated by that authority.
2. Whenever there are grounds to believe that a forced disappearance has been committed, the State shall refer the matter to that authority without delay for such an investigation, even if there has been no formal complaint. No measure shall be taken to curtail or impede the investigation.
3. Each State Party shall ensure that the competent authority has the necessary powers and resources to conduct the investigation, including powers to compel attendance of the alleged perpetrators or other participants in the offence of forced disappearance or other acts referred to in article 2 of this Convention, and of witnesses, and the production of relevant evidence. Each State shall allow immediate and direct access to all documents requested by the competent authority, without exception.
4. Each State Party shall ensure that the competent authority has access, without delay or prior notice, to any place, including those classified as being places of national security or of restricted access, where it is suspected that a victim of forced disappearance may be held.
5. Each State Party shall take steps to ensure that all persons involved in the investigation – including the complainant, the relatives of the disappeared person, legal counsel, witnesses and those conducting the investigation – are protected against ill-treatment and any acts of intimidation or reprisal as a result of the complaint or investigation. Anyone responsible for such acts shall be subject to criminal punishment.
6. The findings of a criminal investigation shall be made available upon request to all persons concerned, unless doing so would gravely hinder an ongoing investigation. However, the competent authority shall communicate regularly and without delay to the relatives of the disappeared person the results of the inquiry into the fate and whereabouts of that person.
7. It must be possible to conduct an investigation, in accordance with the procedures described above, for as long as the fate or whereabouts of the disappeared person have not been established with certainty.

8. The alleged perpetrators of and other participants in the offence of forced disappearance or other acts referred to in article 2 of this Convention shall be suspended from any official duties during the investigation.

Article 12

1. Forced disappearance shall not be considered a political offence for purposes of extradition.
2. Forced disappearance shall be deemed to be included among the extraditable offences in every extradition treaty entered into between States Parties.
3. States Parties undertake to include the offence of forced disappearance among the extraditable offences in every extradition treaty they conclude.
4. Should a State Party that makes extradition conditional on the existence of a treaty receive a request for extradition from another State Party with which it has no extradition treaty, it may consider this Convention as the necessary legal basis for extradition with respect to the offence of forced disappearance.
5. States Parties which do not make extradition conditional on the existence of a treaty shall recognize the said offence as extraditable.
6. Extradition shall be subject to the procedures established in the law of the requested State.

Article 13

When a State Party does not grant the extradition or is not requested to do so, it shall submit the case to its competent authorities as if the offence had been committed within its jurisdiction, for the purposes of investigation and, when appropriate, for criminal proceedings, in accordance with its national law. Any decision adopted by these authorities shall be communicated to the State requesting extradition.

Article 14

Forced disappearance shall not be considered a political offence, nor related to a political offence, for purposes of asylum and refuge. States Parties to this Convention shall not grant diplomatic or territorial asylum or refugee status to any person if there are substantiated grounds for believing that he or she has taken part in a forced disappearance.

Article 15

1. No State Party shall expel, return (refouler) or extradite a person to another State if there are grounds for believing that he or she would be in danger of being subjected to forced disappearance or any other serious human rights violation in that other State.
2. For the purpose of determining whether such grounds exist, the competent authorities shall take into account all relevant considerations, including, where applicable, the existence in the State in question of situations indicating gross, systematic or widespread violations of human rights.

Article 16

1. No statutory limitation shall apply to criminal proceedings and any punishment arising from forced disappearances, when the forced disappearance constitutes a crime against humanity, in accordance with article 3 of this Convention.
2. When the forced disappearance does not constitute a crime against humanity in accordance with article 3 of this Convention, the statute of limitation for the offence and the criminal proceedings shall be equal to the longest period laid down in the law of each State Party, starting from the moment when the fate or whereabouts of the disappeared person is established with certainty. When the remedies described in article 2 of the International Covenant on Civil and Political Rights are no longer effective, the prescription for the offence of forced disappearance shall be suspended until the efficacy of these remedies has been restored.
3. States Parties shall adopt any legislative or other measures necessary to bring their law into conformity with the provisions of the preceding paragraphs.

Article 17

1. The perpetrators or suspected perpetrators of and other participants in the offence of forced disappearance or the acts referred to in article 2 of this Convention shall not benefit from any amnesty measure or similar measures prior to their trial and, where applicable, conviction that would have the effect of exempting them from any criminal action or penalty.
2. The extreme seriousness of the offence of forced disappearance shall be taken into account in the granting of pardon.

Article 18

1. Without prejudice to articles 2 and 5 of this Convention, States Parties shall prevent and punish the abduction of children whose parents are victims of forced disappearance and of children born during their mother's forced disappearance, and shall search for and identify such children. As a general rule, the child will be returned to his or her family of origin. Here the best interests of the child must be taken into account and the views of the child shall be given due weight in accordance with the age and maturity of the child.

2. States Parties shall give each other assistance in the search for, identification, location and return of minors who have been removed to another State or held therein. For these purposes, States shall, as needed, conclude bilateral or multilateral agreements.

3. States Parties whose laws provide for a system of adoption shall establish through their national law the possibility of reviewing adoptions, and in particular the possibility of annulment of any adoption which has arisen from a forced disappearance. Such adoption may, however, continue in force if consent is given, at the time of the review, by the child's closest relatives. In any event, the best interests of the child should prevail and the views of the child should be given due weight in accordance with the age and maturity of the child.

4. States Parties shall impose penalties in their criminal law on the abduction of children whose parents are victims of forced disappearance or of children born during their mother's forced disappearance, and on the falsification or suppression of documents attesting to the child's true identity. The penalties shall take into account the extreme seriousness of these offences.

Article 19

States Parties shall ensure that the training of public law enforcement personnel and officials includes the necessary education on the provisions of this Convention.

Article 20

1. Without prejudice to any legal remedies for challenging the lawfulness of a deprivation of liberty, States Parties shall guarantee the right to a prompt, simple and effective judicial remedy as a means of determining the whereabouts or state of health of persons deprived of their

liberty and/or identifying the authority that ordered the deprivation of liberty and the authority that carried it out. This remedy, as well as that of habeas corpus and similar remedies, may not be suspended or restricted, even in the circumstances described in article 4, paragraph 2, of this Convention.

2.   In the framework of this remedy, and without prejudice to the powers of any judicial authority, judges acting in these cases shall enjoy the power to summon witnesses, to order the production of evidence, and to have unrestricted access to places where it may be presumed that a person deprived of liberty might be found.

3.   Any delay to or obstruction of this remedy shall result in criminal penalties.

Article 21

1.   States Parties shall establish norms under their national law indicating those officials who are authorized to order the deprivation of liberty, establishing the conditions under which such orders may be given, and stipulating the penalties for officials who do not or refuse to provide information on the deprivation of liberty of a person.

2.   Each State Party shall likewise ensure strict supervision, in accordance with a clear chain of command, of all officials responsible for apprehensions, arrests, detentions, police custody, transfers and imprisonment, and of all other law enforcement officials.

3.   Arrest, detention or imprisonment shall only be carried out strictly in accordance with the provisions of the law and by the competent authorities or persons authorized for that purpose.

4.   There shall be no restriction upon or derogation from any of the human rights of persons under any form of deprivation of liberty that are recognized, binding upon or in force in any State pursuant to law, conventions, regulations or custom on the pretext that this Convention does not recognize such rights or that it recognizes them to a lesser extent.

5.   Any form of deprivation of liberty and all measures affecting the human rights of a person under any form of deprivation of liberty shall be ordered by, or be subject to the effective control of, a judicial or other competent authority.

6.   Competent authorities shall have access to all places where there is reason to believe that persons deprived of their liberty might be found.

Article 22

1. States Parties guarantee that any person deprived of liberty shall be held solely in an officially recognized and controlled place of detention and be brought before a judge or other competent judicial authority without delay, who will also be informed of the place where the person is being deprived of liberty.

2. Accurate information on the deprivation of liberty of any person and on his or her whereabouts, including information on any transfer, the identity of those responsible for the deprivation of liberty, and the authority in whose hands the person has been placed, shall be made immediately available to the person's counsel or to any other persons having a legitimate interest in the information.

3. In every place where persons deprived of liberty are held, States Parties shall maintain an official up-to-date register of such persons. Additionally, they shall maintain similar centralized registers. The information contained in these registers shall be made available to the persons and authorities mentioned in the preceding paragraph.

4. States Parties shall identify who is the responsible person in national law for the integrity and accuracy of the custody record. Without prejudice to the provisions of articles 1, 2 and 3 of this Convention, States Parties shall make it a criminal offence for the responsible person, as defined in national law, to fail to register the deprivation of liberty of any person or to record information which is or should be known to be inaccurate in the custody record.

5. States Parties shall periodically publish lists that name the places where persons are deprived of liberty. Such places must be visited regularly by qualified and experienced persons named by a competent authority, different from the authority directly in charge of the administration of the place.

Article 23

States Parties guarantee that all persons deprived of liberty shall be released in a manner that allows reliable verification that they have actually been released and, further, have been released in conditions in which their physical integrity and their ability fully to exercise their rights are assured.

Article 24

1. States Parties guarantee, in all circumstances, the right to reparation for the harm caused to the victims of forced disappearance.

2. For the purposes of this Convention, the right to reparation comprises restitution, compensation, rehabilitation, satisfaction, and the restoration of the honour and reputation of the victims of the offence of forced disappearance. The rehabilitation of victims of forced disappearance will be physical and psychological as well as professional and legal.

3. For the purposes of this Convention, the term »victim of the offence of forced disappearance« means the disappeared person, his or her relatives, any dependant who has a direct relationship with her or him, and anyone who has suffered harm through intervening in order to prevent the forced disappearance or to shed light on the whereabouts of the disappeared person.

4. In addition to such criminal penalties as are applicable, the acts referred to in articles 2 and 3 of this Convention shall render the State liable under civil law, and the State may bring an action against those responsible in order to recover what it has had to pay, without prejudice to the international responsibility of the State concerned in accordance with the principles of international law.

Part II

Article 25

1. There shall be established a Committee against Forced Disappearance (hereinafter referred to as the Committee) which shall carry out the functions hereinafter provided. The Committee shall consist of 10 experts of high moral standing and recognized competence in the field of human rights, who shall serve in a personal and independent capacity. Membership of the Committee is incompatible with any post or function subject to the hierarchical structure of the executive authority of a State Party. The experts shall be elected by the States Parties, consideration being given to equitable geographical distribution and to the usefulness of the participation of some persons having legal experience.

2. The members of the Committee shall be elected by secret ballot from a list of persons nominated by States Parties. Each State Party may nominate not more than two persons from among its own nationals.

3. Elections of the members of the Committee shall be held at biennial meetings of States Parties convened by the Secretary-General of the United Nations. At those meetings, for which two thirds of the States Parties shall constitute a quorum, the persons elected to the Committee shall be those who obtain the largest number of votes and an absolute majority of the votes of the representatives of States Parties present and voting.

4. The initial election shall be held no later than six months after the date of the entry into force of this Convention. At least eight months before the date of each election, the Secretary-General of the United Nations shall address a letter to the States Parties inviting them to submit their nominations within three months. The Secretary-General of the United Nations shall prepare a list in alphabetical order of all the persons thus nominated, indicating the States Parties which have nominated them, and shall submit it to the States Parties, the relevant intergovernmental organizations and the relevant non-governmental organizations that enjoy consultative status with the Economic and Social Council.

5. The members of the Committee shall be elected for a term of four years. They shall be eligible for re-election if renominated. However, the term of five of the members elected at the first election shall expire at the end of two years; immediately after the first election the names of these five members shall be chosen by lot by the chairman of the meeting referred to in paragraph 3 of this article.

6. If a member of the Committee dies or resigns or for any other cause can no longer perform his Committee duties, the State Party which nominated him shall appoint another expert from among its nationals to serve for the remainder of his term, subject to the approval of the majority of the States Parties. The approval shall be considered given unless half of the States Parties respond negatively within six weeks after having been informed by the Secretary-General of the United Nations of the proposed appointment.

7. The United Nations shall be responsible for the expenses incurred by the application of this Convention.

Article 26

1. The Committee shall elect its officers for a term of two years. They may be re-elected.

2. The Committee shall establish its own rules of procedure, but these rules shall provide, inter alia, that:

(a) Six members shall constitute a quorum;

(b) Decisions of the Committee shall be made by a majority vote of the members present.

3. The Secretary-General of the United Nations shall provide the necessary staff and facilities for the effective performance of the functions of the Committee under this Convention.

4. The Secretary-General of the United Nations shall convene the initial meeting of the Committee. After its initial meeting, the Committee shall meet at such times as shall be provided in its rules of procedure.

5. With the approval of the General Assembly, the members of the Committee shall receive emoluments from United Nations resources on such terms and conditions as the Assembly may decide in the light of the importance of the functions of the Committee.

Article 27

1. The States Parties shall submit to the Committee, through the Secretary-General of the United Nations, reports on the measures they have taken to give effect to their undertakings under this Convention, within one year after the entry into force of the Convention for the State Party concerned. In connection with the submission of the first report of each State Party concerned, the Committee may make a visit to the territory under the control of that State Party. The State Party concerned shall provide all the necessary facilities for such a visit including the entry into the country and access to such places and meeting with such persons as may be required for carrying out the mission of the visit. Thereafter the States Parties shall submit supplementary reports at the request of the Committee.

2. The Secretary-General of the United Nations shall transmit the reports to all States Parties.

3. Each report shall be considered by the Committee which may make such comments, observations and recommendations as it may consider appropriate and shall forward the said comments, observations and recommendations to the State Party concerned. That State Party may respond with any observations it chooses to the Committee.

4. The Committee may, at its discretion, decide to include any comments, observations and recommendations made by it in accordance with paragraph 3 of this article, together with the observations thereon received from the State Party concerned, in its annual report made in accordance with article 33. If so requested by the State Party concerned, the Committee may also include a copy of the report submitted under paragraph 1 of this article.

Article 28

1. If the Committee receives reliable information which appears to it to contain well-founded indications that forced disappearance is being systematically or widely practised in the territory under the control of a State Party, the Committee shall invite that State Party to cooperate in the examination of the information and to this end to submit observations with regard to the information concerned.

2. Taking into account any observations which may have been submitted by the State Party concerned, as well as any other relevant information available to it, the Committee may, if it decides that this is warranted, designate one or more of its members to make an inquiry and to report to the Committee urgently.

3. If an inquiry is made in accordance with paragraph 2 of this article, the Committee shall seek the cooperation of the State Party concerned. In agreement with that State Party, such an inquiry may include a visit to the territory under its control. At least one member of the Committee, who may be accompanied if necessary by interpreters, secretaries and experts, shall be responsible for conducting the missions which include visits to the territory under the control of the State Party. No member of the delegation, with the exception of the interpreters, may be a national of the State to which the visit is to be made.

4. The Committee shall notify the Government of the State Party concerned in writing of its intention to organize a mission, indicating the composition of the delegation. During its mission the Committee may make such visits as it may consider necessary in order to fulfil its commitments. If one of the two parties so desires, the Committee and the State Party concerned may, before a mission is carried out, hold consultations in order to define the practical arrangements for the mission without delay. The consultations concerning the practical arrangements for the mission may not include negotiations concerning the obligations for a State Party arising out of this Convention.

5. After examining the report submitted by its member or members in accordance with paragraph 2 of this article, the Committee shall transmit its report to the State Party concerned, together with its conclusions, observations and recommendations.

6. After the proceedings have been completed with regard to an inquiry made in accordance with paragraph 2, the Committee may, after consultation with the State Party concerned, include the results of the proceedings together with the conclusions, observations and recommendations in its annual report made in accordance with article 33.

Article 29

A State Party to this Convention may submit to the Committee communications to the effect that another State Party is not fulfilling its obligations under this Convention. Communications received under this article shall be dealt with in accordance with the following procedure:

(a) If a State Party considers that another State Party is not giving effect to the provisions of this Convention, it may, by written communication, bring the matter to the attention of that State Party. Within three months after the receipt of the communication the receiving State shall afford the State which sent the communication an explanation or any other statement in writing clarifying the matter, which should include, to the extent possible and pertinent, reference to domestic procedures and remedies taken, pending or available in the matter;

(b) If the matter is not adjusted to the satisfaction of both States Parties concerned within six months after the receipt by the receiving State of the initial communication, either State shall have the right to refer the matter to the Committee, by notice given to the Committee and to the other State;

(c) The Committee shall deal with a matter referred to it under this article only after it has ascertained that all domestic remedies have been invoked and exhausted in the matter, in conformity with the generally recognized principles of international law. This shall not be the rule where the application of the remedies is unreasonably prolonged or is unlikely to bring effective relief to the person who is the victim of the violation of this Convention;

(d) The Committee shall hold closed meetings when examining communications under this article;

(e) Subject to the provisions of subparagraph (c), the Committee shall make available its good offices to the State Parties concerned with a view to a friendly solution of the matter on the basis of respect for the obligations provided for in this Convention. For this purpose, the Committee may, when appropriate, set up an ad hoc conciliation commission;

(f) In any matter referred to it under this article, the Committee may call upon the States Parties concerned, referred to in subparagraph (b), to supply any relevant information;

(g) The States Parties concerned, referred to in subparagraph (b), shall have the right to be represented when the matter is being considered by the Committee and to make submissions orally and/or in writing;

(h) The Committee shall, within 12 months after the date of receipt of notice under subparagraph (b), submit a report:

(i) If a solution within the terms of subparagraph (e) is reached, the Committee shall confine its report to a brief statement of the facts and of the solutions reached;

(ii) If a solution within the terms of subparagraph (e) is not reached, the Committee shall confine its report to a brief statement of the facts; the written submissions and record of the oral submissions made by the States Parties concerned shall be attached to the report. In every matter, the report shall be communicated to the States Parties concerned.

Article 30

1. Any person or group of persons under the jurisdiction of a State Party or any non-governmental organization may submit communications to the Committee concerning a violation of the provisions of this Convention by a State Party.

2. The Committee shall consider inadmissible any communication under this article which is anonymous or which it considers to be an abuse of the right of submission of such communications or to be incompatible with the provisions of this Convention.

3. Subject to the provisions of paragraph 2, the Committee shall bring any communications submitted to it under this article to the attention of the State Party to this Convention which is alleged to be violating any provisions of the Convention. Within six months, the receiving State shall submit to the Committee written explanations or statements clarifying the matter and the remedy that may have been taken by that State.

4. The Committee shall consider communications received under this article in the light of all information made available to it by or on behalf of the author of the communication referred to in paragraph 1 and by the State Party concerned. The Committee may, if it deems it necessary, organize hearings and investigation missions. For these purposes the Committee shall be governed by paragraphs 3 and 4 of article 28.

5. The Committee shall not consider any communications from an individual under this article unless it has been ascertained that:

    (a) The same matter has not been, and is not being, examined under another procedure of international investigation or settlement;

    (b) The author of the communication has exhausted all domestic remedies. This shall not be the rule if, in the domestic legislation of the State Party, there is no effective remedy to protect the right alleged to have been violated, if access to domestic remedies has been prevented, if the application of the remedies is unreasonably

prolonged or if it is unlikely that application of the remedies
would improve the situation of the person who is the victim of the
violation.

6. The Committee shall hold closed meetings when examining communications under this article.

7. In urgent cases the Committee may request the State Party concerned
to take whatever protective measures it may deem appropriate, when
there is a need to avoid irreparable damage. When the Committee is
carrying out its functions of considering communications submitted to
it, the request to adopt such measures and their adoption shall not pre-
judge its final decision.

8. The Committee shall forward its views to the State Party concerned
and to the individual.

Article 31

1. The Committee may undertake any effective procedure to seek and
find persons who have disappeared within the meaning of this Convention, either on its own initiative or at the request of a State Party, an
individual, a group of individuals or a non-governmental organization.

2. The Committee shall consider inadmissible any request received under
this article which is anonymous or which it considers to be an abuse of
the right of submission of such requests or to be incompatible with the
provisions of this Convention. In no case may the exhaustion of
domestic remedies be required.

3. The Committee may, if it decides that this is warranted, appoint one or
more of its members to undertake an investigation mission and to report
to the Committee urgently. The Committee shall be governed by the
provisions of paragraphs 3 and 4 of article 28 of this Convention.

4. The Committee shall discharge this function in a strictly neutral and
humanitarian capacity.

Article 32

The members of the Committee and persons accompanying them on mission
in the territory of the States Parties referred to in articles 28, 29 and 31 shall
be entitled to the facilities, privileges and immunities of experts on mission
for the United Nations as laid down in the relevant sections of the Convention on the Privileges and Immunities of the United Nations.

Article 33

1. The Committee shall submit an annual report on its activities under this Convention to the States Parties and to the General Assembly of the United Nations.
2. To ensure that its observations and recommendations are followed up, the Committee shall include in the report referred to in paragraph 1 of this article the measures taken by the States Parties to guarantee effective compliance with the observations and recommendations made in accordance with articles 27, 28, 29, 30 and 31 of this Convention.

Part III

Article 34

1. This Convention is open for signature by all States.
2. This Convention is subject to ratification. Instruments of ratification shall be deposited with the Secretary-General of the United Nations.

Article 35

This Convention is open to accession by all States. Accession shall be effected by the deposit of an instrument of accession with the Secretary-General of the United Nations.

Article 36

No State can, at the time of signature or ratification of this Convention or accession thereto, make reservations concerning articles 1 to 24 and article 31 of this Convention, nor make a reservation the effect of which would inhibit the operation of any of the bodies established by this Convention.

Any State Party having made a reservation in accordance with paragraph 1 of this article may, at any time, withdraw this reservation by notification to the Secretary-General of the United Nations.

Article 37

This Convention shall enter into force on the thirtieth day following the date of deposit of the tenth instrument of ratification or accession.

For each State ratifying or acceding to this Convention after the deposit of the tenth instrument of ratification or accession, the Convention shall enter into force on the thirtieth day after the deposit by such State of its instrument of ratification or accession.

Article 38

The Secretary-General of the United Nations shall inform all States Members of the United Nations and all States which have signed this Convention or acceded to it of the following:
(a) Signatures, ratifications and accessions under articles 34 and 35;
(b) The date of entry into force of this Convention under article 37.

Article 39

This Convention, of which the Arabic, Chinese, English, French, Russian and Spanish texts are equally authentic, shall be deposited with the Secretary-General of the United Nations.

The Secretary-General of the United Nations shall transmit certified copies of this Convention to all States.

IV. 14-Punkte-Programm zur Verhinderung von »Verschwindenlassen«

Amnesty International
(http://www2.amnesty.de/internet/deall.nsf/0/8b90c321f10a8a62c1256ef90
036c5b9?OpenDocument)

Einleitung

Wird ein Mensch von staatlichen Organen festgenommen, die Inhaftierung jedoch nicht bestätigt, und jede Information über Schicksal und Verbleib des Opfers fehlt, spricht man von »Verschwindenlassen«. Für die »Verschwundenen« und ihre Familien bedeutet diese schwere Form der Menschenrechtsverletzung unermeßliches Leid. Die Opfer werden von einem auf den anderen Tag aus ihrer Umgebung gerissen und dem Schutz der Gesetze entzogen. Häufig müssen sie Folterungen erleiden; viele tauchen niemals wieder auf. Die Familien werden in quälender Ungewißheit über den Verbleib ihrer »verschwundenen« Angehörigen gelassen. Sie wissen nicht, ob die geliebte Person getötet worden ist oder noch lebt.

Die Vereinten Nationen haben das »Verschwindenlassen« als schwere Menschenrechtsverletzung verurteilt und die systematische Praxis des »Verschwindenlassens« als Verbrechen gegen die Menschlichkeit bezeichnet. Doch noch immer »verschwinden« Jahr für Jahr weltweit Tausende von Menschen; die Zahl derjenigen, über deren Verbleib niemals Rechenschaft abgelegt worden ist, hat eine unvorstellbare Größenordnung erreicht. Es muß unverzüglich gehandelt werden, um weitere Fälle von »Verschwindenlassen« zu verhindern, das Schicksal der bislang »Verschwundenen« aufzuklären und die dafür Verantwortlichen vor Gericht zu stellen und zur Rechenschaft zu ziehen.

Amnesty International ruft alle Regierungen auf, das nachfolgende 14-Punkte-Programm zur Verhütung von »Verschwindenlassen« in die Tat umzusetzen. Sie lädt alle betroffenen Personen und Organisationen ein, dieses Programm zu unterstützen und voranzutreiben. Wenn die Regierungen die vorgeschlagenen Maßnahmen in ihrer Gesamtheit ergreifen, setzen sie damit ein Zeichen, daß sie gewillt sind, das »Verschwindenlassen« von Menschen zu unterbinden und für die weltweite Beendigung dieser menschenrechtsverletzenden Praxis einzutreten.

Neben den 14 Punkten führt dieser Text auch relevante Quellen in internationalen Menschenrechtsinstrumenten an. Siehe dazu die Erklärung der Abkürzungen.

1. Offizielle Verurteilung des »Verschwindenlassens«

Die höchsten Vertreter eines jeden Staates sollten ihre bedingungslose Ablehnung des »Verschwinden«- lassens deutlich zum Ausdruck bringen. Sie sollten den Angehörigen von Polizei, Militär und anderen Sicherheitskräften unmißverständlich klarmachen, daß das »Verschwinden«- lassen von Menschen unter keinen Umständen geduldet wird.

»Kein Staat darf das gewaltsam verursachte Verschwinden in der Praxis anwenden, erlauben oder dulden« (Verschwundenen-Deklaration, Art. 2,1).

2. Eindeutige Befehlsstruktur und übergreifende Kontrolle der Sicherheitskräfte

Die für die Sicherheitskräfte Verantwortlichen sind aufgerufen, durch klare Befehle und strikte Kontrolle sicherzustellen, daß niemals mehr Menschen im Gewahrsam der Sicherheitskräfte dem »Verschwinden«- lassen zum Opfer fallen.

»Jeder Staat soll ebenso sicherstellen, daß alle Beamte mit Polizeibefugnissen, die für die Ergreifung, Festnahme, Inhaftierung, Verlegung und die Haft verantwortlich sind, sowie alle übrigen Beamte, die zum Gebrauch von Schußwaffen berechtigt sind, einer strikten Überwachung und klaren Befehlsstrukturen unterliegen« (Verschwundenen-Deklaration, Art. 12,2).

Mit Befehlsgewalt ausgestattete Beamte, die das »Verschwinden«- lassen von Personen anordnen oder derartige Praktiken ihrer Untergebenen tolerieren, müssen dafür strafrechtlich zur Verantwortung gezogen werden.

3. Informationspflicht über Verhaftungen und Freilassungen

Über die Festnahme einer Person, ihren Haftort, ihre eventuelle Verlegung oder Freilassung sollten Familienangehörige, Rechtsanwälte und Gerichte unverzüglich und unter Angabe genauer Daten informiert werden.

»Über die Festnahme einer Person, ihren Haftort oder ihre Verlegung sollten Familienangehörige, Rechtsanwälte und andere Personen, die ein legitimes Interesse haben, umfassend informiert werden, sofern die betreffende Person nicht gegenteilige Wünsche geäußert hat« (Verschwundenen-Deklaration, Art. 10,2).

Die Freilassung von Gefangenen sollte in einer Weise erfolgen, die sie nachprüfbar macht und die die weitere Sicherheit der Haftentlassenen gewährleistet.

»Alle Gefangenen müssen in einer Weise freigelassen werden, die es erlaubt, zuverlässig festzustellen, daß der Gefangene tatsächlich aus der Haft entlassen worden ist und daß er bei seiner Freilassung körperlich unversehrt und in der Lage war, seine ihm zustehenden Rechte umfassend wahrzunehmen« (Verschwundenen-Deklaration, Art. 11).

4. Mechanismen zur Feststellung des Verbleibs und zum Schutz von Gefangenen

Regierungen sind aufgerufen sicherzustellen, daß Familienangehörige und Rechtsanwälte über effiziente Rechtsbehelfe verfügen, die es ihnen ermöglichen, über den Aufenthaltsort von Gefangenen unverzüglich Auskunft einzuholen, die für die Festnahme verantwortliche Behörde auszumachen, die persönliche Sicherheit von Häftlingen einzuklagen und die Freilassung willkürlich festgenommener Personen zu erwirken.

»Zur Verhütung des gewaltsam verursachten Verschwindens unter allen Umständen (unter anderem den in Artikel 7 genannten) ist es erforderlich, ein Recht auf effektive Rechtsmittel zu verankern, die es ermöglichen, unverzüglich den Aufenthaltsort oder Gesundheitszustand von Gefangenen festzustellen und die Behörde auszumachen, die die Festnahme angeordnet oder durchgeführt hat« (Verschwundenen-Deklaration, Art. 9,1).

5. Keine geheime Haft

Regierungen sollen sicherstellen, daß Gefangene ausschließlich an öffentlich bekannten Orten in Haft gehalten werden. »Jede vom Freiheitsentzug betroffene Person muß an öffentlich bekannten Orten in Haft gehalten werden …« (Verschwundenen-Deklaration, Art. 10,1).

Es sollten in den einzelnen Haftzentren und an zentraler Stelle Haftregister geführt werden.

»An jedem Haftort müssen aktuelle Register über alle Personen geführt werden, die dort inhaftiert sind. Außerdem sollte jeder Staat Maßnahmen ergreifen, um ähnliche zentrale Register zu führen …« (Verschwundenen-Deklaration, Art. 10,3).

In diese Register sollten Angehörige von Gefangenen, Rechtsanwälte, Richter, mit der Aufklärung des Verbleibs von Häftlingen befaßte offizielle Stellen und jede andere Person, die ein berechtigtes Interesse geltend macht, Einblick nehmen können.

»Die in diesen Registern enthaltenen Informationen müssen (Angehörigen von Gefangenen, Rechtsanwälten, Richtern, mit der Aufklärung des Verbleibs von Häftlingen befaßte offizielle Stellen und jeder anderen Person, die ein berechtigtes Interesse geltend macht), allen gerichtlichen oder anderen zuständigen und unabhängigen staatlichen Behörden zugänglich sein,

ebenso allen auf der Grundlage innerstaatlicher Rechtsvorschriften oder
völkerrechtlicher Instrumente, deren Vertragspartei der betreffende Staat ist,
zuständigen Behörden, die auf der Suche nach Spuren über den Verbleib in-
haftierter Personen sind« (Verschwundenen-Deklaration, Art. 10,3).
Geheime Haft muß unterbunden werden.

6. Festnahme und Inhaftierung nur durch gesetzlich legitimierte Behörden

Festnahme und Inhaftierung sollten nur von Beamten ausgeführt werden,
die per Gesetz dazu legitimiert sind.

»Die Festnahme, Haft oder Strafgefangenschaft muß streng im Einklang
mit den gesetzlichen Bestimmungen stehen und darf nur von zuständigen
Amtspersonen oder hierzu ermächtigten Personen vorgenommen bezie-
hungsweise vollstreckt werden« (Grundsatzkatalog, Grundsatz 2).

Bei Verhaftungen sollten sie sich gegenüber dem Verdächtigen ausweisen
und im Falle der Anwesenheit von Augenzeugen auf Verlangen auch ihnen
gegenüber ihre Berechtigung zur Festnahme dokumentieren.

Aufgabe der Regierung ist es, eindeutige Regelungen zu treffen, welche
Behörde Festnahme- und Inhaftierungsvollmachten besitzen. Verstöße gegen geltende Vorschriften müssen geahndet werden.

»Die innerstaatlichen Rechtsvorschriften eines jeden Staates sollten Bestimmungen enthalten, auf deren Grundlage die zur Festnahme oder Inhaftierung von Personen berechtigten Stellen bestimmt und die Bedingungen
für eine solche Festnahme oder Inhaftierung festgelegt werden und die darüber hinaus Strafen für Beamte vorsehen, die ohne Rechtsgrundlage Auskünfte über eine Inhaftierung verweigern« (Verschwundenen-Deklaration,
Art. 12,1).

»Die Staaten sollten jede Handlung, die den in diesen Grundsätzen enthaltenen Rechten und Pflichten zuwiderläuft, gesetzlich verbieten, unter
entsprechende Strafandrohung stellen und bei Beschwerden unparteiische
Ermittlungen anstellen« (Grundsatzkatalog, Grundsatz 7,1).

7. Zugang zu Gefangenen

Alle in Haft genommenen Personen sollten unverzüglich den Justizbehör-
den überstellt werden.

»Jede vom Freiheitsentzug betroffene Person muß an öffentlich bekannten
Orten in Haft gehalten werden und den innerstaatlichen Rechtsvorschriften
entsprechend unmittelbar nach ihrer Inhaftierung einer richterlichen Behörde
vorgeführt werden« (Verschwundenen-Deklaration, Art. 10,1).

Familienangehörige, Rechtsanwälte und Ärzte müssen das Recht besitzen, Gefangene unmittelbar nach ihrer Festnahme und auch anschließend regelmäßig besuchen zu können.

»Das Recht des Inhaftierten oder Strafgefangenen, Besuche seines Verteidigers zu empfangen, sich mit ihm zu beraten und mit ihm ohne Verzögerung oder Zensur und in voller Vertraulichkeit zu verkehren, darf nur bei Vorliegen von durch Gesetz oder rechtmäßige Vorschriften bestimmte außergewöhnliche Umständen aufgehoben oder eingeschränkt werden, wenn dies nach Dafürhalten eines Richters oder einer Behörde zur Aufrechterhaltung von Sicherheit und Ordnung unerläßlich ist« (Grundsatzkatalog, Grundsatz 18,3).

»Der Inhaftierte oder Strafgefangene hat das Recht, Besuche zu empfangen, insbesondere von seinen Familienangehörigen, und insbesondere mit diesen schriftlich zu verkehren, und es ist ihm ausreichend Gelegenheit zu bieten, Verbindung zur Außenwelt zu haben, vorbehaltlich angemessener Bedingungen und Einschränkungen, wie sie durch Gesetz oder recht mäßige Vorschriften bestimmt sind« (Grundsatzkatalog, Grundsatz 19).

In allen Haftorten sollten regelmäßige, unabhängige, unangekündigte und von einschränkenden Bedingungen freie Inspektionen stattfinden.

Zur Überwachung der strikten Einhaltung der einschlägigen Rechtsvorschriften sind die Haftanstalten regelmäßig von geeigneten und erfahrenen Personen zu besuchen, die von einer zuständigen Behörde ernannt und dieser verantwortlich sind, welche nicht mit der Behörde identisch ist, die unmittelbar mit der Verwaltung der Haft- oder Strafanstalt betraut ist« (Grundsatzkatalog, Grundsatz 29,1).

8. Gesetzliches Verbot von »Verschwindenlassen«

Regierungen sollten sicherstellen, daß das »Verschwinden«- lassen als Straftat definiert und entsprechend geahndet wird.

»Jedes gewaltsam verursachte Verschwinden soll als Straftat definiert und durch angemessene Strafen, die die extreme Schwere der Tat berücksichtigen, geahndet werden« (Verschwundenen-Deklaration, Art. 4,1).

Keinesfalls, auch nicht in Fällen eines Krieges oder Notstands, dürfen das Verbot des »Verschwinden«-lassens aufgehoben oder Garantien zur Verhinderung derartiger menschenrechtsverletzender Praktiken außer Kraft gesetzt werden.

»Keinesfalls, auch nicht in Fällen eines drohenden Krieges oder eines tatsächlichen Kriegszustandes, einer innerstaatlichen politischen Instabilität oder eines anderen Notstands, dürfen irgendwelche Umstände als Rechtfertigung für das gewaltsam verursachte Verschwinden angeführt werden« (Verschwundenen-Deklaration, Art. 7).

»Zur Verhütung des gewaltsam verursachten Verschwindens unter allen Umständen (unter anderem den in Artikel 7 genannten) ist es erforderlich, ein Recht auf effektive Rechtsmittel zu verankern, die es ermöglichen, unverzüglich den Aufenthaltsort oder Gesundheitszustand von Gefangenen festzustellen und die Behörde auszumachen, die die Festnahme angeordnet oder durchgeführt hat« (Verschwundenen-Deklaration, Art. 9,1).

9. Individuelle Verantwortlichkeit

Bei der Aus- und Fortbildung von Beamten, die Festnahme- und Inhaftierungsbefugnisse besitzen, sollte das Verbot des »Verschwinden«- lassens angemessenen Stellenwert erhalten. Die Beamten sollten darüber belehrt werden, daß sie das Recht und die Pflicht haben, sich jedweder Aufforderung zur Beteiligung am »Verschwinden«- lassen von Menschen zu widersetzen. Ihnen muß bewußt gemacht werden, daß sie sich im Falle ihrer Verwicklung in das »Verschwinden« von Personen unter keinen Umständen auf Befehle vorgesetzter Beamter oder staatlicher Behörden berufen können.

»1. Die Befehle oder Instruktionen öffentlicher ziviler, militärischer oder anderer Behörden dürfen nicht als Rechtfertigung für das gewaltsam verursachte Verschwinden dienen. Jede Person, die eine solche Anordnung oder Instruktion erhält, hat das Recht und die Pflicht, sich ihr zu widersetzen.

2. Jeder Staat hat sicherzustellen, daß Befehle oder Instruktionen, die gewaltsam verursachtes Verschwinden anweisen, dazu ermächtigen oder ermutigen, verboten werden.

3. Die oben genannten Bestimmungen sollten Bestandteil der Aus- und Fortbildung von Beamten mit Polizeibefugnissen sein« (Verschwundenen-Deklaration, Art. 6).

10. Unabhängige Untersuchungen

Regierungen sollten sicherstellen, daß sämtliche Beschwerden und Berichte über das »Verschwinden«- lassen von Menschen unparteiisch und wirkungsvoll von einem Gremium untersucht werden, das gegenüber den Adressaten der Vorwürfe Unabhängigkeit besitzt und mit den notwendigen Befugnissen und Mitteln für effiziente Ermittlungen ausgestattet ist.

»Jeder Staat soll sicherstellen, daß jede Person, die Kenntnis davon hat, daß jemand Opfer des gewaltsam verursachten Verschwindens geworden ist, oder ein berechtigtes Interesse geltend macht, das Recht hat, bei einer zuständigen und unabhängigen staatlichen Behörde eine Klage einzureichen und daß diese Beschwerde umgehend, umfassend und in unparteiischer Weise von der betreffenden Stelle untersucht wird. Liegen berechtigte

Gründe für die Annahme vor, daß es sich um einen Fall gewaltsam verursachten Verschwindens handelt, sollte der Staat die Angelegenheit unverzüglich der betreffenden Stelle zur Untersuchung überweisen, selbst wenn keine formale Beschwerde vorliegt. Die Ermittlungen dürfen durch keinerlei Maßnahmen behindert oder beeinträchtigt werden« (Verschwundenen-Deklaration, Art. 13,1).

»Bei Tod oder Verschwinden des Inhaftierten oder Strafgefangenen während seiner Haft oder Strafgefangenenschaft hat ein Richter oder eine Behörde entweder von sich aus oder auf Veranlassung eines Familienangehörigen des Betroffenen oder einer mit dem Fall vertrauten Person eine Untersuchung über Ursache des Todes oder des Verschwindens vorzunehmen. Sofern die Umstände dies rechtfertigen, ist eine solche Untersuchung nach demselben Verfahren vorzunehmen, wenn sich der Tod oder das Verschwinden kurz nach Beendigung der Haft oder Strafgefangenenschaft ereignet. Die Untersuchungsergebnisse oder ein Untersuchungsbericht sind auf Auftrag zugänglich zu machen, sofern nicht dadurch laufende strafrechtliche Ermittlungen gefährdet würden« (Grundsatzkatalog, Grundsatz 34).

Methoden und Ergebnisse der Untersuchungen sollten publik gemacht werden. »Die Ergebnisse einer solchen Untersuchung sollten allen betroffenen Personen auf Anfrage zugänglich gemacht werden, sofern eine solche Maßnahme nicht den Fortgang der strafrechtlichen Ermittlungen gefährdet« (Verschwundenen-Deklaration, Art. 13,4).

»Die Untersuchungsergebnisse oder ein Untersuchungsbericht sind auf Auftrag zugänglich zu machen, sofern nicht dadurch laufende strafrechtliche Ermittlungen gefährdet würden« (Grundsatzkatalog, Grundsatz 34).

Des »Verschwinden«- lassens verdächtigte Beamte müssen für die Dauer der Ermittlung vom aktiven Dienst suspendiert werden.

»Personen, die Handlungen, wie sie in Artikel 4 Abs.1 genannt sind, begangen haben, sollten während gemäß Artikel 13 durchgeführten Untersuchungen von allen öffentlichen Aufgaben entbunden werden« (Verschwundenen-Deklaration, Art. 16,1).

Den Familien der Opfer sollten alle für die Untersuchung wichtigen Informationen zugänglich gemacht werden. Sie sollten ihrerseits das Recht besitzen, Beweismittel in die Ermittlung einzubringen. Es muß dafür Sorge getragen werden, daß Beschwerdeführer, Zeugen, Rechtsanwälte und andere an den Untersuchungen beteiligte Personen vor Einschüchterungsversuchen und Vergeltungsmaßnahmen geschützt sind.

»Es soll sichergestellt werden, daß alle an der Untersuchung beteiligten Personen, beispielsweise Beschwerdeführer, Rechtsanwälte, Zeugen sowie die für die Untersuchung zuständigen Personen, vor Mißhandlungen, Einschüchterungen und Vergeltungsmaßnahmen geschützt werden« (Verschwundenen-Deklaration, Art. 13,3).

»Es muß sichergestellt werden, daß jede Form der Mißhandlung, Einschüchterung oder Vergeltung anläßlich einer Klageerhebung oder eines Ermittlungsverfahrens in angemessener Weise bestraft wird« (Verschwundenen-Deklaration, Art. 13,5).

Die Ermittlungen müssen konsequent zu Ende geführt werden, bis das Schicksal des Opfers aufgeklärt und von offizieller Seite bestätigt ist.

»Eine Untersuchung, die nach dem oben genannten Verfahren durchgeführt wird, sollte so lange durchgeführt werden, bis das Schicksal des betreffenden Opfers gewaltsam verursachten Verschwindens aufgeklärt ist« (Verschwundenen-Deklaration, Art. 13,6).

11. Strafverfolgung der mutmaßlichen Täter

Regierungen sollten sicherstellen, daß die für das »Verschwinden«-lassen von Menschen Verantwortlichen vor Gericht gestellt werden.

»Jede Person, die mutmaßlich für das gewaltsam verursachte Verschwinden eines Menschen in einem Staat verantwortlich ist, muß, wenn der Sachverhalt durch offizielle Ermittlungen geklärt ist, zwecks Strafverfolgung und Gerichtsverfahren einer zuständigen zivilen Behörde des betreffenden Staates überstellt werden, sofern der Beschuldigte nicht an einen anderen Staat ausgeliefert worden ist, der seine Gerichtsbarkeit auf der Grundlage relevanter in Kraft befindlicher internationaler Abkommen ausüben möchte. Alle Staaten sollten jegliche gesetzliche und andere geeignete und zur Verfügung stehende Mittel einsetzen, um alle mutmaßlichen für gewaltsam verursachtes Verschwinden verantwortliche Personen, die ihrer Gerichtsbarkeit oder Kontrolle unterstehen, vor Gericht zu bringen« (Verschwundenen-Deklaration, Art. 14).

Dieses Prinzip muß überall Anwendung finden, unabhängig davon, wo sich die Täter gerade aufhalten mögen, wo das Verbrechen begangen wurde, welcher Nationalität Täter oder Opfer angehören oder wie lange das Verbrechen zurückliegt.

Prozesse sollten ausschließlich vor Gerichten der zivilen Justiz geführt werden. »Gegen sie (jede Person, die mutmaßlich für das gewaltsam verursachte Verschwinden eines Menschen verantwortlich ist) soll in jedem Staat ausschließlich vor den zuständigen regulären Gerichten, nicht aber vor Sondergerichten, insbesondere Militärgerichten, verhandelt werden« (Verschwundenen-Deklaration, Art. 16,2).

Es dürfen keine gesetzgeberischen Maßnahmen getroffen werden, die den Tätern Schutz vor Strafverfolgung gewähren oder ihre Verurteilung verhindern.

»Unbeschadet der in der Wiener Konvention über Diplomatische Beziehungen enthaltenen Bestimmungen sollten während solcher Gerichtsverfah-

ren Privilegien, Straffreiheitserklärungen oder spezifische Ausnahmerege-
lungen keine Gültigkeit haben« (Verschwundenen-Deklaration, Art. 16,3).

»Personen, die tatsächlich oder mutmaßlich Straftaten gemäß Artikel 4
Abs. 1 begangen haben, sollten nicht von Sonderamnestiegesetzen oder ähnlichen Maßnahmen profitieren, die dazu führen könnten, daß die Betreffenden von einer Strafverfolgung oder Sanktionen ausgenommen werden« (Verschwundenen-Deklaration, Art. 18,1).

12. Entschädigung und Rehabilitation der Opfer

Die Opfer von »Verschwinden«- lassen und deren Familienangehörigen sollten gegenüber dem Staat einen Anspruch auf faire und angemessene Wiedergutmachung besitzen, die eine finanzielle Entschädigung einschließt. Für
den Fall, daß »Verschwundene« wieder auftauchen, sollte für ihre angemessene medizinische Versorgung oder Rehabilitation gesorgt werden.

»Die Opfer von Handlungen im Zusammenhang mit gewaltsam verursachtem Verschwinden und ihre Familien sollten eine Entschädigung erhalten und das Recht auf Wiedergutmachung haben einschließlich der Mittel für
eine weitestgehende Rehabilitation. Stirbt das Opfer infolge einer Handlung
im Zusammenhang mit gewaltsam verursachtem Verschwinden, sollen seine
Angehörigen ebenfalls Anspruch auf Entschädigung haben« (Verschwundenen-Deklaration, Art. 9,5).

»Jeder der unrechtmäßig festgenommen oder in Haft gehalten worden ist,
hat einen Anspruch auf Entschädigung« (IPBPR, Art. 9,5).

»Haben Beamte oder andere in amtlicher oder quasiamtlicher Eigenschaft
tätige Personen gegen nationales Strafrecht verstoßen, so sollte den Opfern
von dem Staat Schadenersatz geleistet werden, dessen Beamte oder Amtsträ-
ger für den zugefügten Schaden verantwortlich sind. Besteht die Regierung,
unter der die Viktimisierung führende Handlung oder Unterlassung ereignet
hat, nicht mehr, so sollte der Staat bzw. der Rechtsnachfolger dieser Regierung den Opfern Schadenersatz leisten« (Opfer-Deklaration Paragraph 11).

13. Ratifizierung und Durchsetzung internationaler Menschenrechtsabkommen

Alle Regierungen sollten internationale Abkommen, die Schutzgarantien und
Rechtsbehelfe gegen das »Verschwinden«- lassen enthalten, ratifizieren, so beispielsweise den Internationalen Pakt über bürgerliche und politische Rechte
und dessen Erstes Fakultativprotokoll, das Individualbeschwerden zuläßt.

»Die Generalversammlung drängt erneut alle Staaten, die es bisher noch
nicht getan haben, dem Pakt über bürgerliche und politische Rechte beizu-

treten und die Unterzeichnung der Zusatzprotokolle in Erwägung zu ziehen« (Resolution der Generalversammlung 46/133, angenommen am 17.12.
1991 im Konsensverfahren).

Die Regierungen sind ferner aufgerufen, für die konsequente Durchset-
zung solcher Bestimmungen Sorge zu tragen, beispielsweise die Beachtung
der Deklaration der Vereinten Nationen über den Schutz aller Personen vor
gewaltsam verursachtem Verschwinden zu gewährleisten. Sie sollten den
Empfehlungen zwischenstaatlicher Organisationen zur Verhütung und Un-
terbindung von »Verschwinden«- lassen Folge leisten.

»Die Staaten sollen auf internationaler und regionaler Ebene sowie in Zusammenhang mit den Vereinten Nationen alle Maßnahmen ergreifen, um zur
Verhütung und Beendigung des gewaltsam verursachten Verschwindens beizutragen« (Verschwundenen-Deklaration, Art. 2,2).

14. Verantwortung der internationalen Staatengemeinschaft

Regierungen sollten alle ihnen zur Verfügung stehenden Möglichkeiten nutzen, um bei denjenigen Regierungen, aus deren Ländern Berichte über das
»Verschwinden« von Menschen bekanntgeworden sind, vorstellig zu werden und Einspruch einzulegen. Sie sollten sicherstellen, daß der Transfer von
Ausrüstung, Know-how und Ausbildung für Militär, Polizei und anderer Sicherheitskräfte nicht dem »Verschwinden«- lassen Vorschub leistet. »Die
Staaten sollen auf nationaler und regionaler Ebene sowie in Zusammenarbeit
mit den Vereinten Nationen alle Maßnahmen ergreifen, um zur Verhütung
und Beendigung des gewaltsam verursachten Verschwindens beizutragen«
(Verschwundenen-Deklaration, Art. 2,2).

Regierungen haben schließlich zu gewährleisten, daß keine Person
zwangsweise in ein Land zurückgeführt wird, in dem ihr das »Verschwinden«- lassen droht.

»Kein Staat darf eine Person an einen anderen Staat ausweisen, abschieben
(refouler) oder ausliefern, wenn ausreichende Gründe für die Annahme vorliegen, daß ihr dort das gewaltsam verursachte Verschwinden droht« (Verschwundenen-Deklaration, Art. 8,1).

Abkürzungen

AI	Amnesty International
AEU	University Students Association, Guatemala
CERJ	indigene Menschenrechtsgruppe, Guatemala
GAM	Grupo de Apoyo Mutuo, Guatemala
LTTE	Liberation Tigers of Tamil Eelam, Sri Lanka
NGO	Non Governmental Organization
PTBS	Posttraumatische Belastungsstörung (ICD 10. F 43.1)
PTSD	Post Traumatic Stress Disorder (ICD 10. F 43.1)
SOC	Sense of Coherence, Kohärenzgefühl

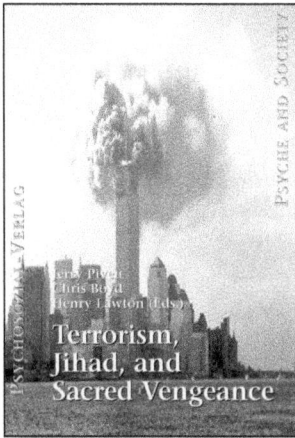

2002 · 378 Seiten · Broschur
EUR (D) 29,90 · SFr 52,20
ISBN 3-89806-282-1

2004 · 198 Seiten · gebunden
EUR (D) 19,90 · SFr 34,90
ISBN 3-89806-372-0

Terrorism, Jihad, and Sacred Vengeance delves into the psychology of terrorism and religious violence. What comprise the ideas, impulses and fantasies of terrorists and suicide bombers? How do victimization and exposure to death affect the psyche? From fascistic and paranoid responses following September 11th, 2001, to dreams of entering Paradise and blissfully joining God through acts of self-destruction, to the symbolism of evil and sacrifice, Terrorism, Jihad, and Sacred Vengeance explores the madness and despair persisting in the wake of recent events.

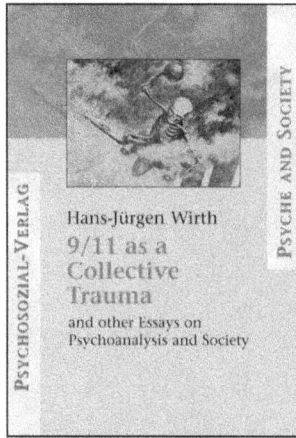

Critics have called the book Narcissism and Power (2002), written by Hans-Jürgen Wirth, a »masterpiece of political psychology«. In 9/11 as a Collective Trauma he presents a collection of his most interesting essays about psyche and politics. He reflects on the psychic structure of suicide bombers and analyzes the psycho-political causes and the consequences of the Iraq War. The other essays focus on xenophobia and violence, the story of Jewish psychoanalysts who emigrated to the United States from Nazi Germany, and the idea of man in psychoanalysis.

P⊞V
Psychosozial-Verlag

Goethestr. 29 · 35390 Gießen · Tel. 06 41/ 97 16903 · Fax 77742
bestellung@psychosozial-verlag.de
www.psychosozial-verlag.de

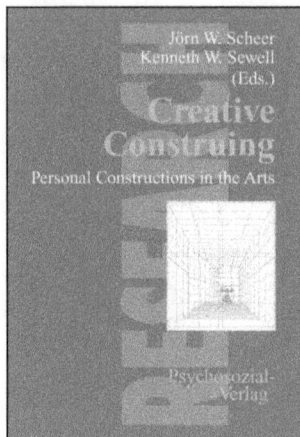

2006 · 208 Seiten · Broschur
EUR (D) 28,– · SFr 49,–
ISBN 3-89806-353-4

2006 · 304 Seiten · Broschur
EUR (D) 24,90 · SFr 43,–
ISBN 3-89806-504-9

Im Jahre 1942 gründete eine Gruppe von Österreichern meist jüdischer Herkunft in New York das Austrian Institute, später umbenannt in das Austrian Forum, das bis 1992 existierte. Achtzehn Menschen, die mit der Organisation verbunden waren, beteiligten sich mit autobiografischen Interviews an einer Studie über Exil und Identität. Sie beschreiben den Verlust ihrer Heimat als eine Erfahrung, die tiefgreifende Implikationen für ihre Selbst-Identität hatte. In seiner 50-jährigen Geschichte repräsentierte das Austrian Forum verschiedene Facetten dieser Identität – Patriotismus für Österreich, das Leid des Exils und Nostalgie für die verlorene Heimat – und drückte somit die komplexen Emotionen einer Gruppe von Menschen aus, die sich mit ihrer gewaltsamen Entwurzelung auseinander setzen mussten.

Anhand von Zeitdokumenten rekonstruiert die Autorin die Geschichte ihres Vaters und seiner Familie. Sie will verstehen, warum sich dieser so bedingungslos den Nazis anschloss und noch am letzten Kriegstag einen unfassbaren Mord beging, für den er nie die Verantwortung übernahm.

Mit dieser hintergründigen und persönlichen Untersuchung liefert Ute Althaus ein differenziertes Psychogramm eines faschistischen Mitläufers und Nazitäters.

P🔲V
Psychosozial-Verlag

Goethestr. 29 · 35390 Gießen · Tel. 06 41/ 9716903 · Fax 77742
bestellung@psychosozial-verlag.de
www.psychosozial-verlag.de

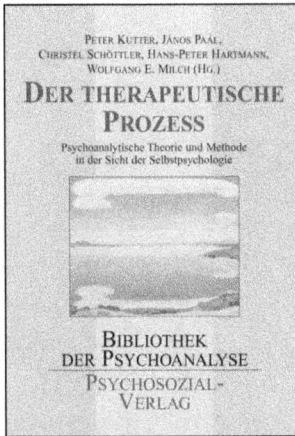

2006 · 174 Seiten · Broschur
EUR (D) 19,90 · SFr 34,90
ISBN 3-89806-518-9 · 978-3-89806-518-4

2006 · 211 Seiten · Broschur
EUR (D) 24,90 · SFr 43,–
ISBN 3-89806-503-0 · 978-3-89806-518-0

Die psychoanalytische Selbstpsychologie bietet einen unmittelbaren Zugang zu einem praxisnahen Verständnis dessen, was sich im therapeutischen Prozess zwischen Patient und Analytiker abspielt.

Neben den Grundbegriffen der Selbstpsychologie ist ein Schwerpunkt das Verhältnis zwischen Theorie und Methode im selbstpsychologischen Verständnis. Dies bietet eine neue patientennahe Sicht des therapeutischen Prozesses. Durch international renommierte Autoren werden spezielle Fragen zur Funktion der Theorie im Deutungsprozess, zu besonderen Selbst-Störungen und zu Selbsthass und Suizid beleuchtet. In einem abschließenden Interview gibt Anna Ornstein Einblick in Besonderheiten der Behandlung Holocaust-Überlebender und deren Nachkommen.

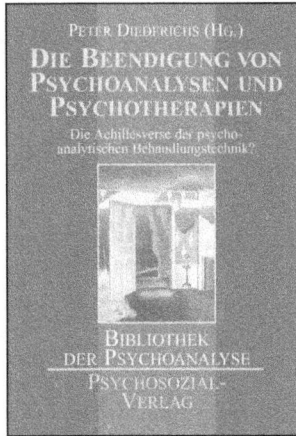

Obwohl Therapieabschlüsse zu der alltäglichen psychotherapeutischen Praxis gehören, ist die Bedeutung der Beendigung von Behandlungen bisher in theoretischer und behandlungstechnischer Sicht weder für den Analytiker selbst noch für seine Patienten oder Analysanden ausreichend metapsychologisch reflektiert worden. Dieser Band versucht diese Lücke zu füllen. Psychoanalytiker verschiedener Fachgesellschaften und Therapierichtungen diskutieren eigene Erfahrungen mit der Abschlussphase ihrer Therapien. Dabei wird auch der jeweilige implizite fachgesellschaftliche Konsens berücksichtigt. Peter Diederichs führt kenntnisreich in die Thematik ein und liefert abschließend einen Überblick über die zentralen Fragen.

P🔲V
Psychosozial-Verlag

Goethestr. 29 · 35390 Gießen · Tel. 0641/9716903 · Fax 77742
bestellung@psychosozial-verlag.de
www.psychosozial-verlag.de